KB083427

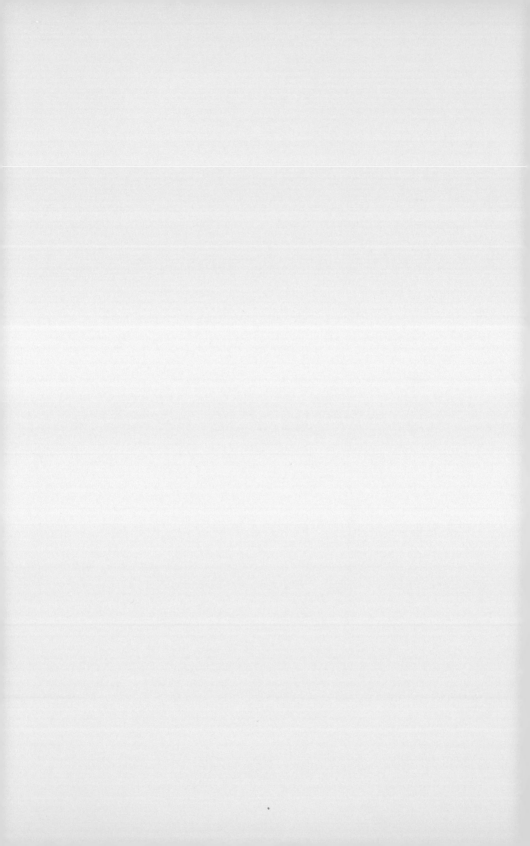

평생 공부의 기초

초등 공부력

평생 공부의 기초

초등 공부력

메타인지로
완성하는
자기주도학습

김상섭·김지영 지음

북루덴스

자녀 교육에서 가장 중요한 사람은 학부모입니다

몇 년 전, 은평구의 한 공공 도서관에 강연하러 갔을 때의 일입니다. 4차시 강연에 신청자가 폭주하여 대기가 수십 명에 달할 정도였지요. 도서관 담당자는 모처럼 '핫한 강의'라고 들뜬 목소리로 말했습니다.

강연을 듣는 엄마 중에 유독 한 사람이 눈에 띄었습니다. 강의실 맨 뒤에서 포대기로 아기를 둘러업고 서 있는 엄마였습니다. 처음엔 초등학생 큰아이를 등교시키고 와서 듣나 보다 짐작했지요. 강연을 마치고 그와 이야기를 나눌 기회가 있었는데, 놀랍게도 겨우 10개월 된 첫아이를 업고 온 것이었어요. 몇 년 뒤면 자신도 학부모가 될 텐데 어떻게 아이의 학습을 도와주어야 할지 몰라 고민하던 차에 만사 제치고 달려왔다는 것입니다.

저희는 정말 깜짝 놀랐습니다. 그 어린 자녀의 장래를 위해 벌써부터 열심을 내는 모습에서 우리나라 엄마들의 공부에 대한 높은 관심과 절박함마저 느낄 수 있었습니다. 사실 우리 주변에서 '학'부모를 위한 정보를 찾기 어렵습니다. '학'부모는 학생, 교사와 더불어 교육의 중요한 한 주체임에도 불구하고 이상할 정도로 정부의 지원이나 사회적 관심이 적습니다. 그나마 찾아볼 수 있는 정보라고 해봤자 아이의 성공적인 대학 입시를 위한 단편적인 내용에 불과합니다. 그마저도 대부분의 부모와 아이가 따라 하기엔 너무 어렵고 피상적입니다. 심지어 지금의 교육 현실을 비판하고 이상적인 대안을 제시하여 결과적으로는 현실에서 도피하도록 만드는 정보들도 있습니다. 이런 정보를 맹신하면 당장은 정신 승리를 할 수 있겠지만 결국 아이가 성인이 되었을 때 제대로 된 교육의 결과물을 만들어 내지 못합니다. 자녀의 교육 문제로 고민하는 요즘 부모들은 마치 제대로 된 훈련도 받지 못한 병사가 변변한 무기 하나 없이 고군분투하며 전쟁을 치르는 것처럼 힘듭니다.

세상이 바뀌니 교육도 변화하였습니다

물론 과거에도 구세대와 신세대의 세대 차이는 있었지만 지금처럼 크지는 않았습니다. 아날로그 세대이면서 디지털을 이해한다고 착각하는 학부모와 뼛속까지 디지털 세대인 아이들의 사고방식은 그 차이가 너무나 큽니다. 전기가 발명되면서 대부분의 생활 패턴이 바뀐 것처럼 디지털은 아이들의 생활 방식을 완전히 바꿔 놓았습니다. 예를 들어 학부모는 메타버스가 그저 가상의 세계이고 게임과 같은 놀이터라고 생각하지만, 아이들은 그 가상의 세계에서 물건도 사고 좋아하는 스타와 대화도 합니다. 디지털 세상은 어른에게는 가상이지만 아이들에게는 진짜 돈이 지급되고 생활이 이루어지는 현실 공간이 되었습니다. 디지털 세상은 지도에 나오지 않는 무한한 사이버 공간을 제공해 줍니다. 먼저 깃발을 꽂으면 자기 땅이 되는 새로운 대륙이죠. 하지만 공간이 넓어졌다고 해서 아무나 마음대로 깃발을 꽂을 수는 없습니다. 세상의 변화를 읽을 수 있는 인문적 소양, 변화의 방향을 예측할 수 있는 창의력, 사람들의 다양한 요구를 해결할 수 있는 문제해결력을 갖추고 있어야 기회를 잡을 수 있습니다. 이런 능력들은 비단 디지털 세상뿐만 아니라 현실 세계에서도 꼭 필요한 능력입니다.

지금의 아이들이 성인이 되면 이 같은 능력은 필수적입니다. 그래서 그런 능력을 갖게 하려는 목적으로 교육 또한 크게 변했습니다. 변화의 핵심은 단순 암기 위주의 지식 습득이 아니라 개념 이해를 통한 지식 이해의 방식으로 전환하는 것입니다. 과거에는 이순신 장군이 승리한 전투가 한산대첩-명량대첩-노량해전이라는 것을 외우면 되었지만, 지금은 이순신 장군에게 소개하고 싶은 앱의 사용 설명서를 만들어 보라는 수행평가 문제가 나올 정도입니다. 이 문제는 과학앱, 역사임진왜란, 수학순차적 논리, 국어글쓰기가 융합된 아주 훌륭한 문제입니다. 이처럼 지식을 소유하는 데서 벗어나 활용할 수 있어야 합니다. 그 같은 교육의 목표 변화에 맞춰 공부의 방향과 방법도 엄청나게 변화하였습니다. 하지만 이런 변화를 체험해 보지 못한 학부모가 받아들이기엔 너무 어렵게만 느껴집니다.

학부모는 이런 변화가 힘들고 부담스럽습니다

세상은 바뀌었고 기회는 열려 있고 교육은 변화하였지만, 정작 학부모는 이런 상황에 적응하기가 쉽지 않습니다. 자신의 학창 시절처럼 선생님은 일방적으로 설명하고 학생은 그 내용을 외워서 지필 시험만 치면 좋겠는데, 지금은 수행평가나 모둠 활동 보고서처럼 수업과 평가 방법이 크게 달라졌습니다. 그래서 아직도 과거에 자신이 경험한 공부 방향과 방법을 강요하는 학부모는 아이와 대화의 접점을 찾기 어렵습니다. 이제 학부모도 변화한 시대의 패러다임이나 현재 교육과정의 지향점, 진로 설정의 현실적이고 구체적인 방법 등을 알아야 합니다.

하지만 요즘 이루어지고 있는 학부모 교육은 횟수도 많지 않거니와 그나마 일회성이고 내용 또한 피상적이어서 그다지 도움이 되지 않습니다. 학부모는 내 아이에게 선행이 필요한지, 어떤 학원을 선택해야 할지, 공부 로드맵을 어떻게 구성해야 할지 등 현실적인 고민을 당장 해결하고 싶은데 학부모 교육은 '소통하는 부모 되기'처럼 부모와 자녀의 관계에 초점을 맞춘 내용이 대부분입니다. 그래서 엄마들은 삼삼오오 모이기만 하면 서로 무언가 정보를 얻으려 합니다. 그렇지만 이렇게 유통되는 정보의 대부분은 소위 '카더라 통신'이어서 검증되지 않은 이야기에 불과한 경우가 많습니다. 더구나 '카더라 통신'의 기회조차 갖지 못하는 직장에 다니는 엄마_{직장 맘}는 아이에게 괜히 미안한 마음이 앞섭니다.

도대체 요즘 시대의 엄마는 우리 아이들을 어떻게 가르쳐야 하는 걸까요?

교육은 아무리 강조해도 지나치지 않을 만큼 중요합니다

당연한 말이지만 교육은 너무나 중요합니다. 우리나라는 교육을 통해 길러 낸 인적 자원 말고는 다른 자원이 거의 없습니다. 우리가 자랑하는 S전자나 H자동차와 같은 세계적인 기업들도 교육을 통해 길러진 수많은 인재들을 경쟁국들보다 저렴한 임금으로 활용하여 성장했습니다. 우리나라의 모든 경쟁력은 교육에서 비롯되어 여기까지 왔다고 해도 과언이 아닙니다. 그래서 공부를 포기하면 모든 것을 잃게 됩니다. 별다른 유산도 물려받지 못할 대부분 아이들에게 공부는 경쟁력 확보를 위한 거의 유일한 기회입니다.

전 세계인이 사랑하는 K-POP도 어떻게 보면 우리나라의 숨 막히는 입시 시스템을 연예계에 접목한 결과입니다. 전 세계 어느 누가 입시생처럼 아침부터 한밤중까지 전문가의 관리하에 춤과 노래를 훈련하겠습니까? 성과를 거두려면 열정을 다해 훈련해야 하고, 목표를 확실히 깨닫고 자신에게 맞는 방법을 찾아야 쉽게 지치지 않습니다. 공부 역시 해야 할 이유를 명확하게 알고 자신에게 꼭 맞는 학습 시스템을 구축할 필요가 있습니다만, 아이들은 이런 방대한 그림을 그릴 수 있는 발달단계가 아닙니다.

결국 학부모가 희망입니다. 자꾸 입시 위주로 몰아가는 사회적 분위기 때문에 힘들기는 하지만, 이런 입시 지옥을 과감하게 돌파할 열정을 갖고 변화의 방향만 제대로 읽을 수 있다면 아이들에게는 둘도 없는 지원군이 될 수 있습니다. 공부는 노력만 한다고 해서 성과가 나오는 분야가 아닙니다. 공부의 성공적인 결과를 얻으려면 학생 자신이 열심히 공부해야겠지만, 학부모도 자녀의 심리적 안정과 구체적인 진로 계획 수립 등에 도움을 주어야 합니다. 이것은 누구도 부정할 수 없는 현실입니다.

초등교육은 연금보험입니다

최고의 교육을 하려면 많은 돈이 필요합니다. 그러나 평범한 집안의 아이가 일타 강사의 모든 수업을 수강할 수 없는 것처럼 초·중·고 12년간 계속해서 아낌없이 돈을 쓸 수 있는 부모는 그리 많지 않습니다.

하지만 변화한 교육의 방향을 읽을 수 있는 학부모에게는 부족한 재정적 제약을 뛰어넘을 수 있는 확실한 방법이 있습니다. 그것은 바로 초등학교 공부에 집중하는 것입니다. 연금보험을 한번 생각해 보세요. 일찍 연금보험에 가입하면 적은 보험료를 내고도 나중에 많은 연금을 탈 수 있습니다. 시간이 돈을 벌어 주니까요. 마찬가지로 초등학교 때 공부에 대해 긍정적인 생각을 갖게 하면 중·고등학교 때 큰돈이 들어가지 않습니다. 공부를 만만하게 느끼면 굳이 사교육을 받지 않아도 스스로 공부할 수 있기 때문입니다.

공부를 학습량이나 지식, 학습 진도 같은 것으로만 바라보지 말기 바랍니다. 아이에게 정작 중요한 것은 학습 태도와 공부의 원리를 체득하는 것입니다. 초등학교 때는 한두 문제 더 맞히는 것이 전혀 중요하지 않습니다. 틀려도 괜찮아요. 대신 문제를 풀이하는 동안 다양한 방법으로 생각해서 뇌의 근육을 키우는 과정이 무엇보다 중요합니다.

속도보다 방향입니다. 결과보다 과정입니다. 공부의 방향과 과정을 익히기에 가장 적절한 시기는 공부량이 적고 학습 난이도가 낮은 초등학교 때입니다. 이때는 수학 문제를 몇 개 더 맞히는 것보다, 영어 단어를 몇 개 더 외우는 것보다 중·고등학교까지 지치지 않고 공부할 수 있는 튼튼한 학습 인프라를 만드는 것이 가장 중요합니다.

저희가 도와드리겠습니다

누구나 처음에는 모르는 것투성이고 실수를 연발합니다. 그래서 궁금한 것도 많고 그 궁금증을 해결하고자 주변의 도움을 구하거나 관련 정보를 찾아보기도 합니다. 초등 엄마도 마찬가지입니다. 무엇보다 소중한 아이가 처음 학교라는 공교육 시스템에 편입되면 궁금한 것이 참 많아집니다. 자기주도학습은 어떻게 해야 하는지, 영어, 수학을 어떻게 공부해야 하는지, 선행을 꼭 해야 하는지, 학원을 언제부터 보내야 하는지……. 검색해 보면 많은 정보가 나오긴 하는데, 사실 성공을 경험한 개인의 의견이나 현실에서는 불가능한 이상적인 방법들을 알려 주는 내용이 생각보다 많습니다. 이런 정보들 가운데 내게 필요한 내용을 가려낼 수 있으면 좋겠지만 초등 엄마는 처음이라 쉽지 않습니다.

저희는 앞서 『강남 코디의 중고등학생 공부법』을 출간한 이후 주로 초·중등 학부모를 대상으로 약 200여 회의 강연을 진행하였고, 강연이 끝날 때마다 엄마표 공부의 고민이 담긴 다양한 질문을 받고 즉석에서 답을 하는 질의·응답 시간을 가졌습니다. 학부모의 질문이 가리키는 방향은 아이가 공부를 제대로 하지 않으면 앞으로 무슨 일을 해서 먹고살 수 있을 것인지에 대한 걱정이었어요. 그래서인지 어떻게 해야 아이가 공부를 잘할 수 있을지 그 방법을 묻는 질문이 가장 많았습니다. 즉석에서 답을 하면서도 시간 관계상 조목조목 충분히 알려 드릴 수가 없어서 안타까운 마음이 컸습니다.

그래서 저희가 받은 약 300여 개의 질문 가운데 가장 많이 나온 고민, 반드시 알아야 할 의미 있는 질문과 그에 대한 솔루션을 추려 이 책에 담았습니다. 우리나라의 가장 치열한 교육 현장인 강남에서 지난 20여 년간 학습 컨설턴트로 활동하면서 수많은 학생의 학습 컨설팅을 진행한 경험과 직접 연구한 내용을 바탕으로 초보 학부모도 쉽게 이해하고 실행할 수 있는 검증된 정보와 함께, 부모님들이 아이들과 공부하는 길을 찾는 데 조금이나마 도움이 되고자 하는 마음을 담았습니다.

이 책의 1장은 성공적인 엄마표 공부를 위해 반드시 알아야 할 기초적인 내용을 담았습니다. 2, 3, 4장은 각각 학습, 생활 심리, 진로 계획에 대한 질문과 그에 대한 솔루션을 제시했습니다. 특히 5장에서는 학습에 어려움을 겪는 학생을 직접 지도한 실제 사례를 담아서 부모가 아이의 상황에 맞춰 어떻게 적용할 수 있는지 참고하도록 하였습니다. 아이들 이름은 물론 가명입니다.

공부는 절대 어렵게 해서는 안 됩니다. 특히 초등학생 때부터 어렵게 공부한 아이는 중·고등학교에 가면 공부를 더욱 싫어하게 됩니다. 따라서 아이가 공부를 아주 좋아하진 않더라도 최소한 공부는 만만한 것, 할 만한 것, 반드시 해야만 하는 것으로 인식하도록 하는 것이 초등 엄마표 공부법의 전부라고 해도 과언이 아닙니다.

이 책을 통해 학부모는 아이 공부를 어떻게 도울 수 있을지 현실적인 방법을 찾게 될 것입니다. 무엇보다 학부모가 먼저 교육의 변화를 이해할 수 있었으면 좋겠습니다. 학부모가 교육의 방향에 맞게 도와줄 수 있다면 아이는 진정한 자기주도학습을 할 수 있을 것입니다. 사교육비 부담에서 해방되는 것은 덤입니다.

여러분, 자부심을 가지세요. 여러분은 이미 배우자를 만나서 자식을 낳았습니다. 그 엄청난 선택을 성공적으로 해 냈습니다. 이제 이 책이 자녀 교육을 또 다른 성공으로 이끌어 줄 것이라고 확신합니다. 몸이 아프면 병원에 가기 전에 먼저 가정상비약을 찾듯이, 아이가 공부를 힘들어하면 전문가에게 비싼 돈을 주고 컨설팅을 받기 전에 이 책에서 필요한 부분만 찾아서 읽고 적용해 보세요. 길이 보이고 아이의 공부가 쉬워질 것입니다.

끝으로 독자의 편의를 위해 학부모인 '아버지, 어머니'를 줄여서 '엄마'로 통칭하였습니다. 아버지들의 양해를 바랍니다.

2023. 8.

김상섭, 김지영

차례

1장

성공하는 엄마표 공부를 위한 기초 상식

당신은 부모입니까,
학부모입니까?

10여 년 전에 아래와 같은 공익광고 캠페인이 한동안 방송을 탄 적이 있습니다.

부모는 멀리 보라 하고 학부모는 앞만 보라 합니다.
부모는 함께 가라 하고 학부모는 앞서가라 합니다.
부모는 꿈을 꾸라 하고 학부모는 꿈꿀 시간을 주지 않습니다.
당신은 부모입니까? 학부모입니까?

자녀가 인생을 멀리 바라보고, 주변 사람들과 함께 더불어 살아가고, 원하는 삶을 꿈꿀 수 있도록 도와주는 사람이 부모입니다. 그래서 대부분 부모 교육은 아이의 인격 형성을 우선시하고, 인간성을 중시하고, 올바른 사람으로 성장하는 것을 강조합니다. 그런데 아이를 이렇게 양육하기가 너무 힘듭니다. 아이가 인생을 멀리 보면서 친구들과 함께 미래에 대한 꿈을 꾸게 하려다 보면 부모가 먼저 속이 터져 죽을 지경입니다. 언제나 느긋한 아이, 해야 할 공부를 자꾸만 미루는 아이, 열심히 하는 것 같은데도 성과는 미미한 아이, 항상 친구와 놀기만 하는 아이를 보고 있노라면 자꾸만 아이의 암울한 미래가 그려져서 부모는 불안해집니다. 엄마는 부모로서 아이의 인격적인 성숙을 먼저 생각해야 하는 것일까요? 아니면 학부모로서 지금 당장 눈앞에 있는 공부부터 하도록 채근해야 하는 것일까요?

아이가 태어나면 엄마와 아빠는 그 순간부터 부모의 삶을 살아가게 됩니다. 부모는 자녀의 교육을 책임져야 하는데 이는 법적 의무이기도 합니다.

헌법 제31조 제2항 : 모든 국민은 그 보호하는 자녀에게 적어도 초등교육과 법률이 정하는 교육을 받게 할 의무를 진다.
교육기본법 제13조 제1항 : 부모 등 보호자는 보호하는 자녀 또는 아동이 바른 인성을 가지고 건강하게 성장하도록 교육할 권리와 책임을 가진다.

이 헌법과 법률 조항은 학부모가 교육의 한 주체로서 자녀를 올바른 성인으로 키워 내야 하는 책임과 의무를 가지고 자녀의 교육에 개입할 수 있는 법적 근거가 되기도 합니다.

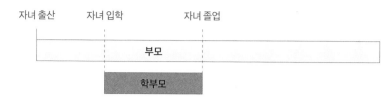

부모와 학부모의 지위

1. 학부모의 역할

엄마는 자녀가 학교에 다니는 동안에는 부모인 동시에 학부모이기도 합니다. 따라서 학부모로서 엄마는 자녀의 학업과 관련된 활동을 지원해야 합니다. 그런데 많은 엄마들이 아이가 학교에서 무엇을 배우는지조차 잘 모릅니다. 물론 국어, 영어, 수학 같은 과목을 배운다는 것은 알고 있지만, 과거 엄마가 학생이던 시절에 배웠던 국어, 영어, 수학과는 학습 목표와 방향이 많이 달라졌다는 것을 모르고 있지요. 예를 들어 대부분 엄마는 사회 과목을 단순히 암기 과목이라고 생각합니다. 하지만, 요즘의 사회 과목은 사회의 다양한 현상을 객관적으로 이해해야 하는 탐구 과목입니다. 그래서 표, 그래프, 지도와 사진 등에 담긴 사회현상을 읽어 낼 수 있는 독해력이 없으면 절대로 좋은 성적을 받을 수 없습니다.

사회의 변화 속도가 빠른 만큼 교육의 변화 속도도 빠릅니다. 엄마의 학창 시절과 너무나 큰 차이가 있기 때문에 엄마 자신의 경험이나 생각에만 기대어 아이를 교육하면 지금의 교육과는 맞지 않습니다. 심지어 큰아이가 공부할 때 썼던 방법이 1~2년 뒤 작은아이에겐 통하지 않을 정도입니다. 엄마는 교과서 내용만 공부하면 됐지만 지금 아이들은 창의 체험 활동처럼 교과서 이외에도 배우는 것들이 참 많습니다.

게다가 요즘 공부는 무조건 열심히 한다고 해서 그만큼 성과가 나오지도 않습니다. 학습의 효율을 올리려면 엄마가 아이의 학습뿐만 아니라 심리 상태를 비롯하여 생활 습관이나 진로 계획 등도 함께 관리해서 아이가 공부를 수월하게 느끼게 해야 합니다. 그러려면 공부할 내용을 단순히 외우는 것이 아니라 체득할 수 있도록 공부 습관을 만들어야 하지요. 물론 외우는 공부가 전혀 필요 없는 것은 아니지만 기본적으로 개념을 자신의 머리로 이해하는 공부가 중요합니다. 사실 정확하게 이해하면 암기는 저절로 됩니다. 만약 아이가 "다 이해하는데 외우지 못하겠어"라고 말한다면 그건 아직 이해가 부족한 것으로 봐야 합니다. 그저 공부한 내용을 알아들은 정도를 가지고 이해했다고 착각하는 것입니다.

아이들은 처음부터 혼자 공부하지 못합니다. 자전거를 처음 배울 때를 생각해 보세요. 처음에는 누군가 자전거를 뒤에서 잡아 주지만, 어느 정도 연습하면 손을 떼도 스스로 자전거를 탈 수 있습니다. 이처럼 아이가 처음 공부할 때는 엄마가 옆에서 도와주어야 해요. 배경을 설명한다든지, 지금 공부하는 내용이 우리 생활에 어떻게 연결된다든지, 필요성을 알려 주는 정도만 해도 아이에게는 엄청난 도움이 됩니다. 그런데 이상하게 공부를 처음부터 아이에게 알아서 하라는 엄마가 많습니다. 자기주도학습을 혼자 알아서 공부하는 것으로 잘못 알고 있는 것이죠.

반면 아이 옆에서 계속 간섭하는 엄마도 있습니다. "이거 못 풀면 고등학교 가서 끝장이야. 좋은 대학을 못 가"라는 식으로 굉장히 불친절하게 쏘아붙이기도 합니다. 이런 태도는 정말 큰 문제로 확대됩니다. 엄마에게 이런 말을 계속 들으면 일단 아이는 막연한 불안감이 생기고 기분이 나빠집니다. 이 문제를 못 풀면 왜 끝장인지 설명해 주지도 않고 막연하게 겁만 주는 엄마에 대한 불신이 생깁니다. 이런 불신이 계속 쌓이면 아이는 자기의 불안감을 해결하기 위해서라도 더 이상 엄마와 대화하려 하지 않습니다. 그 문제를 못 풀면 고등학교 때 어떤 문제가 생기는지, 좋은 대학을 못 가면 무슨 불이익이 있는지를 논리적이고 현실적으로 설명할 수 없다면 절대 아이를 협박해서는 안 됩니다.

앞으로 계속 강조하겠지만, 공부는 절대로 과정을 생략하고 결과만 바라봐서는 안 됩니다. 결과보다 과정이 훨씬 더 중요하지요. 공부하는 과정을 생략하면 결국 단순 암기밖엔 할 수 없고, 그 이후로도 계속 반복해서 외워야 하기 때문에 공부에 질리게 됩니다.

학부모로서 엄마는 아이를 위한다고 학원에 찾아가 상담할 시간을 조금 줄이고, 아이가 스스로 공부할 수 있도록 도와주는 것이 더 낫습니다. 엄마가 해 줄 보조는 어려운 것이 아닙니다. 예를 들면, 교과서 단원 맨 처음에는 이 단원이 우리 생활과 어떻게 연결되어 있는지를 설명하는 내용이 나와 있습니다. 이것이 그 단원을 배워야 하는 목표이자 이유인데 아이들은 대부분 이것을 잘 보지 않습니다. 그러니 엄마가 먼저 읽어 보고 아이의 눈높이에 맞게 간단하게 설명해 주면 됩니다. 그러면 아이는 그 단원을 공부해야 하는 이유를 알기 때문에 훨씬 더 집중을 잘할 수 있을 것입니다. 아이를 성공시키겠다고 선배 엄마 만나고 학원 설명회 쫓아다니는 엄청난 투자를 하기에 앞서 잠깐 교과서를 들춰 보는 정도의 수고를 하는 것만으로도 엄청난 효과를 볼 수 있음을 기억하시기 바랍니다.

2. 공부를 해야 하는 진짜 이유

아이들이 공부할 때 자주 투덜거리는 소리는 이런 것들입니다.

이거 왜 배워야 해?
이거 배워서 어디에 써먹어?

만약 엄마가 이런 질문을 받았다면 뭐라고 대답을 하시겠습니까? 평면도형의 둘레와 넓이를 구하는 수식을 배우면, 또 식물의 증산작용과 광합성을 배우면 그것이 앞으로 아이의 삶에 어떤 도움이 될까요? 은행원이 되고 싶은 아이가 현미경 사용법을 왜 배워야 할까요?

아이가 공부해야 하는 진짜 이유는 단편적인 교과 지식을 배우기 위해서가 아니라 공부하는 과정을 통해 미래를 살아갈 능력을 키우고자 함입니다.

다이어트를 예로 들어 볼게요. 살을 빼려면 기초대사량을 늘려야 합니다. 기초대사량을 늘리려면 근육량을 늘려야 하고요. 근육량을 늘리려면 또 적절한 운동을 해야 합니다.

다이어트와 공부 과정 비교

공부 역시 마찬가지입니다. 문제해결력을 갖추려면 융합적 사고를 할 수 있어야 합니다. 융합적 사고는 논리적 사고가 바탕이 되어야 합니다. 논리적 사고는 교과 지식을 알고 있어야 가능합니다. 다이어트를 위해 가장 먼저 운동을 해야 하는 것처럼 내 아이가 미래를 살아갈 핵심 역량인 문제해결력을 기르려면 반드시 공부해야 합니다.

세 줄 요약
- 아이가 학교에 다니는 동안에만 학부모가 되는 만큼, 학부모는 자녀의 학업적 성취를 위해 도움을 주어야 한다.
- 지금 아이가 배우는 공부는 엄마가 학창 시절에 배우던 것과는 크게 달라졌으므로 엄마도 변화의 방향과 내용을 먼저 공부해야 한다.

• 아이가 공부해야 하는 진짜 이유는 단편적인 교과 지식을 배우기 위해서가 아니라 공부하는 과정에서 미래를 살아갈 능력을 키울 수 있기 때문이다.

평생 공부의 기초, 초등 공부력

2

엄마들의 흔한 오해와 착각

신은 모든 곳에 있을 수 없기에 어머니를 만드셨다.

한번쯤은 들어 보았을 이 문구는 엄마의 중요성과 헌신, 위대함을 강조하고 있습니다. 실제로 모든 엄마는 자녀가 되도록 고생하지 않고 편안하게 성공적인 삶을 누리기를 바랍니다. 그리고 공부를 잘하면 그런 삶을 누릴 수 있으리라 기대합니다. 그래서 신을 대신해서 엄마는 학원가로 집을 옮기기도 하고, 고액 과외를 붙이기도 하고, 자녀의 학습에 도움이 될 만한 정보를 찾아 다양한 커뮤니티 활동도 합니다. 엄마들의 이런 헌신은 정말 눈물겨울 지경이라 사교육 1번지라 불리는 대치동에서는 '모든 권력 중의 으뜸은 교육'이라는 말도 횡행하고 있다고 합니다.

여러분이 이 책을 읽는 이유도 자녀의 공부에 어떻게 도움이 될 수 있을까 하는 기대에서 비롯되었을 것입니다. 이 책은 '공부는 종합예술'이라는 관점에서 아이의 상황, 성격, 능력, 환경, 가치관 등 다양한 분야를 엄마가 어떻게 이끌어야 아름다운 작품을 만들 수 있을지 확실하게 알려 줄 것입니다.

먼저 성공적으로 작품을 만들기에 앞서 여러분이 가지고 있는 오해와 착각부터 해결해 봅시다. 그동안 아무런 의심도 하지 않고 당연하게 받아들였던 생각들 가운데 대표적인 세 가지 오해와 착각을 바로잡아 보겠습니다.

1. 공부를 잘하는 것이 성공의 유일한 방법일까?

인생의 성공은 무엇을 의미할까요? 인생의 성공을 논하는 것이 너무 철학적이라면 범위를 좁혀서 다시 생각해 보겠습니다. 공부의 성공은 무엇을 의미하는 것일까요?

과거에는 일류 대학에 들어가는 것이 공부의 성공이었습니다. 경제성장률이 10% 남짓 되던 고도성장의 시대에는 일자리가 차고 넘쳤고, 그래서 일류 대학에 들어가기만 하면 졸업 후에는 남들이 부러워하는 회사 몇 군데 가운데 한 곳을 선택해서 들어갈 정도였습니다. 당시에도 일류 대학에 들어가려면 당연히 좋은 성적을 받아야 했습니다. 교과 내용을 다 이해하지 못했다 하더라도 지필 시험을 잘 치르도록 철저하게 암기만 하면 목표를 달성할 수 있었습니다. 그래서 과거에는 암기력이 공부의 성공, 나아가서는 인생의 성공까지도 좌우하는 열쇠였지요.

이제 세상이 완전히 바뀌어 버렸습니다. 인터넷과 유튜브에서 찾지 못하는 정보가 없는 지금 세상에서 암기력은 과거만큼 큰 위력을 발휘하지 못합니다. 챗GPT Chat GPT와 같은 인공지능은 아예 그 지식의 활용 방법까지 알려 줍니다. 학교에서의 평가도 지필 시험 비중은 줄어들고 서평, 모둠 활동 보고서, 수행평가와 같은 비정형적 평가 비중이 늘어나고 있습니다. 그래서 이제 공부의 성공은 논리를 바탕으로 한 창의적 사고력에 의해 결정됩니다.

공부를 잘하는 것이 성공의 척도 가운데 하나인 것은 변함없지만 이제는 공부 외에도 다양한 경험, 소통과 협업 능력, 문제해결 능력, 인간성과 배려심 등 다양한 능력과 가치를 키우는 것이 중요해졌습니다. 더 이상 예전처럼 돈이나 명예, 지위 등의 외적인 요소에 의해 인생의 성공이 결정되지 않기 때문입니다. 그래서 지금 학교에서는 선생님이 일방적으로 수업을 이끌어 가기보다는 수행평가나 조별 과제 등 다양한 방법을 통해 아이들에게 바뀐 세상에서 성공적으로 살아갈 능력을 길러 주고 있습니다. 그러니 아이가 학교에서 내주는 수행평가나 조별 과제 등을 잘 수행하도록 엄마가 도와주면 좋겠습니다. 엄마가 아이 대신 과제를 해 주라는 것이 아닙니다. 아이가 직접 과제를 이해하고 해결 방법을 찾을 수 있도록 엄마는 참고할 만한 조언이나 자료 제공 등을 도와주면 됩니다.

2. 공부는 학교에 다니는 동안에만 하면 된다?

이제 공부는 학교에서만 하고 끝나지 않습니다. 평생직장이라는 개념이 사라진 현대사회에서는 공부를 계속 이어 가야 이직이든 창업이든 간에 일을 계속할 수 있습니다. 명문 대학교를 졸업하고 전문 자격증을 취득하거나 연봉이 높은 직장에 취업했다 하더라도 하루가 다르게 급변하는 현대사회에서는 자기 계발을 비롯한 다양한 공부를 계속하지 않으면 금방 도태될 것입니다. 그런데, 평생을 누군가의 강요 또는 어떤 필요 때문에 억지로 공부한다면 어떨까요? 인생이 굉장히 피곤해지고 행복하지도 않겠지요.

그러니 학교 교과 공부를 할 때부터 공부하는 이유를 명확하게 알고 즐겁게 할 수 있도록 자기주도학습 능력을 길러야 합니다. 공부를 즐겁게 할 수 없다면 최소한 꾸준히 이어 갈 수 있는 습관을 기르도록 엄마가 도와주어야 합니다.

공부를 꾸준히 하려면 공부를 쉽고 편안하게 느끼는 것이 정말 중요합니다. 공부가 어려우면 매일 할 수 없습니다. 그래서 엄마는 아이가 공부를 불편하게 생각하는 요인이 무엇인지 생각해 보고 이것을 제거해 주어야 합니다.

3. 모르면 외워라?

아이들은 어떤 형태로든 시험을 보게 됩니다. 시험은 학습 목표를 얼마나 잘 달성했는지를 평가하는 수단이기에 시험을 통해 나타나는 성적은 아이뿐만 아니라 엄마에게도 아주 중요한 관심사입니다. 평소에 공부를 잘 안 하는 아이라 하더라도 시험 기간만큼은 어떻게든 공부를 하려고 노력합니다.

사실 엄마의 학창 시절엔 시험에 필요한 능력이 암기력이었기 때문에 많이 외우는 학생이 높은 성적을 받았습니다. 그러나 지금 학교 교육에서 암기력은 여전히 유용한 능력이긴 하지만 예전처럼 절대적인 능력은 아닙니다. 이제는 다음과 같은 능력을 갖추고 있어야 좋은 성적을 받을 수 있습니다. 학교 교육이 미래 사회를 살아가는 데 필수적인 능력을 기르는 과정이라는 것을 생각해 보면, 4차 산업사회뿐만 아니라 앞으로 다가올 5차, 6차 등 새로운 산업사회를 대비해서 학교가 왜 이런 능력을 중요하게 생각하는지 이해할 수 있을 것입니다.

문제해결력

변화가 일어날 때마다 우리가 해결해야 할 문제는 발생합니다. 현대사회는 과거와는 비교할 수 없을 만큼 많은 변화가 빠르게 일어나고 있습니다. 특히 챗GPT를 비롯한 다양한 인공지능artificial intelligence, AI의 발전은 우리 사회를 빠르게 변화시키고 있습니다. 자율주행 자동차를 예로 들어 보겠습니다. 1977년 일본 쓰쿠바 기계공학연구소에서 최초로 개발된 자율주행 자동차는 이제 운전자가 운전대를 놓고 영화나 게임을 즐겨도 되는 레벨 3의 기술이 탑재되어 출시될 예정입니다. 그래서 지금까지 사람이 운전하던 자동차에 맞춰 만들어진 모든 교통법규, 보험, 사고 처리 등의 방식을 이제는 컴퓨터가 운전하는 자동차에 맞춰 바꿔야 합니다. 자율주행 자동차가 사고를 낸다면 운전하지 않고 탑승만 하고 있던 운전자와 자동차 회사 가운데 누가 책임져야 할까요? 자동차 보험은 누가 들어야 하나요? 또, 자율주행 자동차가 등장하면 도심에서 비싼 임대료를 내면서 영업하던 맛집들은 임대료가 저렴한 시 외곽으로 이전해도 될 것입니다. 어차피 자율주행 자동차가 최적의 경로로 사람을 태우고 올 테니까요. 그렇다면 도심에 남은 빈 상가는 어떻게 처리해야 할까요?

자율주행 자동차뿐만 아니라 하늘을 날아다니는 에어택시 같은 도심항공교통Urban Air Mobility, UAM, 100층이 넘는 초고층 빌딩 등은 안전이나 일조권 등 새로운 문제를 발생시킬 텐데 이런 문제들을 먼저 해결해야 상용화가 앞당겨질 것입니다. 그리고 문제해결 과정에서 새로운 직업이 수없이 탄생하겠지요.

창의력

우리는 보통 창의력을 뭔가 새로운 것을 만드는 능력, 남들과 구분되는 독특한 사고방식이라고 생각합니다만 사실 이건 창의력이라기보다는 창조력이라고 봐야 할 것입니다. 무에서 유를 창조하는 것이 창조력創造力이라면 창의력創意力은 기존의 의견들을 조합하여 새로운 생각을 만들어 내는 것을 말합니다. 따라서 창의력이란 완전한 백지상태에서 무언가 새로운 것을 만들어 내는 게 아니라 여러 가지 다양한 지식과 생각들을 이리저리 조합하여 새로운 관점이나 의미를 만들어 내는 것이죠. 앞에서 언급한 4차 산업사회의 새로운 문제를 해결하려면 지금까지와는 전혀 다른 관점과 태도가 필요합니다. 그래서 요즘 학교에서는 자기만의 비판적 사고를 할 수 있도록 다양한 내용을 교육합니다. 이런 교육의 방향성을 모르고 과거에 만들어 놓은 지식만을 답습해서는 우리에게 닥칠 새로운 문제들을 해결할 수 없습니다.

네트워킹 능력

과거에는 수업 시간에 선생님이 일방적으로 가르쳤고 학생들은 선생님의 가르침을 그대로 받아들였습니다. 수업이 끝나도 질문하는 학생은 거의 없었고 선생님의 가르침과 다른 자기의 생각을 주장한다는 것은 상상도 못 할 일이었지요. 하지만 이제는 세상이 굉장히 고도화되었습니다. 위에 언급한 자율주행 자동차의 경우만 보더라도 교통법규, 보험 등 직접적인 영역 이외에 부동산처럼 자동차와는 전혀 상관없을 것 같은 분야도 해결해야 합니다. 그런데 과거에 만들어 놓은 지식, 관점만 가지고는 이런 문제들에 접근조차 할 수 없습니다.

박사 학위를 가진 사람도 자기의 전문 분야 이외에는 잘 모릅니다. 자동차 박사가 부동산을 잘 모르고, 의사는 정치학에 정통하지 않습니다. 그래서 다른 사람의 목소리에 귀를 기울여야 합니다. 그래야 그들의 전문 지식이나 경험을 내 지식과 융합하여 창의적인 문제해결 방법을 찾아낼 수 있기 때문입니다. 이제 '나를 따르라!'고 외치는 독불장군은 더 이상 설 자리가 없습니다. 그래서 우리 아이들은 학교에서 모둠 활동을 통해 쉬운 문제부터 함께 협력하고 소통하고 배려하는 과정을 훈련하는 것입니다.

예를 들어, 유명한 드라마 작가인 김은숙 작가는 보조 작가를 포함하여 다섯 명이 함께 〈태양의 후예〉라는 드라마를 작업하였습니다. 그들은 전쟁, 의료, 로맨스 등 작가들이 각자 자신 있는 분야를 맡아 나눠서 쓰고 협업을 하였습니다. 이 드라마의 최고 시청률은 38.8%를 기록했습니다. 동 시간대에 방송된 불굴의 거장 김수현 작가의 〈그래, 그런 거야〉는 최고 시청률이 12.4%에 불과했지요. 가족 이야기를 주로 쓴 김수현 작가에 비해 김은숙 작가는 주로 멜로 드라마를 썼지만, 네트워킹을 앞세워 시청률을 끌어올렸습니다. 이제 네트워킹은 선택이 아니라 필수가 되었습니다.

12년간의 초·중·고 공부의 마지막 관문인 대학 입시에서도 문제 해결력, 창의력, 네트워킹 능력을 평가합니다. 이 능력들은 대학 입시의 60% 이상을 차지하는 수시에서 학교생활기록부를 통해 고스란히 드러납니다. 특히 자동봉진 활동자율 활동, 동아리 활동, 봉사 활동, 진로 활동을 통해 대학교는 그 학생이 걸어온 과거보다는 미래의 잠재력에 더 많은 관심을 가지고 평가합니다. 그래서 자기소개서에 내가 어떤 굉장한 일을 했다, 어떤 대단한 성과를 거두었다는 자화자찬 보다는 그것을 통해 무엇을 느꼈고 깨달았는지를 훨씬 더 중요하게 봅니다. 물론 2024학년도 입시부터 자기소개서는 폐지되지만 내신과 세부 특기 사항, 면접 등을 통해 대학은 반드시 이 부분을 확인할 것입니다.

내신에서도 이런 능력을 갖고 있어야만 좋은 성적을 받을 수 있는데, 내신은 과거처럼 지필 시험 일변도가 아니라 수행평가, 모둠 활동 보고서, 서평, 관찰 활동 프로젝트 등 다양한 평가 방법을 통해서 성적을 매기기 때문에 이런 능력을 갖추지 못하면 좋은 내신 성적을 받을 수 없습니다.

세 줄 요약

• 공부 외에도 다양한 경험, 소통과 협업 능력, 문제해결 능력, 인간성과 배려심 등 다양한 능력과 가치를 키우는 것이 중요하다.

• 공부는 평생 이어질 것이므로 즐겁고 쉬운 이미지를 심어 주어야 한다.

• 미래 사회에 필요한 역량은 문제해결력, 창의력, 네트워킹 능력이며, 대학 입시에서도 이 능력들은 중요한 평가 요소이다.

강남 아이들은
왜 공부를 잘할까요?

똑같은 교육과정으로 공부하지만 어떤 지역의 아이들은 큰 성과를 거두는 반면 또 어떤 지역의 아이들은 그만큼의 성과를 거두지 못합니다. 이런 지역 간의 교육 격차가 존재한다는 것은 엄연한 사실이며 불편한 진실이기도 합니다. 교육 격차를 논할 때 항상 비교가 되는 지역은 서울 강남서초 포함입니다. 강남의 서울대학교 입시 결과를 보면 타 지역을 압도합니다. 물론 교육의 성과를 단순히 입시 결과로만 따질 수는 없지만 그나마 현실적으로 비교해 볼 수 있는 방법은 이 정도에 불과하다는 것을 양해해 주시기 바랍니다.

2023년 서울대학교에 등록한 신입생 출신 학교를 보면 서울 강남에 있는 세화고, 휘문고, 중동고, 숙명여고는 영재고, 외고들과 비교해도 꽤 좋은 결과를 내놓았습니다. 이 외에도 단대부고 22명, 경

순위	학교명	구분	등록생 수	지역
1	서울과학고등학교	영재고	77	서울
2	외대부속고등학교	자사고	60	경기
3	경기과학고등학교	영재고	57	경기
3	하나고등학교	자사고	57	서울
5	대원외국어고등학교	외고	53	서울
6	대구과학고등학교	영재고	43	대구
6	**세화고등학교**	**자사고**	**43**	**서울 강남**
6	**휘문고등학교**	**자사고**	**43**	**서울 강남**
9	광주과학고등학교	영재고	38	광주
10	인천영재고등학교	영재고	33	인천
11	세종영재고등학교	영재고	32	세종
12	상산고등학교	자사고	28	전북
12	**중동고등학교**	**자사고**	**28**	**서울 강남**
12	한국영재고등학교	영재고	28	부산
15	대전과학고등학교	영재고	27	대전
15	민족사관고등학교	자사고	27	강원
17	한영외국어고등학교	외고	26	서울
18	대일외국어고등학교	외고	25	서울
19	낙생고등학교	일반고	24	경기
20	선덕고등학교	자사고	23	서울
20	**숙명여자고등학교**	**일반고**	**23**	**서울 강남**

2023년 서울대학교 입시 결과(등록 기준, 예술 계통 고등학교 제외)

기고 20명, 상문고 17명 등 16개 학교가 10명 이상의 서울대학교 등록생을 배출했습니다. 비단 2023년뿐만 아니라 거의 해마다 비슷한 결과가 나오는데요, 우리나라 입시에서 서울대학교가 가지는 상징성을 고려한다면 서울 강남과 비강남의 차이는 더욱 크게 느껴집니다.

전국의 모든 학교가 똑같은 교육과정에 따라 똑같은 과목을 공부하는데도 왜 이런 차이가 벌어지는 것일까요? 제가 찾은 이유는 세 가지입니다.

1. 차별화된 공부 방법

엄마는 아이에게 노력을 강조하거나 강요합니다. 마치 노력만 하면 좋은 결과는 당연하다는 듯이 말이죠. 그래서 시험 기간은 물론이고 평소에도 아이들은 노력합니다. 학교를 마치면 여러 개의 학원에 다니고, 집에 오면 새벽까지 인강인터넷 강의을 들으면서 문제집을 풉니다. 놀고 싶은 것, 즐기고 싶은 것, 관심이 가는 것, 이런 것들을 모두 멀리하면서 오직 닥공닥치고 공부에 전념하려 합니다. 그래야 좋은 성적이 나올 것이라고 믿으니까요.

공부는 어찌 되었든 간에 학생이 열심히 노력해야 하는 것은 맞습니다. 그런데 얼마만큼 공부해야 노력을 많이 한 것일까요? 또 노력만 하면 그만큼의 결과를 얻을 수 있을까요? 당연히 그렇지 않습니다. 공부는 공장의 기계에서 생산하는 상품처럼 노력과 비례하는 결과가 반드시 나오는 분야가 아니거든요. 오히려 과도한 노력은 독이 되는 경우가 더 많습니다. 돌멩이 굴러가는 것만 봐도 웃음이 터질 나이의 아이들이 볼펜을 굴리며 열심히 공부합니다. 게임, 영화, 취미 활동 등 즐거움을 느낄 수 있는 모든 것을 포기하고 공부에만 전념합니다. 그렇게 열심히 노력했는데도 시험에서 80점을 받았다면 어떻게 해야 할까요?

처음 한두 번이야 더 열심히 노력하겠죠. 자는 시간을 더 줄이고, 문제집도 더 풀고……. 그렇다고 성적이 올라가나요? 그렇지 않습니다. 80점이 유지만 되어도 다행입니다. 그러면 아이들은 금방 염세주의자로 바뀝니다. 자존감은 바닥에 떨어지고, 세상은 부조리로 가득 차 있다고 생각합니다. 최후의 노력까지도 통하지 않는 아이에게 무슨 방법이 남아 있겠어요? 공부를 노력으로만 해결하려고 하면 백전백패입니다.

그렇다면 좋은 성적을 받는 강남의 아이들은 어떻게 공부할까요? 한마디로 요약하면 '구체적인 목표를 설정하고 자기가 컨트롤할 수 있는 방법을 찾아 실행한다'입니다. 너무 단순한가요? 그렇지만 이 방법이야말로 공부의 성과를 극대화할 수 있는 최선입니다.

먼저 '구체적인 목표 설정'부터 살펴보겠습니다. 많은 아이들이 공부할 때 추상적인 목표를 설정합니다. '이번 시험에서 100점을 받겠다' '1등급을 받겠다'처럼 말이죠. 이 목표가 왜 추상적이냐면 목표 달성을 위한 구체적인 실행 계획이 빠져 있는, 자신의 바람일 뿐이기 때문입니다. 강남 아이들처럼 차례를 보면서 교과 단원들 간의 연계성을 파악하고, 학습 목표를 중심으로 내용을 익히고, 수학 공식이 만들어진 기본 개념을 철저하게 이해하는 계획이 아니라 '하루에 수학 문제를 50개 풀고, 영어 단어 20개씩 외우겠다'는 식으로 공부합니다. 학습이 어떻게 구성되었는지는 생각도 하지 않고 자신의 노력만으로 해결하겠다는 거죠. 이런 식의 공부는 겨우 사흘을 유지하기도 힘들 것입니다.

다음으로는 '자기가 실행할 수 있는 방법을 찾는다'입니다. 좋은 성적을 받는 강남 아이들은 자신이 실행할 수 있는 방법을 찾아서 공부하는데 아이마다 방법은 다릅니다. 대표적인 한 가지 방법을 소개하면 적정한 하루 학습량을 정하고 그것만큼은 반드시 공부하는 것입니다. 마치 내일이 없는 것처럼 하루도 빠지지 않고 매일매일 실천합니다. 대신, 스스로 약속한 학습량을 다 마치면 더 이상 하지 않습니다. 자유입니다. 저녁 8시에 공부가 끝나도 희열을 느끼며 신나게 놉니다. 엄마도 이때는 간섭하지 않습니다. 이것이 왜 중요하냐면, 공부가 끝나면 확실히 자유로운 시간을 가질 수 있으므로 집중력을 높여서 짧은 시간을 공부한다고 해도 효율적으로 공부할 수 있기 때문입니다.

많은 시간을 공부에 투자하는 아이들 가운데 수학을 공부하면서 영어를 걱정하고, 사회를 공부하면서 국어를 걱정하는 아이들이 참 많습니다. 그만큼 집중하지 못하는 거지요. 집중을 못 하니 아무리 오랜 시간 엉덩이를 의자에 붙이고 있어도 좋은 성과가 나올 리 없습니다.

마지막으로 '실행한다'입니다. 이것이 정말 중요합니다. 우리가 다이어트를 할 때 방법을 몰라서 실패하는 것이 아니라 꾸준히 실행하지 못해 실패하는 경우가 대부분인 것처럼 공부도 마찬가지입니다. 유튜브만 찾아봐도 서울대생의 공부법, 최상위권 공부법 등 수많은 공부법을 발견할 수 있지만 그 방법대로 실행하지 못합니다. 왜 그럴까요?

이유는 '멘탈'입니다. 멘탈이 약해서 자신의 공부에 확신을 갖지 못하고 공부를 꾸준히 유지할 자신감을 갖지 못합니다. 김연아 선수처럼 대단한 업적을 이룬 사람들의 공통점은 멘탈이 엄청 강하다는 겁니다. 이런 멘탈을 지니려면 엄마가 도와주어야 합니다. 아이가 구체적인 목표를 세우고 자신을 컨트롤하며 꾸준히 공부하면 좋은 성적을 받을 수 있다는 확신을 갖도록 격려하고 응원하면 좋겠습니다. "너는 맨날 틀리기만 하는구나" "너 때문에 속상해" "너 이번 시험 망칠 줄 알았어" 같은 말을 하지 마세요. 엄마의 스트레스는 잠시 풀릴지 모르겠지만 아이의 멘탈을 무너뜨리는 극약 처방입니다. 대신 "우리 다시 한번 더 해 보자" "네가 집중해서 공부할 수 있도록 함께 방법을 찾아보자"와 같은 긍정적인 말은 아이의 심리적 안정을 가져와서 멘탈을 강하게 만듭니다.

2. 교육 인프라

강남은 공부를 잘하는 학생들이 몰리는 곳입니다. 아이가 타 지역에서 공부에 두각을 나타내면 엄마는 현대판 맹모孟母가 되어 대전댁대치동에서 전세 사는 사람이 될 정도로 과감하게 이사를 결정하기도 합니다. 좋은 교육 인프라를 갖춘 강남에 가면 내 아이도 덩달아 공부를 더 잘할 수 있게 되리라 기대하기 때문이겠지요. 이렇게 원래부터 공부를 잘하는 아이들이 강남으로 모여드니 성과가 더 크게 나오는 착시가 일어나는 것이지 강남의 학원이 잘 가르쳐서 성과를 낸다고 보기엔 한계가 있습니다.

물론 학원도 억울한 점은 있습니다. 엄마는 아이를 학원에 보내면서 단기간에 좋은 성과가 나오지 않으면 학원을 바꿉니다. 그래서 학원은 장기적인 관점에서 아이의 실력을 향상시킬 수 있는 커리큘럼을 운영할 수가 없습니다. 예를 들어 어떤 수학 학원이 진도를 나가지 않고 수학에서 가장 기본이 되는 논리적인 사고를 발달시킬 수 있는 커리큘럼을 운영한다면 이 학원은 등록하는 학생이 없어서 결국 문을 닫아야 할 것입니다. 그런데 이런 학원이 강남에는 꽤 있습니다. 그만큼 당장의 성과보다는 장기적인 관점에서 생각하는 강남 엄마가 많다는 것입니다.

또 강남은 초등학교 시험문제도 어려운 편입니다. 특히 사립학교의 경우에는 영어와 수학을 꽤 어렵게 내기 때문에 어지간히 공부해서는 만점을 받기 어렵습니다. 학교는 평균적인 학생의 수준에 맞게 수업을 진행하기 때문에 좀 더 높은 수준의 심화 과정을 배우려면 이런 것을 가르쳐 주는 학원에 다녀야 합니다. 하지만 아무래도 타 지역은 강남처럼 시험문제를 어렵게 내지 않습니다. 그러다 보니 누적된 격차가 어느 순간 강남과 비강남의 차이를 만들어 내게 된 점도 있습니다.

물론 문제를 어렵게 내면 좌절하는 아이도 생길 것입니다. 수준 높은 교육을 지향하는 강남 지역 학교는 어떤 아이에겐 감옥이 되기도 하고 오히려 학원이 아이를 구원하는 안식처가 되기도 할 것입니다. 그래서 무조건 공교육만 따라가야 하고 사교육을 억제해야 한다는 것도 받아들이기 어렵습니다. 공교육을 중심으로 하되 사교육은 아이가 학교 수업을 따라갈 수 있도록 도와주는 보조적인 역할이어야 합니다.

3. 성적에 일희일비하지 않는 엄마

강남에서 공부 잘하는 아이들의 공통점을 살펴보면 엄마의 생각이 다르다는 것을 확인할 수 있습니다. 강남에는 교육에 관심이 많고 세상의 변화를 좀 더 빨리 체감하는 엄마들이 많습니다.

강남 엄마는 당장의 성적에 일희일비하지 않습니다. 대신 아이가 공부 성과를 달성할 때까지의 과정을 훨씬 더 중요하게 생각합니다. 아이가 새로운 문제집을 풀이하면서 끙끙거리고 있다고 해 보죠. 강남의 엄마는 정답을 맞히라고 요구하지 않습니다. 답을 다 틀려도 개의치 않고 아이가 문제를 풀이하기 위해 생각에 생각을 이어 나가도록 유도합니다. 어차피 문제집의 문제는 시험에 그대로 나올 리가 없고 어떻게든 변형이 되어서 나올 것이기 때문에 아이가 생각을 거듭하여 그 개념 원리를 확실하게 이해하는 것이 진정한 실력 향상이라는 것을 잘 알고 있기 때문입니다.

어떤 강남 엄마들은 아이에게 약간 어려운 문제를 풀이하도록 합니다. 아이가 스트레스를 받을까 봐 걱정하는 엄마도 있겠지만 사실 어려운 문제를 풀기 위해 골똘히 몰두하면서 실력이 자랍니다. 쉬운 문제는 한두 번만 생각해도 쉽게 풀 수 있어요. 이런 문제만 풀면 당장은 좋은 점수를 받을 수 있으니 기쁘겠지만 생각의 힘 역시 그 정도 수준에 머물게 됩니다. 하지만 만약 열 번을 생각해야 풀 수 있는 어려운 문제라면 어떨까요? 이런 문제는 아홉 번까지 생각에 생각을 거듭해도 정답을 찾지 못합니다. 보통의 인내심이나 집중력으로는 이 수준까지 가지도 못하죠. 강남 엄마는 아이가 어려운 문제의 정답을 찾지 못했다 하더라도 전혀 개의치 않고 그것을 해결하고자 노력한 과정을 엄청나게 칭찬하고 격려하고 지지해 줍니다. 그래서 아이는 아무리 어려운 문제를 만나도 마음의 부담 없이 안심하고 안전하게 공부를 계속 이어 나갈 수 있습니다. 산간 벽지의 엄마라 하더라도 와이파이만 들어온다면 강남 못지않게 훌륭한 교육을 할 수 있습니다.

세 줄 요약

- 아이가 구체적인 공부 목표를 설정하고 자기가 실행할 수 있는 방법을 찾아 실행할 수 있도록 돕는다.
- 공교육을 중심으로 공부하고, 부족한 부분은 사교육을 통해 짧은 시간에 공교육을 따라갈 수 있게 조율한다.
- 당장 정답을 맞히는 공부보다 내용을 이해하고 어려운 문제를 풀이하는 과정에서 생각의 힘을 기르도록 지도한다.

4

반드시 짚어 볼
2022 개정 교육과정과 과목별 로드맵

공교육 시스템은 공적 주체교육부, 공적 재원세금, 공적 절차교육과정로 구성되어 있으며 2022년 12월에 교육과정이 개정되어 고시되었습니다교육부 고시 제2022-33호. 2022 개정 교육과정은 앞으로 이 교육과정에 맞춰 새 교과서를 만들고 교사도 훈련하는 등의 과정을 거쳐 2024년 초등학교 1, 2학년부터 순차적으로 적용되므로 앞으로 최대 2027년까지는 기존의 2015년 교육과정에 따라 교육을 받습니다. 2022년 교육과정은 기존 교육과정 중 일부만 개정되었기 때문에 2015년 교육과정에 대해서도 알아야 합니다. 그런데 교육과정의 내용이 워낙 전문적이고 방대하기 때문에 엄마들이 이해하기엔 어렵습니다. 그래서 이 책에서는 엄마가 꼭 알아야 할 내용만 추려서 알기 쉽게 설명하겠습니다.

1. 2015년 교육과정

2015년 교육과정의 비전은 '바른 인성을 가진 창의적 인재 양성'입니다. 2015년 교육과정을 충실하게 수행하면 '바른 인성을 가지고 인문학적 상상력과 과학기술 창조력으로 새로운 지식을 창조하고 다양한 지식을 융합하여 새로운 가치를 창출할 수 있는 사람'으로 성장할 것이라는 말입니다.

창의적인 사람은 4차 산업사회라는 새로운 사회에서 이에 걸맞은 새로운 의미와 가치를 만들 수 있습니다. 창의력을 발휘하려면 융합적 사고를 할 수 있어야 하는데, 융합은 다양한 지식과 생각을 연결하는 능력입니다. 지식을 그저 머릿속에 담고만 있는 것이 아니라 서로 연결하여 새로운 의미와 가치를 만들어야 하기 때문에 학교에서는 선생님의 일방적인 지식 전달 위주의 수업 방식 대신 모둠 활동이나 수행평가 등 각자 생각하고 협력해야만 해결할 수 있는 방식으로 크게 전환되었습니다. 아이에게 생각이란 결코 만만한 일이 아닙니다. 그래서 여러 번의 생각을 모아야 수행이 가능한 모둠 활동 보고서나 수행평가는 결국 엄마의 몫이 되는 경우가 많습니다. 엄마는 엄마대로 학교에서 선생님이 죄다 가르쳐 주면 되지, 왜 부모를 이렇게 힘들고 귀찮게 하느냐고 짜증을 냅니다. 하지만 모둠 활동이나 수행평가, 창의 체험 활동 등은 모두 4차 산업사회를 살아갈 능력을 기르는 교육과정이므로 엄마가 대신해 주기보다는 아이가 어떻게든 직접 해결할 수 있도록 응원하고 보조해 주는 것이 프로 학부모로서 엄마의 역할입니다.

이와 더불어 중요한 것이 바로 '바른 인성'입니다. 바른 인성이란 착한 성품 수준에 머무는 것이 아니라 타인에 대한 배려, 경청, 협력 등을 총칭하는 의미입니다. 이제 우리 사회의 문제는 너무 복잡해서 여러 분야의 사람들이 머리를 맞대야 해결할 수 있습니다. 2021년 덴마크에서는 단계적 일상회복인 위드 코로나With Corona로 전환하기 위한 위원회를 구성했는데, 여기에는 의사나 감염학자 등 코로나와 직접적인 관련이 있는 전문가 외에도 전자공학, 경제학, 수학, 커뮤니케이션학, 정치학, 심리학 등 다양한 분야의 전문가들이 모여 방역 완화에 관한 정책을 만들었습니다. 코로나 의료현장에서 활동했던 의사라 하더라도 코로나 일상의 경제적 대응, 확산 모델 수립, 사회적 안정 등에 대해서는 다른 전문가들의 의견을 경청하고 자신의 경험, 지식과 융합하여 합리적인 해결책을 만들어야 했습니다. 이러한 시대적 흐름에 따라 우리 아이들은 학교에서 모둠 활동을 하며 다른 친구의 의견을 경청하고 배려하고 협력하는 훈련을 하는 것입니다. 이런 경험이 없는 상태에서 어른이 되면 여전히 다른 사람과의 협업에 어려움을 겪게 될 것입니다.

2. 2022 개정 교육과정

2022년 개정 교육과정은 2015년 교육과정 이후 7년 만에 발표되었으며, 특히 4차산업 사회의 패러다임 변화를 많이 담고 있는 것이 특징입니다. 4차 산업사회는 단순히 새로운 기술이 개발되었다는 차원을 넘어서 우리 삶의 방식을 송두리째 뒤바꾸어 놓았습니다. 의사소통 방식만 하더라도 과거엔 직접 만나거나 전화를 걸거나 또는 문자메시지를 주고받는 수준이었지만 지금은 카카오톡에 챗GPT를 결합하는 수준까지 진화했습니다. 그래서 2022 개정 교육과정은 인공지능으로 대표되는 4차 산업사회를 살아갈 학생들이 이것을 어떻게 잘 활용할 수 있을지를 담고 있는 것이 큰 특징입니다. 이 문제는 단순히 고등학교에서 '정보'라는 교과목이 하나 더 추가된 것에 그치지 않고 국어, 영어, 수학, 사회, 과학 등 전 과목에서 디지털 역량을 함양할 수 있도록 디지털 소양을 강화하는 방향으로 개정되었습니다.

2022 개정 교육과정은 방대한 분야에 생소한 용어가 마구 뒤섞여 나오기 때문에 교육 전문가가 아니고서는 그 내용을 이해하기가 쉽지 않습니다. 그래서 엄마들이 반드시 알고 있어야 하는 내용만 간추려서 아래에 소개합니다. 중학교의 진로학기제나 고등학교의 고교학점제와 같은 제도적인 부분은 앞으로도 계속 수정될 것이기 때문에 인터넷에서 수시로 찾아보기 바랍니다.

3. 개정 교육과정의 비전 : 포용성과 창의성을 갖춘 주도적인 사람

비전은 개정 교육과정이 지향하는 인간상을 말하는데 여기서 언급한 포용성, 창의성, 주도성이 이번 교육과정의 핵심이라고 할 수 있습니다. 아이들은 앞으로 포용성, 창의성, 주도성을 기르는 교육을 받을 것이고, 내신 시험이나 입시에서도 이런 능력을 얼마나 잘 길렀는지를 평가받게 될 것입니다.

포용성은 코로나로 촉발된 세계적 문제인 기후 환경 변화, 지구 생태계 보호, 사회 공동체의 가치 등을 해결하기 위한 능력입니다. 이제 개인의 문제를 벗어나서 지역사회, 나아가 국가 간의 문제까지 관심을 두고 적극적으로 뛰어들 수 있도록 교육하겠다는 것이지요. 그래서 공동체를 살아가는 역량을 강화하고 환경 생태 교육을 확대하는 내용이 담길 것입니다. 또, 세계적인 문제를 해결하고자 영어 등 외국어 교육이 강조될 것입니다.

창의성은 무에서 유를 창조하는 능력이 아니라 여러 지식들을 융합하여 문제해결에 필요한 최적의 방법을 생각해 내는 것입니다. 특히 4차 산업사회에서는 그동안 겪지 못했던 새로운 기술적·사회적·윤리적 문제들이 발생할 것이므로 이런 문제들을 해결하기 위한 다양한 관점과 비판적 사고 등 인문적 소양을 기르는 교육이 진행될 것입니다.

또, 학생들을 주도적인 사람으로 키우고자 학습에 대한 성찰과 책임을 강화하고 학생의 주도성과 책임감, 적극적인 태도 등을 중요하게 평가할 것입니다.

이러한 포용성, 창의성, 주도성을 키우는 교육을 하고자 교육 전반에 디지털 문해력과 절차적 문제해결력 등을 기를 수 있는 수업 구성과 선택과목이 만들어집니다. 또 기후나 생태계의 변화에 대응할 수 있는 공동체적 가치 함양 교육을 시행하고, 지역 간 학교의 교육 격차를 완화하는 방안도 마련됩니다.

이번 교육과정에서 가장 눈에 띄는 부분은 진로 교육입니다. 초등학교에서는 1학년 입학 초기에 긍정적 자아를 형성하여 학교생활에 잘 적응할 수 있도록, 6학년 2학기 때는 학업 자존감을 형성할 수 있도록 진로연계학기를 운영합니다. 중학교에서는 1학년 1학기 또는 2학기에 한 학기 동안 중학교 생활에 적응할 수 있도록 자유학기를 운영하고, 3학년 2학기에는 진로 활동 탐색과 고교 생활을 준비할 수 있도록 진로연계학기를 운영합니다. 고등학교에서는 1학년 1학기를 진로집중학기로 운영하고 수능 이후에는 대학 생활 이해 및 사회 진출과 관련된 시간을 마련하는 등 초·중·고에 걸쳐 진로와 관련된 내용에 꽤 많은 시간을 할애합니다.

4. 학교급별 제도 변화

4차 산업사회라는 시대의 변화에 따라 개정된 2022 개정 교육과정이 시행되면 학교에서는 다음과 같은 제도 변화가 있을 것입니다.

초등학교

초등학교는 2024년에 1~2학년, 2025년에 1~4학년, 2026년에 전 학년에 걸쳐 2022 개정 교육과정을 적용하게 됩니다.

초등학생은 인지력과 신체가 한창 발달하는 시기이므로 아직 어려운 내용을 배울 수는 없습니다. 그래서 2015년 교육과정과 마찬가지로 주로 놀이연계학습 방식의 수업이 진행될 것입니다.

국어 : 초등 저학년은 한글과 기초 문해력 교육을 강화하고자 34시간의 교육이 추가됩니다.

수학 : 초등과 중학교의 과정 연계를 강화하고자 수와 연산, 변화와 관계, 도형과 측정, 자료와 가능성 항목이 통합됩니다.

통합 교과(바른 생활, 슬기로운 생활, 즐거운 생활) : 놀이와 활동 중심으로 신체 활동의 기회를 확대 제공합니다. 또, 통합 교과 내용에 따라 실천과 체험 위주의 안전 교육을 강화합니다.

중학교

중학교는 2025년에 1학년, 2026년에 1~2학년, 2027년에 전 학년에 걸쳐 2022 개정 교육과정을 적용합니다.

자유학년제 : 그동안 학력 신장에 방해가 된다는 지적이 많았던 자유학년제는 기존 4개 영역주제 선택, 진로 탐색, 예술·체육, 동아리 활동 170시간에서, 2개 영역주제 선택, 진로 탐색 102시간으로 축소됩니다. 특히 3학년 2학기는 진로연계학기로 운영하여 고등학교 진학을 앞두고 좀 더 구체적으로 진로를 탐색할 수 있도록 하였습니다.

수업 시수 감소 : 한 학기 17주의 수업 시수는 16주로 줄어듭니다. 남은 1주는 학교에서 필요로 하는 교육과정을 운영할 수 있도록 하였습니다.

정보 : 정보 교육 시간은 68시간으로 두 배 확대됩니다. 정보 시간에는 실생활의 문제해결을 위한 쉽고 재미있는 프로그래밍을 배우게 됩니다.

고등학교

고등학교는 2025년에 1학년, 2026년에 1~2학년, 2027년에 전 학년에 걸쳐 2022 개정 교육과정을 적용합니다.

대학 입시를 눈앞에 두고 있는 고등학교 교육과정에서 가장 눈에 띄는 변화는 고교학점제입니다. 이미 많은 학교에서 시범 사업을 진행하면서 문제점들을 보완하고 있습니다. 졸업 기준이 학점 이수로 바뀌고, 선택과목이 신설되거나 재구조화되는 변화가 있습니다. 그러나 고교학점제의 핵심인 절대평가를 위해 특목고와 자사고를 일반고로 전환하고자 했지만 이것이 무산되었습니다.* 그래서 교육부는 고교학점제가 단순한 변화가 아니라 수업과 평가, 교사의 역할이 달라져야 하는 혁명적 변화이므로 2025년에 전면 도입할지 여부를 아직 확정하기 어렵다는 입장을 보이고 있습니다.

이 외에도 전체 수업량은 총 204단위에서 192학점으로 축소되었으며, 과목당 기본 학점도 5학점에서 4학점으로 축소되었습니다 국· 영·수 합은 최대 81학점. 수학은 '행렬과 연산'이 재편성될 예정입니다.

5. 학습 로드맵

초등학교 교육과정은 『바른 생활』, 『슬기로운 생활』, 『즐거운 생활』, 『국어』, 『사회』, 『도덕』, 『수학』, 『과학』, 『실과』, 『체육』, 『음악』, 『미

---

* 270쪽, '고교학점제를 어떻게 대비해야 하나요?' 참조.

술』,『영어』,『창의적 체험 활동』창체으로 구성되어 있습니다. 이 가운데 엄마들이 가장 관심을 많이 가지는『국어』,『영어』,『수학』,『사회』,『과학』 과목을 중심으로 어떻게 공부해야 하는지를 살펴보겠습니다.

이 로드맵은 본격적인 학습이 시작되는 4학년 이상의 아이가 최상위권으로 발돋움할 수 있는 가장 기본적인 로드맵입니다. 가장 기본적인 방법이기에 난이도가 높지 않은 만큼 엄마는 아이가 꾸준히 할 수 있도록 관리해야 합니다. 공부란 지금 한다고 해서 당장 결과가 나오지 않습니다. 지금 하는 공부는 한 달 뒤에 또는 석 달 뒤에 성과가 나올 수도 있고, 심지어 수능이 지나도록 아예 결과가 나오지 않을 수도 있습니다. 하지만 공부를 하는 과정에서 길러지는 인내심과 계획 능력, 추진력 등은 공부를 쉬지 않고 계속 이어갈 수 있는 원동력이 될 것입니다. 그러니 이 로드맵에 따라 꾸준히 진행하면 최상위권까지 충분히 올라갈 수 있습니다. 아이의 능력이나 상황 등에 맞게 변형하여 사용한다면 더 효과적인 로드맵이 될 것입니다.*

과목별 설계 개요와 학습 목표는 국가교육과정 정보센터에서 발췌하였습니다. 과목의 성격과 목표, 내용 체계 및 성취기준, 교수 학습 및 평가 등 더 자세한 내용은 국가교육과정정보센터www.ncic.re.kr에서 찾아보기 바랍니다.

* 191쪽, ' 메타인지와 공부의 상관관계를 알고 싶어요' 참조.

국어

『국어』는 모국어를 정확하고 효과적으로 사용하는 능력을 기르고, 가치 있는 국어 활동을 통해 바람직한 인성과 공동체 의식을 함양하며, 비판적이고 창의적인 사고와 활동을 바탕으로 국어 문화를 향유하도록 하는 교과입니다. 『국어』에서 배우는 내용은 듣기·말하기, 읽기, 쓰기, 문법, 문학, 매체의 여섯 가지 영역입니다.

학습 목표는 국어 의사소통의 맥락과 요소를 이해하고 다양한 의사소통의 과정에 협력적으로 참여하면서 언어생활을 성찰하고 국어 문화를 향유함으로써 미래 사회에서 요구되는 높은 수준의 국어 능력을 기르는 것입니다.

국어는 다른 교과목 공부와도 깊은 관련이 있는 가장 기본적인 과목입니다. 국어를 통해 독해력을 길러야 다른 과목들도 이해할 수 있기 때문입니다. 예를 들어, 수학은 5학년 즈음부터는 문장제 문제가 많이 나오는데 아이들이 문제를 읽어도 무슨 말인지를 몰라 틀리는 경우가 많습니다. 사회와 과학은 표, 그래프, 지도 등에 담긴 의미를 이해해야 하는데 그것 역시 국어의 비문학 독해력이 바탕이 되지 않으면 논리적으로 해석할 수 없습니다.

독해력을 기르려면 꾸준히 책을 읽는 것이 가장 좋은 방법인데요, 문제는 역시 '꾸준히'입니다. 어쩌면 아이가 어린이 추천 도서나 엄마가 가져다주는 책에 별 흥미를 못 느낄 수도 있습니다. 흥미를 끌지 못하는 책은 아무리 읽어도 재미도 없고 집중도 안 됩니다. 그래서 아이가 꾸준히 읽을 책을 찾는 가장 좋은 방법은 아이가 관심 있는 분야의 책을 고르는 것입니다. 만약 아이에게 별다른 관심

국어 교과 교육과정 설계 개요

사가 없다면 학교 교과와 관련되는 책을 고르도록 하세요. 학교에서 배우는 교과와 관련된 내용이기 때문에 그리 낯설지 않아서 쉽게 읽을 수 있을 것입니다. 그런데 이마저도 읽기 싫어한다면 어쩔 수 없이 엄마가 준비한 책을 읽게 해야 하는데, 그것은 바로 비문학 교재입니다. 시중에는 정말 다양한 비문학 교재가 있습니다. 엄마는 이 가운데 아이가 흥미를 느낄 만한, 그리고 아이가 편하게 읽을 수 있을 정도의 난이도와 분량을 가진 비문학 교재를 선택하면 됩니다. 그리고 아이와 하루에 몇 개를 읽을지 정하세요. 조금씩이라도 매일 읽는 것이 가장 좋지만 경우에 따라서는 30분 정도에 끝낼 만한 분량으로 주 3~5회 정도 읽는 것도 괜찮습니다. 단, 하루에 몰아서 읽지 않도록 해야 합니다.

아이가 흥미를 느끼는 책이든, 학교 교과와 관련된 책이든 아니면 비문학 교재이든 간에 책을 읽고 나면 그냥 덮지 말고 아이가 엄마에게 읽은 부분을 말로 설명하게 하세요. 내용을 요약해서 말하지 못한다면 최소한 어떤 주제의 글이었는지 키워드 정도는 말할 수 있어야 합니다.*

영어

『영어』는 학생의 영어 의사소통 능력을 길러 디지털 전환에 따른 사회적 변화, 기후변화 및 환경, 재난 등 위기 상황에 능동적으로 대응할 수 있는 기본 역량과 변화 대응력을 키우는 과목입니다. 『영어』에서 배우는 내용은 이해와 표현의 두 가지 영역입니다. 이해 영역은 담화, 글, 이미지, 동영상 등을 다양하게 결합한 방식으로 제공하는 영어 지식 정보를 처리하고 사용하는 능력을 기릅니다. 표현 영역에서는 다양한 매체를 통해 말, 글, 시청각 이미지 등을 활용하여 자신의 느낌, 생각, 의견 등을 전달하는 능력을 기르게 됩니다.

학습 목표는 다변하는 미래 사회를 대비하여 언어와 문화 배경이

---

* 148쪽, '엄마가 쉽게 할 수 있는 글쓰기와 독서 지도법을 알고 싶어요' 참조.

영어 교과 역량 및 영역 구성

다른 세계인과 영어로 의사소통하는 역량을 기르는 것입니다. 특히 최근에는 인터넷의 출현에 버금갈 정도라고 평가받는 챗GPT의 활용을 위해서라도 영어를 잘해야 합니다. 챗GPT는 검색을 대화 형식으로 하도록 제작된 인공지능 프로그램입니다. 영어를 기반으로 만들어진 만큼 영어로 질문했을 때 훨씬 풍부하고 유익한 정보를 얻을 수 있습니다. 또한, 코딩 프로그램 역시 영어로 구성되는 만큼 영어의 중요성은 더욱 강조될 것입니다.

영어를 효율적으로 공부하는 방법은 읽기Reading 교재를 활용하는 것입니다. 특히, 큐알QR 코드를 찍으면 녹음된 원어민의 발음을 들을 수 있게 만들어진 교재가 많은데요. 이 발음을 따라 하면서 속 도나 억양intonation 을 원어민의 것과 비슷하게 할 수 있도록 연습하 면 듣기와 말하기에 좋은 공부가 됩니다. 또, 교재에 나와 있는 문제 만 풀고 넘어갈 것이 아니라 단어나 문법도 함께 공부하면 좋습니 다. 읽기 교재로 충분히 공부한 후에는 아이 수준에 맞는 문법 교재 로 공부하도록 합니다.

아이가 교재를 보면서 공부하기 싫어한다면 굳이 그렇게 하지 않 아도 괜찮습니다. 이런 아이에게는 유튜브에서 아이의 수준에 맞는 콘텐츠를 골라서 보게 하세요. 유튜브에는 수준별로 굉장히 다양한 콘텐츠가 있습니다. 특히 '문장의 구조'와 같은 기본 문법 강의는 아 이가 책으로 공부하기보다는 유튜브에서 시각적으로 잘 만든 콘텐 츠를 보는 것이 더 도움이 될 수도 있습니다.

수학

『수학』은 수학의 개념, 원리, 법칙을 이해하고 주변의 여러 가지 현상을 수학적으로 관찰하고 해석하며 논리적으로 사고하고 합리 적으로 문제를 해결하는 능력과 태도를 기르는 교과입니다. 『수학』 에서 배우는 내용은 수와 연산, 변화와 관계, 도형과 측정, 자료와 가능성입니다.

학습 목표는 수학의 개념, 원리, 법칙을 이해하고 수학의 가치를 인식하며 바람직한 수학적 태도를 길러 수학적으로 추론하고 의사 소통하며 다양한 현상과 연결하여 정보를 처리하고 문제를 창의적

수학 교과 교육과정 설계 개요

으로 해결하는 『수학』 교과 역량을 함양하는 것입니다.

수학은 논리적 사고를 가능하게 하는 과목입니다. 자기 생각을 기호와 숫자를 통해 압축적으로 표현하는 재미있는 분야이기도 하죠. 그래서 수학은 진도를 빨리 나가는 것이 중요한 게 아니라 논리적인 풀이 과정을 정확하게 이해하는 방식으로 공부해야 합니다.

수학은 가능하면 문장제 문제가 많은 문제집으로 공부하는 것이 좋습니다. 문장제 문제는 수학적 독해력을 키우는 데도 도움이 되지만 아이가 이리저리 생각하면서 풀어야 하기 때문에 논리력을 키우기에도 안성맞춤입니다.

수학을 공부할 때는 공식을 외워서 풀이하는 습관이 생겨서는 안 됩니다. 공식에 담긴 개념을 충분히 인지한 상태라면 괜찮지만, 단순히 공식을 대입하거나 해설지를 참고하는 식의 기계적인 공부는 시간만 낭비하는 결과를 가져올 것입니다. 엄마는 일주일에 한두 번 정도는 반드시 넓은 범위의 문장제 문제를 풀도록 해서 아이가 개념을 생각하면서 문제를 푸는 습관을 갖도록 도와주세요.

사회

『사회』는 학생들이 사회생활에 필요한 지식과 기능을 익히고 이를 토대로 시·공간 속의 인간과 사회현상을 인식하고, 민주 사회의 구성원에게 요구되는 가치와 태도를 지님으로써 시민으로서 자질을 갖추도록 하는 교과입니다. 학습 영역은 일반 사회정치, 법, 경제, 사회·문화, 지리지리 인식, 자연환경과 인간 생활, 인문환경과 인간 생활, 지속 가능한 세계, 역사역사 일반, 지역사, 한국사로 구성되어 있습니다.

학습 목표는 학생들이 시민으로서 자질을 함양할 수 있도록 사회현상에 관한 기초적 지식을 습득함은 물론, 역사, 지리, 제 사회과학의 기본 개념과 원리를 발견하고 탐구하는 능력을 익혀 우리 사회의 특징과 세계의 여러 모습을 종합적으로 이해하게 하는 것입니다. 또 다양한 정보를 활용하여 현대사회의 문제를 창의적, 합리적으로 해결하는 데 적극적으로 참여하는 능력과 태도를 기르는 것입니다. 이를 통해 개인의 성장은 물론, 지역사회·국가·세계의 발전에 기여할 수 있는 책임 있는 시민을 기르는 것이 『사회』 교과의 목표입니다.

사회는 얼핏 생각하면 대표적인 암기 과목 같습니다. 역사나 지

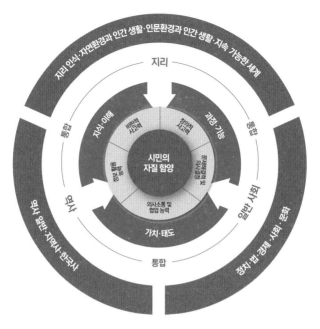

사회 교과 교육과정 설계 개요

리 등은 사실 외울 것이 많기도 하고, 상식으로도 풀 수 있는 문제가 많은 것이 사실입니다. 그러나 사회 역시 과학과 마찬가지로 탐구 영역에 해당하는 과목입니다. 학년이 올라갈수록 외울 것보다는 이해해야 하는 것이 훨씬 더 많아집니다. 표나 그래프로 표현된 설문조사 결과를 읽을 수 있어야 하고 경제 현상에 대한 설명을 읽고 이해할 수 있어야 높은 성적을 받을 수 있습니다. 사회 역시 아이 수준에 맞는 비문학 교재를 선택하여 지문을 읽고 내용을 요약하는 방식으로 꾸준히 공부하면 좋은 성과를 얻을 수 있을 것입니다.

과학

『과학』은 미래 사회를 살아갈 시민으로서 과학적 소양을 갖추고 더불어 살아가는 창의적인 사람을 육성하기 위한 교과입니다. 『과학』에서 배우는 내용은 운동과 에너지, 물질, 생명, 지구와 우주, 과학과 사회의 5개 영역입니다.

학습 목표는 자연현상과 일상생활에 대하여 흥미와 호기심을 가지고 과학적 탐구를 통해 주변 현상을 이해하고, 개인과 사회의 문제를 과학적이고 창의적으로 해결하는 데 민주 시민으로서 참여하고 실천하는 과학적 소양을 기르는 것입니다.

초등학교의 『과학』 교과는 말하자면 '과학에는 이런 것이 있다'고 소개하는 정도입니다. 중학교 2~3학년 정도가 되어야 계산이 필

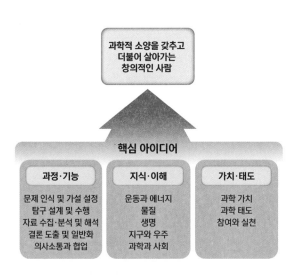

과학 교과 교육과정 설계 개요

요한 내용을 배우게 되는데, 이것은 초등 5, 6학년 수준의 수학 계산 능력만 있으면 할 수 있습니다. 그래서 초등학교 수학을 포기하면 중학생이 되어서 과학도 결국 포기할 수밖에 없습니다. 또 과학적 개념을 알아야 계산을 할 수 있는데, 개념을 이해하지 않고 무조건 외우는 방식으로 공부한 아이는 시간이 지날수록 개념은 개념대로, 계산은 계산대로 모두 문제에 부딪히게 됩니다.

『과학』은 주로 실험을 하고 그 결과를 표나 그래프로 나타내기 때문에 이것을 해석해야 하는 대표적인 탐구 과목입니다.『사회』과목과 마찬가지로 아이 수준에 맞는 비문학 교재를 선택하여 지문을 읽고 내용을 요약하는 방식으로 꾸준히 공부하면 좋은 성과를 얻을 수 있습니다.

세 줄 요약

- 2022 개정 교육과정은 4차 산업사회의 패러다임 변화에 대비하여 포용성과 창의성을 갖춘 주도적인 사람을 키워 내겠다는 비전을 설정하였다.
- 이를 위해 더욱 강조하는 부분은 진로와 디지털 역량 강화 교육이며, 고교학점제는 현재 알려진 내용의 수정이 불가피하다.
- 과목별 로드맵을 아이의 수준, 환경, 능력 등에 맞게 변형하여 공부하되 꾸준히 공부할 수 있도록 엄마의 지도가 필요하다.

5

초등학생의 학년별 특징

우리 아이는 언제쯤이면 엄마 말을 이해할까요?
아이는 언제쯤 자기 스스로 알아서 공부할까요?

많은 엄마들이 이런 고민을 합니다. 모든 문제가 시간이 지난다고 해서 저절로 해결되는 것은 아니지만 그래도 발달단계에 따라 어렵지 않게 해결되는 부분들도 많습니다. 그래서 엄마가 아이의 발달단계별 특성에 대해 어느 정도 이해하고 있으면 자녀의 학습과 생활 심리, 진로 계획 등을 수월하게 지도할 수 있을 것입니다.
학자들은 인간의 발달 과정을 여러 단계로 나누어 발달단계별로 그 특징을 설명하고 있습니다.

1. 발달단계별 인지적·심리적 특징

피아제의 인지 발달단계

피아제Jean Piajet, 1896~1980는 인지 발달 4단계 가운데 초등학생 연령대를 3단계인 구체적 조작기로 정의하고 있습니다. 이 시기에는 자기중심적 인지에서 벗어나 구체적인 사건에 대해 논리적인 사고를 하게 된다는 특징이 있습니다.

단계	연령	단계별 특징
감각 운동기	0~2세	감각과 동작에 의한 학습 및 의도적인 반복 활동을 한다. 모방, 기억, 사고가 시작된다. 대상 영속성을 인식한다. 단순 반사 행동에서 목적을 가진 행동으로 발전한다.
전 조작기	2~7세	직관적·문화론적으로 사고한다. 언어가 점차 발달하고 상징적인 형태로 사고한다. 일방적인 관점에서 사고한다. 자기중심적으로 사고하고 말한다.
구체적 조작기	7~11세	논리적·가역적으로 사고한다. 보존 개념을 습득한다. 논리적으로 구체적인 문제를 해결할 수 있다. 유목화하고 서열화할 수 있다.
형식적 조작기	11세 이후	추상적이고 가설적인 사고를 할 수 있다. 논리적으로 추상적인 문제를 해결할 수 있다. 점차 과학적인 사고를 한다. 복잡한 언어 과제나 가설 문제를 해결할 수 있다.

피아제의 인지 발달단계

콜버그의 도덕성 발달단계

콜버그Lawrence Kohlberg, 1927~1987는 인간의 도덕성 발달을 6단계로 구분하면서 초등학생의 발달단계가 2단계자신 또는 타인의 욕구 충족와 3단계대인 관계와 평판 중시에 걸쳐 있다고 설명하였습니다.

콜버그는 '하인즈의 딜레마'를 통해 연령에 따른 도덕성 발달단계를 설명했습니다. 하인즈의 아내가 희귀한 병에 걸려 죽음을 눈앞에 두고 있었습니다. 다행히 마을에 있는 유일한 약사가 그 병을 치료할 수 있는 약을 개발하였습니다. 약사는 100만 원어치의 재료를 사서 약을 만든 다음 1,000만 원에 팔았습니다. 가난한 하인즈에겐 약을 살 1,000만 원이 없었습니다. 그는 동네 사람들과 은행에서 돈을 빌리고 팔 수 있는 것은 모두 팔며 온갖 노력을 했지만 마련할 수 있는 돈은 500만 원뿐이었어요. 하인즈는 약사에게 부족한 돈은 꼭 갚을 테니 우선 약을 달라고 부탁했습니다. 하지만 약사는 하인즈의 청을 단칼에 거절해 버렸지요. 낙심한 하인즈는 오랫동안 고민하다가 결국 결심한 바를 행동으로 옮겼습니다. 그는 한밤중에 몰래 약을 훔쳐서 아내에게 먹였고 아내는 병에서 회복할 수 있었지요.

콜버그는 이러한 하인즈의 행동을 발달단계별로 구분하여 도덕적인 특징을 찾아냈습니다.

인습 이전 : 어떤 행위가 자신에게 미치는 결과인 상과 벌에 따라 도덕적 판단을 하는 자아중심적인 특징을 보입니다. 아직 사회의 규칙이나 인습을 정확하게 이해하지 못한 단계입니다.

인습 : 타인의 관점에서 바라보는 능력이 발달합니다. 타인의 기

대와 인정, 법률과 사회규범 등에 따라 대부분 이 수준에서 도덕적 판단을 합니다.

인습 이후 : 개인과 사회의 차원을 뛰어넘어 도덕적 원리를 기준으로 도덕적 판단을 하는 단계입니다. 이 수준은 도덕적 원리를 이해하고 있어야 도달할 수 있습니다.

레벨	단계	도덕적 특징
인습 이전	1단계 처벌과 복종	상을 받을지 벌을 받을지에 따라 행동이 결정됩니다. 착한 행동을 하면 칭찬을 듣고, 나쁜 행동을 하면 벌 받을 것으로 생각합니다. '경찰 아저씨에게 잡혀가니까 약을 훔치면 안 돼요.'
	2단계 욕구 충족	자신이나 타인의 욕구를 충족시킬 수 있으면 옳다고 생각합니다. '하인즈는 아내의 생명을 구하려고 약을 훔쳤으니까 괜찮아요.'
인습	3단계 대인 관계의 조화	타인과의 관계를 좋게 유지할 수 있는 행동이 좋은 행동이라고 생각합니다. '사람들이 도둑질은 나쁘다고 하니까 약을 훔치면 안 돼요.'
	4단계 법과 질서 준수	개인보다는 전체를 위한 법과 질서를 우선시합니다. '약을 훔치는 것은 법을 어기는 것이니까 나쁜 일이에요.'
인습 이후	5단계 사회계약	사회적 용인에 따라 법이 바뀔 수 있다고 생각합니다. '약을 훔친 것은 정말 잘못된 행동이지만, 아내의 생명을 구하고자 했으니 정상을 참작해 줘야 해요.'
	6단계 보편적 도덕원리	자신이 선택한 도덕원리에 따라 한 양심적인 행위는 곧 도덕적인 행위가 됩니다. '사람의 생명은 그 무엇보다 소중해요.'

콜버그의 도덕성 발달단계

에릭슨의 심리 사회적 발달단계

에릭 에릭슨Erik H. Erikson, 1902~1994은 인간의 심리 사회적 발달을 8단계로 구분하고 있는데, 초등학생 시기에는 '근면성 대 열등감'을 배우게 된다고 하였습니다. 사회의 일원으로 살아가기 위한 인지적·사회적 기술을 배우는 시기라는 의미입니다. 이 시기에 성공적인 경험을 하면 자신이 꽤 근면하고 유능하다고 느끼지만 실패

시기	심리 사회적 단계	중요 관계	과업 또는 위기	키울 수 있는 덕목
영아기	신뢰감 대 불신감	엄마, 양육자	나는 세상을 신뢰할 수 있는가?	희망
유아기	자율성 대 수치심	부모	나는 내 행동을 통제할 수 있는가?	의지
아동기	주도성 대 죄책감	가족	내 한계점을 탐구하고 부모에게서 독립할 수 있는가?	목적
초등 학령기	근면성 대 열등감	또래 집단 교사	필요한 기술을 숙달할 수 있는가?	유능성
청소년기	정체성 대 정체성 혼란	가까운 사람, 외부 롤 모델	나는 누구이며, 무엇이 될 수 있는가?	충실성
청년기	친근감 대 고립감	친구, 이성친구, 경쟁 및 협력관계	타인에게 내 진심을 전적으로 보여 줄 수 있는가?	사랑
중년기	생산성 대 침체성	가족, 직업적 관계의 사람	다음 세대에 나는 무엇을 줄 수 있는가?	배려
노년기	통합성 대 절망감	인류와 자손	전 생애의 의미와 만족을 찾았는가?	지혜

에릭슨 심리 사회적 발달단계

평생 공부의 기초, 초등 공부력

의 경험이 쌓이면 열등감을 갖게 되는 것이죠. 물론 이런 경험은 성인이 되어서도 계속 겪지만 초등학생이 인생 초반부에 겪는 성공과 실패의 경험은 앞으로의 삶에 큰 영향을 끼치기 마련입니다.

에릭슨은 인간의 성격이란 평생 발달한다고 강조하면서 표와 같은 발달단계를 제시했습니다.

이처럼 학자들의 연구 덕분에 우리는 초등학생 시절이 앞으로 인생을 살아갈 때의 기준과 바탕을 만드는 아주 중요한 시기임을 알 수 있습니다. 아래에서 설명하고 있는 학년별 신체적·인지적·생활적 특징을 살펴보면서 아이에게 무엇을 어떻게 도와줄 것인지를 생각해 보기 바랍니다.

2. 반인반수 半人半獸 1학년

신체적 특징

1학년은 초등 6년 가운데 신체적인 발달이 가장 두드러지는 시기입니다. 1학기와 2학기의 신체 활동 능력이 달라질 정도이지요. 이 시기에는 소근육 발달을 돕는 단추 채우기, 운동화 끈 묶기, 젓가락질 등을 꾸준히 훈련하면 좋습니다.

인지적 특징

아직은 스스로 글을 읽기보다는 누가 읽어 주는 내용을 들으면서 상상하는 것을 좋아합니다. 하지만 들었던 내용을 금방 잊어버리고 재미있었던 부분만 기억하기 때문에 같은 책을 여러 번 읽어 달라고 합니다. 엄마는 좀 귀찮더라도 여러 분야의 책을 다양하게 읽어 주어 아이가 풍부한 생각과 이미지를 그릴 수 있도록 도와주세요.

생활적 특징

아이는 태어나서 처음으로 공식적인 단체 생활을 시작하게 됩니다. 유치원은 단체 생활이긴 해도 의무교육이 아니라서 맘에 안 들면 그만둘 수도 있지만, 학교는 반드시 다녀야만 합니다. 아직은 단체 생활에 익숙하지 않고 자기중심적인 활동을 하려 하지만 학교와 친구에 관심을 많이 두는 시기인 만큼 학교에 대한 부정적인 생각을 갖지 않도록 도와주세요.

엄마의 역할

이때는 어른을 많이 모방하는 시기입니다. 따라서 엄마가 독서 등 바람직한 모습을 자주 보여 주는 것이 좋습니다. 또한, 상상력이 발달하고 호기심이 많아지는 시기이므로 주변의 자연적·사회적 현상에 관심을 가질 수 있도록 다양한 주제로 이야기를 나누세요. 그리고 긍정적인 가치관이 생기도록 좋은 말도 많이 해 주세요.

3. 친구를 사귀는 2학년

신체적 특징

이때는 잠시도 가만히 있지 않고 에너지를 분출하려는 의지가 강한 시기입니다. 마음껏 뛰어놀도록 하되 규칙은 반드시 지키는 습관을 갖도록 지도하세요.

인지적 특징

집중력이 조금씩 생기지만 아직은 개인별로 차이가 큽니다. 놀이와 연계한 학습에도 집중력을 발휘하기 시작하는데 무언가를 배우기보다는 자신이 하고 싶은 것에 치중하는 경향이 강합니다. 자기가 원하는 결과가 나오지 않더라도 부정적인 감정을 갖지 않고 오히려 동기부여의 기회로 삼을 수 있도록 이끌어 주세요.

생활적 특징

점점 친구가 생겨나고 무리를 형성합니다. 좋아하는 친구에게는 잘해주려 하고 싫어하는 친구와는 싸움도 마다하지 않습니다. 또 자신의 감정을 표현하는 데 서투르기 때문에 말보다 행동이 앞서는 시기입니다. 아이를 야단치기보다는 왜 싸움을 했는지 그 감정을 말로 표현하도록 돕는 것이 중요합니다.

엄마의 역할

이 시기 아이들은 칭찬에 굉장히 민감합니다. 엄마가 별것 아닌

일에도 적극적으로 칭찬해 주면 아이는 자신에 대해 긍정적으로 생각하게 됩니다. 또, 예시를 많이 들어 주면 학습을 이해하는 데 도움이 됩니다.

4. 사회성과 지적 호기심이 왕성한 3학년

신체적 특징

신체 발달의 개인적 차이가 점점 벌어지기 시작합니다. 몸집이 작은 아이라면 큰 아이들에게 주눅 들지 않도록 다독여 주세요.

인지적 특징

학교에서 배우는 내용에 대한 지적 호기심이 생겨나는 시기입니다. 적절한 칭찬과 더불어 자신만의 학습을 유도해 보세요. 이 시기에 특히 연필 잡는 방법을 똑바로 교정해야 합니다. 연필을 잘못 잡으면 손에 힘이 들어가서 오랫동안 글씨를 쓸 수가 없고 나중엔 학습에 큰 걸림돌이 될 수도 있습니다.

생활적 특징

친구 관계가 더욱 중요해집니다. 남자아이들은 친구 집에 자주 놀러 가고 여자아이들은 화장실을 함께 다니는 사이로 발전합니다.

엄마의 역할

새로운 것에 호기심이 생겨나는 시기이므로 그것을 경험할 때 겁내지 않도록 도와주세요. 엄마가 요리할 때 옆에서 소소한 일이라도 보조할 수 있도록 하고 쓰레기 분리수거도 함께해 보세요. 이런 활동들은 교과 학습의 가장 핵심이라고 할 수 있는 '구분'과 '분류'를 생활 속에서 체득하게 해 줍니다.

5. 사춘기가 시작되는 4학년

신체적 특징

이차성징이 나타나는 시기입니다. 남자아이들은 키가 너무 빨리 커서 성장통을 앓기도 하고 빠른 여자아이들은 생리를 시작합니다. 이러한 몸의 변화가 자연스러운 것임을 알려 주세요.

인지적 특징

현실과는 다른 관념의 세계를 배우므로 학습이 어려워집니다. 현실에서는 10진법을 사용하는데 분수에는 6진법도 8진법도 나옵니다. 공부가 어려워지면서 포기하는 아이가 나오기 시작합니다. 개인차이가 심하게 벌어지고 학습에 무기력해질 수도 있으므로 엄마의 적극적인 지지가 필요합니다.

생활적 특징

말귀를 조금씩 알아듣기 때문에 논리적인 대화가 가능해집니다. 또, 타인의 입장을 이해하면서 자기중심적 사고에서 벗어나기 시작합니다.

엄마의 역할

자기만의 세계가 형성되는 사춘기가 시작되면서 엄마와 소통에 문제가 생깁니다. 또, 어른에 대한 막연한 적개심도 생깁니다. 자존심이 강해지고 경쟁을 의식하는 시기이므로 특히 다른 아이들과 비교하는 행동을 삼가야 합니다.

6. 사춘기에 적응하는 5학년

신체적 특징

이차성징이 뚜렷이 나타나는 시기로 신체적인 고민을 하는 아이가 많습니다. 아이들은 작은 키나 비만을 고민하고 자존감도 무너집니다. 자신이 만족할 만한 몸을 만들어 갈 수 있도록 적절한 운동을 꾸준히 시켜 주세요.

인지적 특징

이 시기 아이들은 수학을 굉장히 어려워합니다. 특히 분수 개념을 제대로 익히지 못한 아이들은 통분과 약분, 분수의 연산을 힘들어합니다. 합동과 대칭이라는 평면도형 개념에서 수학을 포기하는 아이들도 생겨납니다. 그래서 학원을 많이 보내는데요, 학원이 아이에게 득이 될지 독이 될지는 경우에 따라 다릅니다.[*]

생활적 특징

자기 나름의 논리를 내세우며 엄마와 자주 다투게 됩니다. 엄마가 듣기엔 말도 안 되는 논리이지만 절대 지려 하지 않습니다. 특히 남자아이는 엄마만큼은 반드시 이겨야 하는 존재로 생각하고 절대로 자기 잘못을 인정하지 않는 경향이 강해집니다. 엄마도 사람인지라 이런 무논리의 주장을 듣고 있으면 화가 나기 마련입니다. 그러나 아이의 도발에 감정적으로 접근하기보다 이성적인 대화를 나누도록 노력해 보세요.

엄마의 역할

한창 사춘기가 절정일 때라서 별것 아닌 일로도 화를 많이 내고 감정 조절을 잘하지 못합니다. 혼자 고민을 많이 하지만 엄마에게 말하지 않아요. 엄마는 아이의 행동을 이해하지 못해 답답합니다.

이 시기 아이들은 엄마가 요구하는 여러 가지 일들 가운데 한두 가지만 하고 나머지는 잊어버리기 일쑤입니다. 그러니 하루에 한두 가지만 수행하되 대신 철저하게 할 수 있도록 신경을 써 주세요.

[*] 자세한 내용은 156쪽, '학원을 꼭 보내야 할까요?' 참조.

7. 아동에서 청소년으로, 6학년

신체적 특징

대부분 남자아이는 변성기를 거치고 여자아이는 생리를 합니다. 겉보기엔 어른과 비슷해 보이지만 아이는 아직 이런 변화가 낯설게 느껴지기도 합니다. 성에 대한 인식이 생겨나고 이성에 이끌리는 행동을 하기도 합니다.

인지적 특징

공부에 대한 부담이 늘어나는 만큼 학력 차이도 커집니다. 수학뿐만 아니라 영어 등 다른 과목도 포기하는 아이가 생겨납니다. 그래서 수업에 집중하지 못하고 딴짓을 합니다. 컴퓨터나 스마트폰 사용에 익숙해서 손글씨 쓰는 숙제를 싫어하고 복사하기cntl+c, 붙이기cntl+v 와 같은 식으로 숙제를 하는 꼼수도 씁니다.

생활적 특징

초등학교에서 가장 높은 학년인 6학년은 서열을 중요하게 생각합니다. 반면에 또래들과 어울리지 않고 혼자 지내는 것을 좋아하는 자발적인 아싸아웃사이더도 생겨납니다.

엄마의 역할

6학년 아이는 자신이 곧 중학생이 되고, 아동에서 청소년으로 사회적 신분이 바뀐다는 것을 인지하고 있습니다. 그러므로 본격적인 중학교 공부에 대한 마음의 준비를 시켜야 합니다. 특히 6학년에서 중학교로 넘어가는 방학 기간에는 그동안 미처 이해하지 못했던 초등 학습의 개념들을 꼼꼼하게 복습하도록 이끌어 주세요. 초등 학습의 심화 과정이 중등 학습이기 때문에 초등 학습의 기초가 튼튼하지 않으면 중학교에 가서는 초반부터 벽에 가로막힐 수 있습니다.

세 줄 요약

• 아이의 발달단계별 특성을 이해하면 자녀의 학습과 생활 심리, 진로 계획 등을 좀 더 수월하게 지도할 수 있다.

• 초등학생 시절은 앞으로 인생을 살아갈 때의 기준과 바탕을 만드는 아주 중요한 시기이다.

• 엄마는 아이의 신체적·인지적·생활적 변화를 잘 살펴보면서 필요에 따라 적절하게 도와주어야 한다.

6

초등 엄마가
절대 하지 말아야 할 두 가지

아이는 엄마가 자신의 생존에 가장 중요한 사람이라는 것을 본능적으로 잘 알고 있습니다. 엄마의 말을 무시하고 엄마와 벽을 쌓고 있는 아이라고 할지라도 엄마의 말과 행동에 자신도 모르게 귀를 기울입니다. 그만큼 엄마는 아이에게 지대한 영향을 끼치는 존재입니다. 엄마는 아이가 좀 더 편안하고 안정적으로 공부해 나가기를 바랍니다. 그래서 주변으로부터 정보를 모으고 인터넷이나 유튜브 등에서 성공적인 자녀 양육에 대한 강의를 찾아 듣기도 합니다. 이런 엄마의 노력은 좋은 결과로 이어지기도 하지만 다음 두 가지는 절대 해서는 안 됩니다. 엄마의 그런 행동은 아이가 아무리 열심히 공부해도 절대 좋은 성과를 얻을 수 없는 걸림돌이 될 것입니다.

1. 동그라미에 집착한다

아이가 단원 평가 결과지나 학원에서 본 시험지를 가져오면 엄마는 무엇부터 확인하나요? 아마 동그라미맞힌 문제가 몇 개인지부터 확인할 겁니다. 동그라미가 많아서 높은 점수를 받았으면 기분이 좋지만 반대의 경우라면 울화가 치밀어 오르기도 하죠. 사교육에 돈은 돈대로 쓰고, 바쁜 시간 쪼개 가며 엄마들 커뮤니티에 참여하여 정보도 탐색하고, 간식이며 용돈이며 기분까지 맞춰 주면서 아이를 뒷바라지하느라 애썼는데 결과가 이런 식이라면 화가 날 만도 합니다.

엄마가 동그라미에만 집착하여 점수에 민감하게 반응하면, 아이도 마찬가지로 맞은 개수에만 초점을 맞추고 틀린 문제는 꼴도 보기 싫어합니다. 틀린 문제가 많은 아이는 적반하장 격으로 엄마에게 화를 내뿜는 방어기제를 나타내기도 합니다.

시험을 보는 이유는 아이가 학습 목표를 어느 수준까지 달성했는지 확인하고 또 어떤 부분이 약점인지를 찾아내기 위해서입니다. 그런 점에서 틀린 문제는 맞힌 문제보다 훨씬 더 중요한 의미가 있습니다. 그런데 엄마가 동그라미만 좋아하고 틀린 문제에 대해 얼굴을 찌푸린다면 아이도 역시나 동그라미에 집착할 수밖에 없지요. 이것은 아이의 약점을 보완할 기회를 엄마가 먼저 걷어차 버리는 것입니다. 반면 엄마가 틀린 문제에 대해 긍정적으로 생각하면 아이도 그렇게 생각합니다. 그래서 엄마는 낮은 점수를 받아온 아이에게 이렇게 얘기해야 합니다.

우와~ 네 약점을 이만큼이나 많이 발견했구나! 그냥 넘어갔으면 큰일 날 뻔했는데 빨리 확인하게 되어서 다행이야. 이 문제들을 개념부터 다시 공부하면 네 약점을 보완할 수 있겠구나.

물론 이렇게 말하는 것이 쉬운 일은 아닙니다. 아이가 받아온 형편없는 점수를 보노라면 가슴 밑바닥에서부터 한숨과 분노가 차오르겠지요. 하지만 엄마가 감정을 억누르고 틀린 문제는 약점을 보완할 좋은 기회라고 반복적으로 알려 주면 아이도 그렇게 믿습니다. 마음이 안정된 상태에서 오답 분석을 통해 그 문제를 왜 틀렸는지, 어떤 실수를 주로 하는지, 어떤 유형이 약한지 등을 찾아내도록 해야 합니다.

인간이라면 누구나 실패하고 싶어 하지 않습니다. 실패를 피할 수 있다면 피하고 싶습니다. 그렇지만 인생에서 단 한 번도 실패하지 않을 수는 없습니다. 틀린 문제는 아이의 약점을 보완하는 훌륭한 문제입니다. 틀린 문제라는 실패를 계속 극복하다 보면 인생의 어려움에서 도망치지 않는 어른이 되는 길을 발견하게 됩니다.

2. 공부량과 시간에 집착한다

엄마들 가운데 주위 아이들이 공부하는 얘기를 들으면 덜컥 겁이 나는 경우가 있습니다. 학원이나 인강을 여러 개 수강하고, 밤늦게까지 공부하고, 주말에는 과외까지 받는 아이들 이야기를 들으면 겨우 숙제나 해 가는 내 아이의 장래가 불안하게 느껴집니다. 이렇게 공부를 적게 해도 괜찮을지 걱정이 앞서는 거지요. 물론 많은 시간을 공부에 쏟아부을 수 있으면 좋겠지요. 하지만 이제 겨우 초등학생이잖아요. 아이가 어른도 하기 힘든 공부를 오랜 시간 하기엔 역부족인 경우가 많습니다. 긴 공부 시간을 충분히 견뎌낼 수 있는 아이라면 모르겠지만 그렇지 않은 대부분의 아이에게 과도한 공부는 오히려 트라우마만 될 뿐입니다.

가장 좋은 것은 아이가 조금씩이라도 매일매일 학습을 이어 가는 것입니다. 아이의 능력이나 환경에 맞게 하루에 수학 세 문제, 국어 지문 하나, 영어 단어 다섯 개라도 꾸준히 공부를 하는 습관이 중요합니다. 양이 적은 만큼 풀이 과정을 꼼꼼하게 쓰는 방식으로 깊이 있는 공부를 유도하면 좋겠습니다. 하루에 세 문제씩이라도 꾸준하게만 하면 한 달이면 90문제입니다. 결코 적은 양이 아니거든요. 많은 공부와 시간에 집착하다가 공부가 싫어지면 초등학교와는 비교도 안 되게 어려워지는 중·고등학교에서 공부를 놓아 버릴 수도 있습니다. 그러니 아이가 매일 조금씩이라도 꾸준히 공부할 수만 있다면 공부량과 시간에 개의치 마시기 바랍니다.

마이너스 통장을 써 보셨나요? 처음 마이너스 통장을 만들 때는 쉽게 갚을 수 있으리라 생각합니다. 하지만 막상 사용하다 보면 생각보다 상환하기가 쉽지 않습니다. 공부도 마찬가지입니다. 하루 이틀 공부를 미루다 보면, 그만큼 공부가 마이너스 되는 것입니다. 그걸 한꺼번에 해 내려면 무척 힘들기도 하고 어쩌면 불가능할 수도 있습니다.

선행을 과하게 하는 것 역시 좋지 않습니다. 초등학교에서의 목표는 공부를 싫어하지 않고 만만하게 여기게끔 만드는 것이라고 앞서 강조한 바 있습니다. 본격적인 공부가 시작되는 중·고등학교 때 도망가지 않고 도전할 수 있는 자세를 만드는 것이 초등 공부의 핵심입니다. 그래서 매일 조금씩이라도 꾸준히 공부하는 습관을 들이는 것이 가장 중요합니다. 그러나 매일 하는 공부량이 적다고 하루에 몰아서 하고 나머지 날은 펑펑 놀게 내버려 두면 안 됩니다.

한순간에 할 수 있는 역전은 없습니다. '고 3이라도 역전이 가능하다'는 학원 홍보 문구가 매력적으로 보이겠지만 그만큼 역전이 어렵고 불가능하니까 이런 문구에 현혹되는 것입니다. '1개월 만의 기적적인 성적 상승'이라는 홍보 문구는 그야말로 기적이 일어나야만 가능합니다. 로또보다도 더 낮은 확률의 기적이 과연 내 아이에게 일어날까요?

세 줄 요약

• 틀린 문제를 통해 아이의 약점을 찾아내는 과정에 집중하고 정답을 맞히는 공부에 집착하지 않는다.
• 공부를 꾸준히 이어 갈 수 있도록 아이의 수준에 맞게 학습량을 조절한다.
• 한순간에 역전할 수 있는 공부법은 없다.

평생 공부의 기초, 초등 공부력

2장

공부,
어떻게 지도해야 하나요?

깊이 있는 공부 습관을
어떻게 만들 수 있나요?

Q.
___

지금은 휴직 중이지만 내년이면 다시 복직을 해야 하는 직장 맘입니다. 앞으로 제가 집에 없더라도 아이 스스로 깊이 있게 공부하는 습관을 들였으면 좋겠어요. 주변의 선배 엄마는 아이가 방학을 어떻게 보내느냐가 굉장히 중요하다고 하던데, 구체적으로 무엇을 시키고 어떻게 지도해야 할까요?

[1학년 남자아이]

A.

일기 쓰기로 깊이 있는 공부를 할 수 있어요

방학은 그동안 학교에 다니느라 미처 해 보지 못한 것을 시도할 좋은 시기입니다. 학기 중에 이해하지 못했던 수업 내용을 다시 한 번 복기하는 복습도 중요하고, 다음 학기 수업을 미리 경험해 보는 예습도 필요합니다. 그런데 예·복습을 매일매일 할 수 있으면 좋겠지만 아이들은 공부 자체를 싫어합니다. 다행히 저학년 때에는 예·복습을 할 만한 공부 거리가 별로 없지요. 방학 때 스스로 공부하는 습관을 만들어 개학 이후로도 깊이 있는 학습을 이어 가게 해야 합니다.

초등 아이들이 자기주도학습 습관을 기르며 과목 공부까지 깊이 있게 할 수 있는 최고의 방법은 '일기 쓰기'입니다. 일기 쓰기는 가장 쉽게 할 수 있는 글쓰기 공부이기도 합니다. 일기는 생활 일기와 학습 일기로 나눌 수 있는데, 일기 쓰기가 익숙지 않은 아이라면 생활 일기부터 쓰는 게 편할 것입니다.

1. 생활 일기 쓰기

생활 일기를 쓰라고 하면 "오늘은 ~하고, ~하고, ~했다"처럼 자신의 활동을 시간 순서에 따라 나열하듯이 쓰는 경우가 많습니다. 하지만 매일의 생활이 그리 역동적이지 않기 때문에 활동을 나열하는 생활 일기는 며칠만 써도 더 이상 쓸거리가 없어집니다. 그래서 일기 쓰기를 힘들어하는 아이들이 많습니다. 예를 들어 맛있는 케이크를 먹은 하루를 일기로 쓴다고 해 보죠.

오늘은 아빠가 케이크를 사 오셨다. 나는 동생과 나눠 먹었다. 정말 맛있었다. 동생은 돼지같이 막 먹었지만 나는 천천히 먹었다. 결국 다 먹어 버렸다. 또 먹고 싶다. 내일은 아빠에게 치킨을 사 달라고 해야지.

다음 날은 무슨 일기를 쓸까요? 다음 날 일기엔 치킨 대신 만두가 나오고, 피자가 나오고, 햄버거를 먹은 얘기가 나올 것입니다. 또 오늘은 놀이동산, 내일은 시골 외갓집, 다음 날은 친구와 놀았던 얘기가 반복될 것입니다. 이렇게 일상을 나열하듯 일기를 쓰면 지겹기도 하거니와 쓸거리도 없습니다. 어떻게 맨날 놀고먹기만 한 일기를 계속 쓸 수 있겠어요? 이런 생활 일기는 그저 기록에 불과합니다. 생활 일기로 깊이 있는 공부를 하는 방법은 하루 활동을 단순히 나열하지 않고 최대한 자세하고 구체적으로 관찰하여 쓰는 것입니다.

오늘 아빠가 케이크를 사 오셨다. 케이크는 특이하게도 사각 모양이었다. 하얀 크림 위에는 반으로 잘린 딸기가 잔뜩 올라가 있었다. 케이크는 생각보다 그리 달콤하지 않았고 딸기는 엄청 시큼했다. 딸기를 먹으면서 지난겨울에 엄마와 함께 갔던 딸기 농장 체험이 떠올랐다. 그런데 겨울에 나온 과일을 어떻게 여름에도 먹을 수 있는 거지? 검색해 보니 딸기를 얼려서 보관하면 사계절 내내 먹을 수 있다고 한다. 딸기뿐만 아니라 망고, 블루베리, 파인애플 같은 과일도 냉동하여 보관할 수 있는데, 안타깝게도 내가 좋아하는 사과와 배는 냉동 보관을 하지 않는다. …… 나는 케이크를 먹으면서 행복한 기분이 들었다. 내일도 오늘처럼 행복한 하루가 되었으면 좋겠다.

이처럼 일상에서 벌어지는 일을 자세히 관찰하고 자기 생각이나 감상을 구체적으로 묘사하는 생활 일기는 매일매일 쓸거리가 차고 넘칩니다. 화분에 물을 줬는데 물이 어떻게 흙에 스며들더라, 화장실에서 이를 닦는데 윗니와 아랫니의 느낌이 어떻게 다르더라, 밥을 먹을 때는 포크가 더 편한데 왜 엄마는 자꾸 젓가락을 쓰라고 할까? 등등의 관찰과 생각은 끝이 없을 정도로 다양하게 펼쳐질 수 있습니다.

생활 일기를 쓸 때는 다른 여러 가지 조건을 내걸지 마세요. 글씨를 바르게 써야 한다, 맞춤법에 맞게 써야 한다. 띄어쓰기를 잘해야 한다는 등의 조건을 걸면 창의적인 생각은 그만큼 제한됩니다. 물론 글씨도 바르게 쓰고 철자나 띄어쓰기도 잘하면 좋겠지만 초등학생의 생활 일기는 자기 주변에서 일어나고 있는 일을 자세하고 구체적으로 관찰하며 자유롭게 쓰는 데 방점을 두어야 합니다. 바른 글씨, 맞춤법 등은 일기 쓰기에 익숙해진 후에 개선해 나가도 상관없습니다.

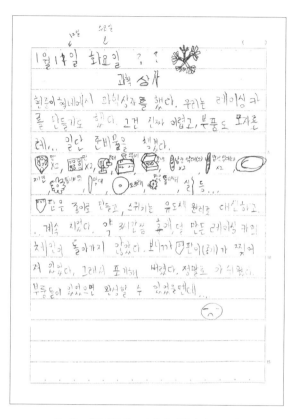

글씨는 삐뚤빼뚤해도 자세히 관찰하여 쓴 일기

글로만 다 쓰지 않고 그림이나 도표 등을 넣는 것도 좋습니다. 다음은 초등 4학년 아이가 쓴 생활 일기입니다. 한강공원에서 자전거를 탄 단순한 내용이지만 이 아이는 자기가 지나간 다리 이름, 거리가 얼마나 되는지, 반대편 길과 비교하기 등을 통해 자신의 감정과 생각을 아주 구체적으로 표현하고 있습니다. 이런 아이에게 일기쓰기는 즐거운 놀이입니다.

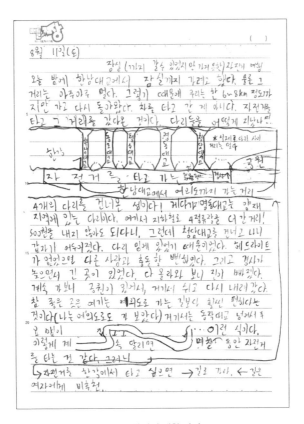

초등 4학년의 생활 일기

이렇게 일기를 쓰면 자신도 모르는 사이에 주변 사물이나 상황을 자세히 관찰하는 습관을 갖게 됩니다. 이런 관찰 습관은 객관적이고 논리적인 사고를 가능하게 하고 나아가 다양한 관점에서 비판적 사고의 힘을 길러 깊이 있는 학습을 할 수 있게 합니다.

저학년 아이는 그림일기를 써도 좋습니다. 그림일기는 일반적인 그림 그리기와는 목적이 다릅니다. 일반적인 그림 그리기는 구도나

색상, 스케치 등의 미적 기술을 중요하게 보지만 그림일기는 글을 대신해서 자신이 관찰한 것, 자기 생각과 느낌 등을 표현하는 것이므로 그림을 잘 그리지 못해도 전혀 상관없습니다. 잘 그리는 것보다는 자세히 그리는 것이 훨씬 더 중요합니다. 예를 들어 컵에 담긴 물의 높이를 표시하거나, 텔레비전 위에 쌓인 먼지를 그리거나, 강아지의 털 모양까지 구체적으로 묘사하는 거죠.

2. 학습 일기 쓰기

학습 일기는 생활 속에서 일어나는 현상을 교과와 연계하여 구체적으로 풀어 쓰는 것입니다. 이것은 지금 학교에서 중요하게 평가하고 있는 창의적인 문제해결력을 길러 주는 훈련이 됩니다. 왜냐하면 창의적인 문제해결력은 깊이 있는 관찰과 자기 생각이 융합될 때 자라기 때문입니다. 다음은 각 과목별 학습 일기의 예시입니다.

과학 일기

우리 집에는 다양한 물건들이 있다. 고체로 된 것은 식탁, 소파, 텔레비전 등이 있고, 액체로 된 것은 생수, 어항의 물, 국 등이 있다. 기체로 된 것은 눈에 보이지는 않지만, 공기, 국이 끓을 때 나는 김, 아빠 방귀 등이 있다.

학교까지 가는 길에는 무엇이 있을까? 집에서 나오면 엘리베이터가 있다. 엘리베이터를 타고 내려와서 아파트 정문이 아니라 쪽문으로 나가면 앞에 신호등이 있다. 신호등은 내가 갈 때마다 항상 빨간불이다. 길을 건너서 오른쪽으로 5분 정도 걸어가면 학교가 나온다. 학교에 가는 동안에는 주변을 잘 살피고 위험한 행동을 하지 않도록 조심해야 한다.

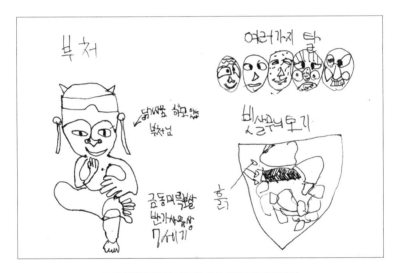

역사 유물을 본 후 기록한 초등 1학년의 사회 일기

영어 일기

시골에서 할머니가 오셨다. 할머니는 오랜만에 보는 나를 꼭 안아 주셨다. 할머니를 만나서 너무너무 행복했다. 이런 기분을 영어로는 "I am happy"라고 한다. 'Happy'는 행복하다는 뜻이다. 찬우네 강아지 이름과 똑같다. 찬우네 강아지도 할머니랑 같이 사는 걸까?

아래 예시처럼 그림으로 표현하는 학습 일기도 가능합니다.

학습 일기도 생활 일기처럼 자세하게 기술하는 것이 좋습니다.

"두 숫자를 곱하면 더 큰 숫자가 나올 줄 알았는데 분수는 오히려

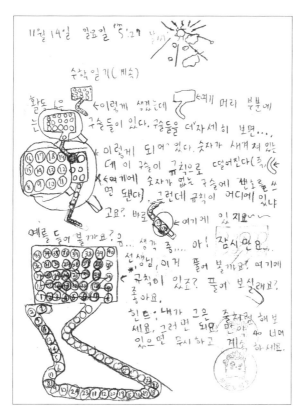

초등 2학년의 수학 학습 일기

더 작은 숫자가 되었다"면서 그 이유를 찾아서 일기로 쓸 수 있겠죠. 또는 "나는 왜 이런 문제가 헷갈릴까?" "나는 왜 국어가 힘들까?"처럼 자신의 한계를 분석해 보는 것도 방법입니다. 아니면 선생님처럼 누군가에게 설명하는 학습 일기도 좋습니다. 간단한 문제 하나라도 그 원리와 이치를 살피고, 주의해야 할 점 등을 글로 쓰면 꽤 많은 분량을 쓸 수 있습니다.

아래 그림은 학습 일기를 꾸준히 썼던 초등 4학년의 과학 일기입

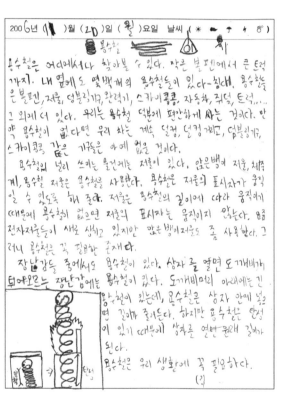

초등 4학년의 과학 일기

니다. 용수철이라는 물건에 대해 굉장히 자세하고 꼼꼼하게 묘사한 것을 볼 수 있습니다. 학교에서 배운 용수철이 생활에서 어떻게 활용되고 있는지를 관찰하면 최소한 공부가 자신과 상관없는 딴 세상의 일처럼 느껴지진 않을 것입니다.

자신의 감정을 구체적으로 자세히 묘사하는 것 역시 좋은 일기 쓰기입니다. 게임에 져서 기분이 나쁘다면, 그 나쁜 기분을 자세히 일기에 표현하는 것도 좋습니다. 아주 구체적으로 사소한 것까지 하나하나 다 쓰다 보면 나쁜 감정이 해소되기도 하죠.

이렇게 자세하게 관찰하고 구체적으로 묘사하는 일기를 쓰는 아이는 초등 고학년이 되어 본격적인 공부를 하게 되었을 때 대충대충 허투루 하는 버릇을 갖지 않을 것입니다. 그래서 중·고등학교에 진학해서 수행평가, 보고서, 소논문 등을 쓸 때에도 어려움을 느끼지 않게 되겠지요. 학습 일기를 쓰는 훈련이 잘 되면 전 과목의 기반을 잘 다질 수 있기 때문입니다.

모든 교과 과목은 크게 문학과 비문학으로 나눌 수 있는데, 국어의 문학을 제외한 나머지 교과 과목은 모두 비문학입니다. 그런 점에서 구체적이고 객관적인 관찰을 통해 상황이나 원리 등을 묘사하고 설명하는 학습 일기는 비문학 공부에 큰 도움이 됩니다. 또 학습 일기는 어쨌든 일기 형식이기 때문에 아이의 주관적인 생각이 어느 정도 포함됩니다. 자신의 심리 상태나 생각을 자세히 묘사하는 것은 공감과 감상을 위주로 하는 문학 공부에도 도움이 됩니다. 그러므로 학습 일기는 전 과목을 아우르는 가장 기본적인 공부 방법이라고 할 수 있습니다.

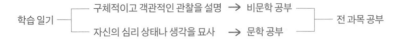

3. 엄마는 이렇게 도와주세요

방학 때는 다른 것은 포기하더라도 일기는 매일매일 쓰도록 아이와 약속하세요. 일기는 그날 가장 인상적이었던 사건을 소재로 하고 최대한 구체적으로 쓰도록 도와주세요. 맛있는 치킨을 먹었다든지, 어려운 문제를 하나 풀었다든지, 심지어 게임하며 놀았던 즐거운 기억을 일기로 써도 됩니다. 어쩌면 게임 일기는 신이 나서 굉장히 구체적으로 쓰는 반면 다른 일기는 그만큼 구체적으로 쓰지 못할 수도 있겠죠. 매일 게임 일기만 쓰려고 할 수도 있습니다.

이런 경우 엄마는 게임 일기는 일주일에 두 번 정도만 허락하고 게임 일기를 다른 일기 쓰기의 기준으로 삼으세요. 다시 말해 다른 일기도 게임 일기만큼 구체적으로 쓰도록 하는 겁니다. 만약 아이가 게임 일기에서 게임의 전략에 대해 썼다면 다른 상황도 전략적으로 생각해 보도록 하는 거죠. 예를 들어 치킨을 먹을 때 어떤 전략이 필요한지 생각해 보게 하세요. 전체 몇 조각 정도 되는 치킨을 엄마 아빠와 함께 먹으니 자신은 몇 조각을 먹을 수 있는지, 자신이 좋아하는 부위를 차지하려면 어떻게 해야 하는지, 조금이라도 더 맛있게 먹으려면 무엇이 필요한지 등등을 생각해서 쓰게 하는 겁니다.

이렇게 하면 아이는 일기를 쓰고자 매일 뭔가를 구체적으로 관찰하고 생각할 것입니다. 구체적인 관찰을 통해 생각을 거듭하게 되면 비로소 사고력이 발달합니다. 사고력은 생각이 꼬리에 꼬리를 물고 거듭되어야 자랍니다. 남들이 만들어 놓은 지식을 공부하는 데 급급하기보다는 자신이 직접 관찰하고 느낀 것을 기록하는 것이 사고력과 이해력 향상에 훨씬 더 도움이 됩니다. 이것이 깊이 있는 공부를 할 수 있는 지름길입니다.

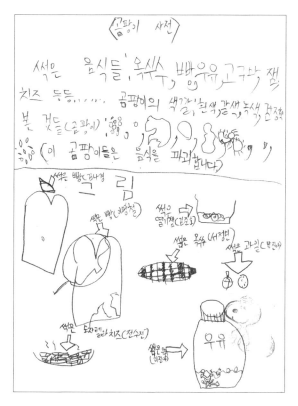

자세한 관찰과 묘사가 돋보이는 학습 일기

세 줄 요약

• 자기주도학습의 습관을 기르며 과목 공부까지 깊이 있게 할 수 있는 가장 좋은 방법은 '일기 쓰기'다.

• 일기는 최대한 자세하고 구체적으로 쓰는 습관을 들인다.

• 구체적인 관찰과 거듭된 생각은 사고력과 이해력을 키운다.

2

스스로 알아서 공부하는
자기주도학습은 환상일까요?

Q.

아이가 혼자 알아서 공부하는 습관이 없고, 쉬운 문제도 혼자서는 제대로 풀지 못해요. 자기주도학습을 하도록 여러 가지 방법을 써 봤는데도 아이가 집중을 못 하니까 자꾸 혼내게 됩니다. 좋은 공부 습관을 갖게 하려면 엄마가 어떻게 도와줘야 하는지 궁금합니다. 곧 중학생이 되는데 시간은 없고 답답하기만 합니다.

[6학년 여자아이]

학교에서 배운 내용을 꾸준히 정리하게 하세요

아이가 어떻게 공부하는지 관찰한 적이 있나요? 만약 그 모습을 실제로 본다면 경악을 금치 못할 엄마들이 많을 거예요. 공부에 집중하기는커녕 산만하고 멍하게 시간을 보내고 우왕좌왕하고……. 아이가 공부하는 모습을 보고 나면 그동안 선생님이 아이의 공부 상황에 대해 애써 돌려 말했거나 그저 좋게만 이야기했다는 것을 눈치챌 수 있을 겁니다. 하지만 아이가 공부에 집중하지 못한다고 그저 야단치기만 해서는 해결이 안 됩니다. 아이가 왜 공부에 집중을 못 하는지 그 이유부터 살펴봐야 합니다.

아이가 공부에 집중하지 못하는 이유는 여러 가지가 있겠지만, 가장 큰 이유는 단번에 잘하고 싶은 유혹 때문입니다. 아이는 물론이고 엄마도 그렇습니다. 그래서 자꾸 과정을 건너뛰려고 하지요. 일타 강사의 강의를 수강하거나 유명 학원에 다니거나, 누가 성공했다는 특정한 공부법을 따라 하지요. 뭔가 과정을 뛰어넘어서 빠르고 쉽게 공부하고도 극적으로 높은 성적을 받기를 바랍니다. 그래서 '기적의 공부법' '나는 이렇게 공부해서 1등 했다'는 류의 정보에 마음을 빼앗기기도 합니다.

제대로 된 공부 습관을 만들려면 단번에 잘하고 싶은 유혹을 이겨 내야 합니다. 이런 마음을 내려놓지 못하면 어떤 이론이나 방법도 통하지 않습니다. 과정을 무시해서는 절대로 좋은 성적이 나올 수 없지요. 국어는 교과서를 또박또박 읽는 것부터 시작해야 합니다. 수학은 문제 풀이 과정이 너무나 중요합니다. 매일매일 약속한 공부량을 해 내는 인내심과 약속을 지키는 책임감도 꼭 필요합니다. 이런 기초적인 과정을 무시하면 백약이 무효입니다.

아직 초등 6학년이면 시간은 많습니다. 중학교까지는 그리 어려운 과정이 아니므로 지금부터라도 과정을 꼼꼼하게 밟아 나가는 공부 습관을 들이면 꾸준하게 좋은 성적을 기대할 수 있습니다. 자꾸 대단한 무언가를 찾기 전에 학교에서 수업 시간에 배운 것부터 매일 정리하게 하세요. 이것이 자기주도 공부 습관 만들기의 시작입니다.

1. 공부 계획 세우기

공부 계획을 세우기 전에 자신을 객관적으로 파악하는 것이 중요합니다. 이것을 메타인지라고 하지요.* 메타인지는 자기주도학습의 전제이자 출발점이라고 할 수 있습니다. 학교에서 학기 초에 자기와 가족에 대해 소개하는 과제를 많이 내주는 것도 이런 이유입니다. 자신을 객관적으로 안다는 것이 그만큼 중요하거든요. 그러니 학교에서 공부는 안 가르치고 왜 이런 쓸데없는 것을 과제로 내주느냐

* 자세한 내용은 191쪽, '메타인지와 공부의 상관관계를 알고 싶어요' 참조.

고 부정적으로 생각하지 말고 아이를 둘러싼 공부 환경에 대해 객관적으로 파악하는 좋은 기회로 삼기 바랍니다.

초등 아이 대부분은 아직 자신을 객관적으로 파악하지 못합니다. 그래서 엄마가 도와주어야 해요. 공부할 때, 교재를 먼저 보고 설명을 듣는 것과 설명을 듣고 나서 교재를 보는 것 가운데 어느 것이 아이에게 더 효율적인지 확인합니다. 교재를 먼저 보고 설명을 듣는 것이 더 이해하기 쉽다는 아이는 항상 교재를 찬찬히 또박또박 읽은 다음에 인강이나 수업을 들으면 개념을 훨씬 더 잘 이해할 수 있습니다. 반대의 아이들은 순서를 반대로 하면 되겠죠? 아이의 어휘 수준을 확인하면 대략 아이의 공부 수준을 파악할 수 있습니다. 실제로 어떤 중학교 2학년 아이는 교재를 읽다가 "집현전이 무슨 음식이냐?"고 물어서 저를 놀라게 했던 적이 있습니다. 집현전을 배추전, 김치전과 같은 부침개로 생각한 것이죠. 이런 수준의 아이라면 선행은커녕 현행 학습을 해도 성과가 잘 나오지 않습니다. 오히려 기초적인 공부부터 다시 시작해야 합니다. 그리고 엄마가 안내자가 되어 목차부터 설명해 주면 더 효과적입니다. 아이가 배울 내용의 범위를 알려 주면서 왜 이런 내용을 배워야 하는지 설명해 줄 수 있다면 금상첨화겠죠.

111쪽에 수록한 '자기주도학습 활동지'를 활용하면 아이의 장단점이나 공부량, 공부 방법 등 좀 더 구체적인 메타인지를 확인해 볼 수 있습니다. 아이들은 활동지에 나온 질문들에 대해 '모르겠다' '한 번도 생각해 본 적 없다'고 얘기할 수도 있습니다. 그렇다고 놀랄 필요는 없습니다. 공부에 관심이 없는 대부분의 아이는 자신이 공부를 잘할 수 있을 거라고 기대해 본 적이 없거든요.

어쨌든 아이들은 자기주도학습 활동지의 빈칸을 채우면서 자신의 공부 상황에 다시 한번 관심을 기울이고 생각하는 기회를 가질 것입니다. 이 과정은 수학 몇 문제를 푸는 것보다, 영어 단어 몇 개 외우는 것보다 공부에 훨씬 더 큰 도움이 됩니다. 자기가 어떤 사람인지, 어떤 상황에 놓였는지 먼저 알아야 거기에 맞는 효율적인 방법을 구상할 수 있기 때문입니다.

자기주도학습 활동지를 수시로 작성하게 하세요. MBTI처럼 매번 똑같은 결과가 반복되진 않을 것입니다. 하지만 누적된 결과를 꾸준히 확인하면 개인 맞춤형 학습 계획을 세우는 데 큰 도움이 될 것입니다.

2. 구체적인 공부량을 설정하고 실행하기

엄마는 아이와 함께 구체적인 공부량을 정하고 반드시 지킬 것을 약속하세요. 단, 공부량을 정할 때는 반드시 아이가 달성 가능한 수준에서 정해야 합니다. 예를 들어, 공부 잘하는 아이가 하루에 수학 문제를 20개씩 푼다고 해서 내 아이도 똑같은 목표를 정해선 안 됩니다. 그 아이와 내 아이는 능력, 환경, 사고방식 등 모든 면에서 다르니까요.

아이에게 몇 문제를 풀 것인지 물어보면 아이는 최대한 적게 하려 할 것입니다. 처음엔 아이가 요구하는 대로 해도 됩니다. 가령 하루에 수학 다섯 문제씩 풀기로 약속하더라도 결코 적은 양이 아닙니다. 하루에 다섯 문제씩 매일 풀기만 하면 한 달에 150문제나 풀 수 있으니까요. 괜히 공부 잘하는 아이를 따라서 처음부터 하루에 20문제씩 풀게 하면 아이는 지레 겁을 먹고 설렁설렁하거나 아예 손도 대려 하지 않을 것입니다. 대신 다섯 문제 정도면 만만하게 할 수 있겠죠. 오히려 하루에 다섯 문제밖에 안 되니까 더 집중해서 풀이 과정을 자세하고 꼼꼼하게 쓰는 습관을 기르는 것이 엄마표 공부의 요령입니다. 아이가 다섯 문제조차 부담스러워한다면 두세 문제씩 나누어서 시간 간격을 두고 공부하면 됩니다. 분량을 나누면 공부량이 적게 느껴지는 효과가 있습니다. 처음에 정한 공부량은 한두 주 정도만 유효하다고 미리 약속하고 다음부터는 공부량을 조금씩 늘려서 다시 정하면 됩니다.

공부의 목표를 설정할 때는 '80점 이상'처럼 숫자로 나타낼 수 있으면 좋습니다. 또, 어느 시간에 얼마나 공부할 것인지공부의 양, 어느 깊이까지 공부할 것인지공부의 질와 같은 실행 계획도 함께 포함하면 도움이 됩니다.

아이와 함께 '공부 약속'을 글로 써 보세요. 공부할 내용을 협의한 후 서명을 하면 엄마와 아이는 반드시 지켜야 합니다. 그래야 아이가 약속이라는 합의가 사회적으로 얼마나 중요한지를 깨달을 수 있습니다. 처음에는 아이가 만만하게 공부할 수 있는 수준의 간단한 '약속'으로 시작하되 점차 내용을 추가하고 변경하여 최대한 구체적인 '공부 약속'을 계속 만들어 보세요. 꼼꼼한 공부 계획을 만드는 자체가 아이의 학습력을 키우는 좋은 공부가 됩니다. 아이가 계획을 세우고 계획을 수정하려고 생각하는 그 자체가 창의적인 과정이기 때문입니다.

'공부 약속'에서 가장 중요한 내용은 보상과 불이익입니다. 행동주의 교육학에서는 적절한 보상과 벌을 통해 바람직한 행동은 강화하고 나쁜 행동은 억제할 수 있다는 수많은 연구 결과가 있습니다. 엄마는 보상과 불이익을 결정할 때 아이의 상황에 맞는 적절한 수준을 사용해야 아이의 공부를 원하는 방향으로 이끌어 갈 수 있습니다. 하지만 보상과 불이익을 통해 공부를 잘하게 되는 것은 나중 문제이고 일단은 약속한 대로 공부를 시작해서 구체적인 목표공부량를 달성하고 성공의 경험약속한 내용을 지킴을 해 보는 것이 먼저입니다.

아이가 할 만한 수준에서 공부량을 정하고 '공부 약속'에 자기의 이름을 걸고 약속했으면 이제 실행할 여건은 되었습니다. 그렇다고 '아이가 이제 알아서 공부하겠지'라고 기대하면 안 됩니다. 아이는 아직 자기의 공부에 대한 확신이 없거든요. 엄마가 하라고 해서 약속을 하긴 했는데 이렇게 한다고 해서 실력이 쌓일지 의문이 생길 수 있어요. 그리고 아직 공부 습관이 만들어지지 않았기 때문에 계획대로 실행하지 못할 수도 있습니다. 이럴 때 엄마는 무작정 야단을 치지 말고 아이가 실행 의지를 발휘할 수 있도록 응원하고 용기를 북돋아 주어야 해요.

아이가 약속을 무시하고 공부를 하지 않으면 약속한 대로 불이익을 주어야 합니다. 다만 큰소리로 야단칠 필요 없이 "엄마도 이렇게 하고 싶지 않지만 너와 약속한 것이라서 어쩔 수 없이 지켜야 해"라고 인지시킨 후 아이를 다독여 주세요.

반면, 아이가 약속한 공부량과 목표를 충실하게 실행했다면 이제
는 엄마는 보상해 주어야 합니다. 그런데 많은 엄마들이 이 부분에
서 실수합니다. 아이가 약속대로 매일 다섯 개씩 문제를 풀이 과정
까지 완벽하게 했는데도 엄마가 공부를 더 시키면 아이는 더 이상
그 다섯 문제조차 집중하지 않을 거예요. 아이는 바보가 아닙니다.
열심히 공부해 봤자 어차피 엄마가 또 시킬 텐데 왜 열심히 공부하
겠어요? 30분이면 끝날 공부를 3시간이 되어도 못 끝내고, 아니 안
끝내고 질질 끌게 될 것입니다. 이렇게 되면 엄마와의 신뢰는 무너
지고 공부도 지겨워질 수밖에 없습니다. 엄마도 '약속'한 만큼 그 내
용을 반드시 지켜야 해요.

3. 틀린 문제를 어떻게 받아들여야 할까요?

아이가 공부를 싫어하는 이유는 공부가 어렵거나 이해가 안 되거나
괜히 짜증이 나거나 간에 공부에 대한 부정적인 생각이 있기 때문
입니다. 아이는 왜 이런 부정적인 생각을 하게 되었을까요? 여러 가
지 이유가 있겠지만 가장 큰 이유 중 하나는 아이의 성적을 대하는
엄마의 태도 때문입니다. 엄마가 점수에 연연하여 사선이 쫙 그어
진 문제에 민감하게 반응하면 아무리 엄마 말을 안 듣고 고집불통
인 아이라도 무의식적으로 엄마의 표정을 살피고 목소리에 귀 기울
입니다. 자기의 생존에 가장 중요한 엄마가 자신의 시험 성적에 따
라 매번 웃고 울고 하는 모습을 보면 아이는 자신도 모르게 맞힌 문

제만 좋아하고 틀린 문제는 싫어하게 됩니다.

엄마가 어디서 들은 이야기는 있어서 낮은 성적에 대해 야단을 치는 대신 "그래도 열심히 공부했으니 괜찮아. 다음에 더 잘 보면 돼"라고 격려하더라도 아이는 엄마의 미묘한 표정 변화를 귀신같이 눈치챕니다. 어떤 아이는 억지로 웃고 있는 엄마 주변으로 공기 흐름이 바뀌는 게 느껴졌다고 하더군요. 엄마가 정말로 괜찮다고 믿지 않으면 아이도 엄마의 말을 그대로 믿지 않아요.

성적은 물론 중요합니다. 그 사실을 부정할 수는 없습니다. 그러나 초·중·고 12년이라는 길고 긴 마라톤을 달리는 동안 초등학교 때는 성적보다는 공부를 대하는 태도를 얼마나 잘 만드느냐가 훨씬 더 중요합니다. 학습의 첫걸음을 떼는 초등학생 때 올바른 태도를 잘 갖춘 아이는 당장 성적이 안 나올지라도, 중·고등학교에 가면 분명히 성공적인 결과를 만들어 냅니다.

공부를 대하는 태도란 의자에 앉는 물리적인 자세를 말하는 것이 아니라 스스로 공부 계획을 세워 실천하고 공부할 분량도 자기 상황에 맞춰 적절하게 배분하는 능력을 말합니다. 여기에는 약속을 잘 지키고 자기 말에 책임지는 것도 포함됩니다. 이런 태도가 몸에 밴 아이라야 제대로 된 자기주도학습을 할 수 있습니다. 시간 관리니 공부 방법이니 하는 자기주도학습 방법은 이러한 태도가 먼저 갖춰지지 않으면 그야말로 무용지물입니다.

그렇다면 이런 공부 태도는 어떻게 기를 수 있을까요?

생각보다 어렵지 않습니다. 엄마가 먼저 틀린 문제의 중요성을 충분히 이해하고 받아들이면 됩니다. 예를 들어 아이가 문제집의 문제를 모두 다 맞히면 엄마는 기뻐할 것이 아니라 문제집을 잘못 사 줬다고 생각해야 해요. 아이가 맞힌 문제는 어차피 다 알고 있는 내용이니 굳이 풀어야 할 필요도 없는 문제였잖아요. 아는 문제를 풀이하느라 시간만 낭비한 셈입니다. 대신 틀린 문제를 발견하면 엄마는 박수를 쳐야 합니다. 드디어 아이가 무엇을 모르는지, 약점이 무엇인지를 찾았으니까요. 이제 그 약점을 보완하고 공부의 구멍 난 부분을 메우면 성적은 자연스럽게 올라갑니다. 엄마는 틀린 문제에 색깔이나 재미있는 스티커를 붙여서 뭔가 특별하고 긍정적이라는 이미지를 심어 주세요.

틀린 문제를 대하는 엄마의 태도에서 앞으로의 공부가 좌우됩니다. 내가 가장 사랑하는 엄마를 속상하게 하는 틀린 문제는 밉고 짜증 나서 다시 들여다보기도 싫습니다. 그래서 자신의 약점을 보완할 기회를 잃어버립니다. 자신의 약점이 그대로 노출되는 틀린 문제를 만나면 피하려고만 하는 아이는 점점 성적이 떨어질 수밖에 없습니다. 하지만 틀린 문제에 박수 쳐 주는 엄마를 보는 아이에게 틀린 문제는 기분 좋은 약점입니다. 엄마의 열광적인 지지를 받으므로 틀린 문제가 전혀 두렵지 않습니다. 오히려 틀린 문제에 흥미가 생깁니다. 틀린 문제에 대한 분석과 정답을 도출하는 과정을 이해하는 공부는 엄청난 공부량입니다. 영재들이 특히 어려운 문제나 틀린 문제에 더 깊은 관심과 반응을 보이는 것도 이 같은 맥락이라고 하겠습니다.

평생 공부의 기초, 초등 공부력

4. 엄마는 공부 트레이너

헬스클럽에서 개인 강습PT을 받는다고 생각해 보세요. 처음에는 트레이너가 자세도 잡아 주고 옆에서 함께 운동하면서 도와줍니다. 그러다가 수강생이 운동에 점점 익숙해지면 트레이너 역시 할 일이 줄어듭니다. 공부도 이와 마찬가지입니다. 아이가 아직 공부에 익숙하지 않은 상태에서는 엄마가 옆에서 도와줄 것이 많습니다. 이렇게 엄마의 도움을 받으며 꾸준히 공부한 아이는 점점 자신에게 맞는 공부 습관이 생기게 마련입니다. 시간이 지날수록 엄마는 옆에서 격려와 지원만 해 주면 됩니다.

자신을 객관적으로 파악하고, 과정을 건너뛰지 않고, 적은 양의 문제라도 풀이 과정을 꼼꼼하게 공부하는 것이 자기주도학습의 기본입니다. 그런데 이렇게 천천히 공부해서 어느 세월에 실력을 쌓을 수 있을까 걱정되시나요? 걱정하지 마세요. 아이 공부의 1차 결승선은 대학 입시입니다. 아직도 까마득하게 남은 결승선까지 지치지 않고 꾸준히, 열심히 공부해서 실력을 쌓게 하려면 엄마는 단기적인 성과에 목매지 말고 아이가 스스로 공부하는 길을 가도록 도와야 합니다.

세 줄 요약

- 학교 수업에서 배운 것을 매일매일 정리하는 것이 공부 습관 만들기의 시작이다.

• 틀린 문제를 어떻게 바라보느냐에 따라 앞으로의 공부가 좌우된다.

• 자신을 객관적으로 파악하고, 과정을 건너뛰지 않고, 적은 양의 문제라도 풀이 과정을 꼼꼼하게 공부하는 것이 자기주도학습의 기본이다.

평생 공부의 기초, 초등 공부력

1. 공부와 관련한 나와 환경의 장단점은?(최대한 구체적으로 써 보세요.)

	장점	단점
나	1. 나는 체력이 좋아서 별로 지치지 않는다. 2. 나는 개방적인 성격이어서 공부에 도움이 되는 말을 잘 받아들인다. 3. 4.	1. 나는 잠이 많아서 공부 시간을 많이 내지 못한다. 2. 나는 게임을 너무 좋아해서 공부할 시간이 별로 없다. 3. 4.
환경	1. 학교가 집 가까이에 있어서 등하굣길에 옆으로 샐 확률이 낮다. 2. 엄마가 항상 집에 있어서 마음이 편하다. 3. 4.	1. 주변에 다닐 만한 학원이 별로 없다. 2. 동생과 함께 방을 써서 공부에 방해가 된다. 3. 4.

아이와 함께 장점은 극대화시키고 단점은 보완할 수 있는 방법을 생각해 보세요.

2. 나는 어떻게 공부하고 있을까?

1) 내가 공부를 하는 이유(목적, 목표 등)는 무엇일까?(동기부여)

2) 최근 일주일 동안 공부한 것을 전부 써 보자.(수업은 제외하고 자기가 공부한 것만)

(자신이 공부한 양이 얼마나 되는지 직접 눈으로 확인할 수 있습니다. 처음에는 공부량이 생각보다 많지 않을 것입니다.)

3) 가장 공부하기 힘든 과목과 가장 만만한 과목은 무엇인가?

(컨디션이 좋을 때는 힘든 과목을, 컨디션이 나쁠 때는 만만한 과목을 선택해서 매일 조금씩이라도 공부해야 합니다.)

4) 열심히 공부해도 성적이 나오지 않는다면, '열심'이 문제가 아니라 '효율적'인 공부 방법을 찾지 못했기 때문이다. 나에겐 어떤 공부법이 가장 효율적일까?

(스스로 해결 방법을 찾아보는 그 자체가 공부가 됩니다.)

3. 나는 어떻게 공부하면 좋을까?(학습에 대한 자기평가를 지속하다 보면 공부에 대한 관심과 개선으로 이어집니다.)

1) 지난주와 비교했을 때 공부량과 학습 만족도는 어떠한가? 그 이유는 무엇인가?
   수학-최소공배수와 최대공약수를 공부했는데 아직 정확하게 이해하지 못했다. 기초 문제는 풀겠는데 응용문제는 풀기 어렵다. 배수와 약수의 개념 이해부터 다시 봐야겠다.

2) 지난주와 비교했을 때 좋았던 점과 개선할 점은 무엇인가?

친구들과 모여서 공부하려 했는데 수다만 떨었다. 그렇지만 스트레스가 많이 풀렸다. 앞으로 친구들과의 만남은 조금 줄이고 부족했던 국어 공부를 좀 더 해야겠다.

3) 학습 성과를 개선하려면 어떤 것이 필요할까?

• 내가 해야 할 것 : 학원을 줄이고 대신 인강을 보면 시간이 절약될 것 같다.

• 주변에서 도와줄 것 : 엄마가 내 방에 불쑥불쑥 들어오니까 신경이 쓰여서 공부에 집중하기 어렵다. 내가 공부하는 동안에는 엄마가 들어오지 않았으면 좋겠다.

4) 이번 주 수고한 나 자신에게 격려 한마디해 주자.

노력은 배신하지 않는다고 했다. 나는 지금 잘하고 있다. 앞으로도 계속 이렇게만 하면 중학교에 가서도 아무 문제 없을 것이다. 나 좀 잘난 듯.

(흐린 글씨는 예시입니다. 밑줄 친 부분에 아이 스스로 작성합니다.)

이 약속은 2023년 ○월 ○일부터 2023년 ○월 ○일까지이다. 반드시 지키자!

1. **국어** 매일 교과서를 두 쪽씩 읽고 녹음한다. 읽을 때는 쉼표와 마침표를 반드시 지키고, 표와 그림, 그래프 등은 풀어서 설명한다.
2. **수학** 문제집의 문제를 매일 다섯 개씩 풀이한다. 이때 풀이 과정을 정확하게 써야 한다. 풀이 후에는 해답지의 풀이 과정과 비교해 보고 틀린 문제는 이유를 찾아서 오답 노트를 정리한다.
3. **사회** 사회의 한 단원을 공부하고 엄마에게 설명한다.(엄마는 설명을 들을 때 아이가 맞는지 안 맞는지 평가할 필요는 없습니다. 학습한 내용을 설명하는 과정에서 학습 효율성이 높아지므로 엄마는 아이가 설명에 집중할 수 있도록 약간 맞장구치면서 호응해 주세요.)
4. **과학** 한 단원을 공부하고 엄마에게 설명한다.
5. **영어** 매일 영어의 지문을 한 개 읽고 모르는 단어를 다섯 개 이상 찾아낸다. 그리고 그 단어가 사용된 문장을 각각 세 개씩 쓰고 녹음한다.
6. **독서** 집에 있는 책 가운데 두 권을 골라서 읽는다. 읽고 난 후에는 책의 내용과 내 생각을 최대한 구체적으로 엄마에게 설명한다.
7. 매일 약속한 공부를 다 끝내면 엄마는 ○○○에게 ＿＿＿＿＿＿＿＿＿＿＿＿＿을 상으로 준다. 이 내용을 엄마가 절대로 건드릴 수 없다.
8. 약속한 공부를 다 마치지 못하면 ＿＿＿＿＿＿＿＿＿＿＿＿＿를 한다.

2023년　　　월　　　일

(아이 이름)　　　　　　　　　　(엄마 이름)
＿＿＿＿＿＿＿＿＿＿＿　　＿＿＿＿＿＿＿＿＿＿＿

(처음에는 이 정도에서 아이가 할 만한 수준으로 약속을 적어 보세요. 처음부터 약속대로 지키기는 어렵겠지만 일단은 아이가 공부를 하도록 하는 게 약속의 목적입니다. 잘하는 것은 다음 문제입니다. 그러기 위해서 엄마는 특히 공부를 마쳤을 때와 마치지 못했

을 때 하기로 한 내용을 철저히 지켜야 합니다. 기간은 가능한 한 짧게 하고 다음 약속은 좀 더 구체적이고 발전적인 내용으로 갱신합니다.)

3

아이가 공부를
왜 해야 하느냐고 물어요

Q.

아이가 공부를 왜 해야 하는지 물을 때면 뭐라고 답을 해야 할지 몰라 곤란합니다. "나중에 네가 원하는 직업을 가지고 행복하게 살려면 공부를 열심히 해야 한다" 정도로 말해 주는데 솔직히 저도 왜 아이가 이렇게 어려운 공부를 계속해야 하는지 잘 모르겠습니다.

[6학년 남자아이]

A.

'공부하기 싫다'는 마음을 먼저 읽어 주세요

공부는 왜 해야 해?

이거 배워서 어디에 써먹어?

어려운 건 안 하면 안 돼?

아이들은 아무 때나 이런 말을 하지 않습니다. 실컷 놀다가 어느 덧 공부해야 할 시간이 되면 느닷없이 이런 질문을 던집니다. 하지만 "나 게임 왜 해야 해?" "나 놀이동산 왜 가야 해?"와 같은 질문은 절대로 하지 않지요. 이것은 무엇을 의미하는 걸까요? 아이가 공부를 왜 해야 하는지 모르겠다고 하는 것은 한마디로 공부가 힘들고 하기 싫다는 표현입니다. 어른도 삶이 힘들 때면 '왜 이렇게 살아야 하나?' '회사 그만 다니면 안 될까?' 같은 생각을 하는 것처럼 말입니다. 그래서 "나중에 어른이 되면……"이라고 한다면 사실 올바른 대답이 아닙니다. 아이가 이런 질문을 하면 지금 공부하기 싫다는 말로 이해하고 아이를 꼭 한 번 안아 주거나 낮잠을 재우거나 아이를 잠깐 쉬게 해서 기분을 전환하도록 하는 것이 좋습니다.

1. 공부는 어려움을 극복하려고 하는 것입니다

인생을 살다 보면 여러 가지 어려움이 닥칩니다. 성인들에게도 금전 문제, 인간관계, 사회적 성공 등 다양한 어려움이 있는 것처럼 아이들에게도 반드시 극복해야 할 큰 어려움이 있습니다. 바로 '시험'입니다. 아이들은 시험을 앞두면 수시로 배가 아프거나 잠이 쏟아지거나 자꾸 딴짓하고 싶은 유혹을 느낍니다. 이 모든 것은 시험이 두려워서 나타나는 심리적 현상입니다. 두려운 시험을 무사히 넘어가려고 아이들은 나름대로 다양한 방법을 동원하는데 대표적인 방법이 암기식 공부입니다.

그런데 암기식 공부를 하면 시간이 조금만 지나도 금방 잊어버립니다. 왜냐하면 공부한 내용을 단기 기억에만 저장해 두고 장기 기억에 쌓아 두지 못하기 때문입니다. 앳킨슨과 쉬프린Atkinson-Shiffrin이 정립한 정보처리 이론에 따르면 오감의 자극을 통해 입력된 다양한 정보들 가운데 주의를 기울인 정보만 감각 등록기를 거쳐 단기 기억에 저장됩니다. 그러나 단기 기억에 있는 정보는 부호화개념이해, 구조화, 정교화, 시연 등를 통해 장기 기억에 저장하지 않으면 금방 사라져 버립니다. 따라서 그냥 외우기만 한 공부 내용은 단기 기억에만 머물다가 금방 사라져 버리게 되는 것이죠.

다른 사람이 설명해 놓은 생각을 내 생각의 틀에 맞게 인지하는 것이 개념 공부인데 이 방식은 시간도 많이 걸리고 어려운 작업입니다. 그래서 많은 아이가 사진을 찍듯이 교재에서 설명하는 개념을 그냥 눈에 담습니다. 개념이 의미하는 원리와 원칙 등을 이해하

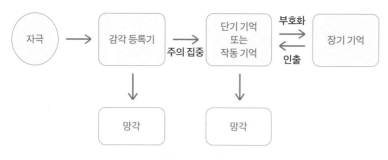

정보처리 이론에 따른 기억 저장 흐름

려 하지 않고 문구나 공식, 유형 등을 그대로 외워 버리는 겁니다. 암기 후에 곧바로 문제를 풀면 당연히 쉽게 풀 수 있겠죠. 이런 식으로 공부해도 중학교까지는 수학이나 과학 같은 과목도 어느 정도 성적이 나옵니다. 정말 그렇습니다. 아이의 성적이 좋으니 엄마 기분도 좋습니다. 그런 엄마를 바라보는 아이는 계속 암기에 의존하게 됩니다. 하지만 아무리 암기력에 의존하여 높은 성적을 받는다고 해도 초등 5학년 정도부터는 삐걱대기 시작합니다. 암기가 통하는 것은 최대 고등학교 1학년까지입니다. 고 2가 되면 더 이상 암기력이 통하질 않습니다.

그동안 성공적으로 수행해 왔던 암기식 공부가 더 이상 통하지 않게 되면 아이는 거대한 벽을 만난 듯한 좌절감을 느끼게 되고 이것을 극복하기란 그리 쉬운 일이 아닙니다. 대입을 앞둔 고등학생 때 이런 어려움을 겪지 않으려면 초등학교 시험이라는 작은 어려움부터 제대로 극복할 수 있도록 엄마가 도와줘야 합니다.

가장 이상적인 방법은 아이가 어려움을 어려움으로 인식하지 않게 만드는 것입니다. 천재나 영재라는 아이들이 보통의 아이들보다 머리가 좋은 건 절대 아닙니다. 하지만 이런 아이들은 쉬운 문제에는 심드렁하다가도 어려운 문제를 만나면 눈이 반짝거립니다. 어려울수록 더 집요하게 덤벼들지요. 그렇다고 해서 이 아이들이 문제를 그리 빨리 풀어내는 것은 아니지만 어려운 문제, 안 풀리는 문제에 도전하는 그 자체로 희열을 느낍니다. 안 풀리는 문제를 그 어떤 게임보다도 훨씬 더 재미있게 여기죠. 그걸 풀려고 이리저리 온갖 방법을 써 가며 끙끙거리다 마침내 문제를 풀고 나면 엄청난 쾌감을 느낍니다. 이런 과정을 되풀이하면서 정말 머리가 좋아지는 거죠. 머리가 좋아서 어려운 문제를 잘 푸는 게 아니라 어려운 문제에 끊임없이 도전하다 보니 머리가 좋아지는 것입니다.

2. 공부는 인간다운 삶을 살려고 하는 것

저는 수많은 학부모에게 학습 컨설팅을 제공해 왔는데 특히 기억에 남는 사람이 있습니다. 우리나라의 치열한 교육 현장인 강남에 살면서, 하나뿐인 아이를 위해 많은 사교육비를 쓰는 엄마였어요. 아이는 온갖 학원과 인강을 수강하고 있었고 일대일 과외까지 받았지만 안타깝게도 성적은 바닥이었지요. 당연히 아빠는 성적이 제대로 나오지 않는 아이에게 계속 많은 돈을 쓰는 것을 못마땅하게 여겼습니다. 이런 상황이 답답했던 엄마는 나름 유명한 학습 컨설팅 업체를 찾아갔다고 합니다. 그런데 그 업체의 컨설턴트가 진단하기를,

이 아이는 이미 공부가 글렀으니 차라리 공부와 상관없는 다른 진로를 알아보라고 했다더군요. 엄마는 얼마나 억장이 무너졌을까요?

저는 그 컨설턴트의 말을 절대로 믿지 말라고 조언했습니다. 단순히 위로하기 위해서가 아니라 정말 잘못된 컨설팅이었기 때문입니다. 지금 같은 4차 산업사회에서 공부하지 말라는 것은 인간의 삶을 포기하라는 것과 마찬가지입니다. 부모가 학생이던 3차 산업사회에서는 지금처럼 사회가 정교하거나 고도화되지도 않았고 학습량도 지금보다 많지 않았습니다. 직업 세계에서는 사람의 육체 노동이 중요했고, 상식 정도의 지식만 갖추면 적당한 직업을 가지고 사람들과 어울려 살아가는 게 그리 어렵지 않았습니다. 그래서 공부와 상관없는 진로도 어느 정도는 가능했습니다. 하지만 지금은 다릅니다. 4차 산업사회에서는 과거의 고연봉 직업군에서나 필요로 했던 창의력과 문제해결력이 단순 직업군에서도 필요하게 되었습니다. 사회 구조가 급격하게 변했기 때문에 이제 공부를 하지 않으면 그 어떤 직업도 갖기 힘든 사회가 되었습니다.

공부란 지식 습득만을 의미하진 않습니다. 현재의 교육과정에서 목표로 하는 창의력과 문제해결력은 단순히 시험 문제만 잘 푼다고 해서 길러지는 것도 아닙니다. 공부하는 과정에서 필연적으로 익히게 되는 책임감, 인내심, 사회 인지, 소통 등을 바탕으로 해야 이런 능력을 키울 수 있습니다. 그래서 요즘 학교들은 과거처럼 단순히 교사가 일방적으로 지식을 전달하는 수업 방식 이외에도 모둠 활동, 수행평가, 자동봉진자율 활동, 동아리 활동, 봉사 활동, 진로 활동의 체험 활동 등 다양한 방식을 통해 아이들이 지식을 배우고 익혀서 창의력과 문제해결력을 키우도록 가르치고 있습니다.

아이가 어릴 때는 공부를 안 해도, 중간중간 놀더라도 선생님의 수업이 이해가 되고 성적도 그럭저럭 나옵니다. 그런데 공부를 계속하지 않으면 언젠가는, 아무리 늦어도 고등학교에 가면 선생님의 말씀이 갑자기 외계어로 들리고 무슨 말인지 도무지 이해가 안 되는 날이 옵니다. 알아듣지도 못하는 수업에 의무적으로 참여해야 하는 아이들은 그 긴 시간 그냥 있지 못합니다. 보통 아이들은 딴짓하느라 못 잤던 잠을 보충하고, 몸이 근질근질한 아이는 뭐라도 분란을 일으켜 끊임없이 사건을 만듭니다. 이런 아이들이 어른이 되면 어떤 모습으로 살아갈까요?

그러니 당장은 성적이 안 나오더라도 반드시 공부를 계속해야만 합니다. 이 성적으로는 대학 가기 어려우니 공부 대신 다른 일을 찾아보라는 것은 현대사회에서 공부가 가지는 의미를 모르고 하는 일차원적인 단견입니다. 어른이 되어 어떤 일을 하면서 살게 될지도 모르는데 그 '어떤 일'을 하는 방법을 어떻게 배울 수 있을까요? 결국 학교에 다니는 동안 스스로 공부하는 체험을 해 봐야 합니다.

아이가 지금 공부를 못한다고 해서 절대 공부를 포기해서는 안 됩니다. 아이가 인생을 살아가다 보면 언젠가는 공부를 다시 해야 겠다 생각할 때가 한두 번은 분명히 옵니다. 그때 공부를 다시 시작할 수 있는 바탕을 만들어 놓는 것이 엄마표 공부의 목표 가운데 하나입니다. 공부도 경험이라서 안 해 본 사람은 못 합니다. 그러니 적어도 기본적인 학습 수준을 만들어 둬야 합니다.

처음부터 높은 성적을 요구하지 마세요. 문제를 못 맞혀도 되고 못 풀어도 돼요. 나눠서 풀어도 됩니다. 그저 포기하지 않고 끝까지 풀도록 격려해 주세요. 그래야 머리를 쓰게 됩니다. 그래야 사람들의 말귀도 알아듣고 필요한 자격증 시험도 볼 수 있습니다.

초등학생은 이런 기초적인 공부 습관을 만드는 시기입니다. 공부의 1차 목표인 대학 입시까지는 아직 많은 시간이 남아 있습니다. 어떠한 상황에서도 공부의 끈을 놓지 않도록 해야 합니다. 가장 좋은 길은 공부를 많이 하는 것처럼 느끼지 않게 조절해 주는 것입니다. 학습을 놀이로 인식하도록 엄마가 신경을 써 주면 좋겠습니다.

세 줄 요약

• 공부는 인생의 여러 가지 어려움을 극복하기 위해서 반드시 해야 한다.

• 공부하지 않고 가질 수 있는 직업은 없다.

• 공부해야겠다는 생각이 들 때 다시 시작할 수 있는 바탕을 만들어 놓자.

4

집중력이 약한 걸까요,
이해력이 없는 걸까요?

Q.

아이의 학습 속도가 느려서 고민입니다. 책상 앞에 오래 앉아 있으면서 그렇게 노는 것 같지도 않은데 막상 공부한 내용을 물어보면 잘 기억하지 못해요. 집중력이 약한 건지 이해력이 부족한 것인지 모르겠어요. 아이가 공부에 투자한 시간만큼 성과가 나오면 좋겠는데 그렇지 못한 모습을 바라보는 저도 가슴이 답답합니다.

[5학년 여자아이]

지능보다 중요한 공부 습관을 길러 주세요

머리가 나쁜 아이와 좋은 아이가 따로 있을까요? 그동안 수많은 아이를 가르치면서 관찰해 보니 똑같은 시간을 공부해도 미미한 성과를 내는 아이와 좋은 성과를 거두는 아이가 확실히 있더군요. 그 이유를 생각해 보면 흔히 말하는 머리가 나쁘거나 머리가 좋기 때문인 것 같기도 합니다.

머리 나쁜 이유가 유전적인 탓인지는 잘 모르겠지만 후천적인 요인이 있는 것은 확실합니다. 즉 엄마의 잘못된 교육 방향에 따라 아이의 머리가 나빠질 가능성이 높다는 겁니다. 무작정 외우기만 해서라도 성적만 잘 받으라는 엄마, 과정은 중요하게 보지 않고 결과만 중시하는 엄마, 학원에만 의존하는 엄마, '카더라 통신'을 맹신하는 엄마는 모두 아이의 머리를 나쁘게 만드는 엄마입니다. 이런 엄마들은 공부의 메커니즘을 잘 이해하지 못해 그런 행동을 하게 됩니다. 그저 공장의 기계처럼 한 시간 공부하면 그만큼의 결과치가 나오거나 또는 나와야 하는 줄 아는 엄마입니다.

1. 독해력은 운동이다

공부한 만큼 또는 그 이상의 성과를 가져오게 하는 공부의 기술은 독해력입니다. 독해력讀解力이란 '읽고 이해하는 힘'입니다. 아이의 독해력이 부족하면 아무리 많은 시간을 공부해도 그만큼 성과가 나오기 어렵습니다. 아무래도 교재를 읽고 이해하는 데 시간이 너무 많이 걸리기 때문이지요.

신체의 힘을 기르기 위해서는 정확한 자세로 훈련을 해야 하는 것처럼 독해력 역시 정확한 자세로 공부를 해야 얻을 수 있습니다. 레그프레스leg press를 정확한 자세로 매일 30개씩 하는 사람과 기구에 앉아 핸드폰을 보면서 대충 30개를 하는 사람은 근육 발달에서 차이가 날 수밖에 없겠죠? 독해력도 마찬가지입니다. 교재를 읽으며 모르는 단어의 뜻을 찾아보고, 중요한 부분을 확실히 이해하고, 구조를 파악해서 전체 글의 의미를 쉽게 요약하는 아이와 엄마가 공부하라니까 책은 펴 놓고 있지만 머릿속엔 온갖 잡생각으로 가득 찬 아이를 비교해 보면 똑같은 시간을 투자했더라도 공부 성과는 크게 차이가 날 수밖에 없습니다. 공부해도 이해가 되지 않으면 집중력도 떨어지게 마련입니다. 집중력이 떨어지면 더 공부하기가 싫어지는 악순환이 이어집니다.

또 어떤 아이는 공부한다고 방에 들어가서 얼마 되지도 않았는데 다했다고 금방 뛰쳐나오기도 해요. 이런 아이에게 공부한 내용을 물어보면 거의 대답하지 못합니다. 교재를 그야말로 눈으로만 휘리릭 보고 말았기 때문이죠. 이것도 사실은 독해력이 부족하기 때문에 벌어지는 일입니다. 독해력이 부족하면 학습 내용을 굉장히 얕은 수준에서만 이해합니다. 독해력이 뛰어난 아이는 교재를 읽으면서 내용 간의 연결이나 인과관계 등을 이해하려 합니다. 전체 내용의 구조와 핵심을 파악하는 확산적 사고를 하는 것이지요.

엄마는 아이가 몇 시간을 공부했는지, 몇 문제를 풀어서 몇 개나 맞혔는지 확인할 것이 아니라 얼마나 집중해서 정확하게 공부했는지, 공부한 내용을 얼마나 이해했는지를 중요하게 생각하고 확인해야 합니다. 아무리 긴 시간을 공부했다고 하더라도 과정을 건너뛰고 대충 공부하거나 개념을 정확하게 이해하지 않고 암기에 의존하는 식으로 공부했다면 보상을 해서는 안 됩니다.

아이의 독해력 향상을 위해 엄마는 어떻게 도와줘야 할까요?

공부를 마친 아이에게 자신이 공부한 내용을 설명하게 하세요. 아이가 엄마에게 설명하려면 학습 내용을 이해하고 있어야 합니다. 초등학생 아이가 공부한 내용을 제대로 설명하는지 정도는 엄마가 따로 공부하지 않아도 충분히 확인이 가능할 거예요. 그런데 요즘 아이들 공부가 매우 세밀해서 혹여 엄마가 이해하지 못하는 내용이 나오더라도 상관없습니다. 그냥 들으면서 "그래?" "그렇구나." "그런 거였어?" 정도로 맞장구만 쳐 주세요. 설령 아이가 잘못 알고 있는 부분이 있다 해도 꾸준히 공부를 해 가면 잘못을 금방 깨닫고 수정할 수 있습니다.

단, 아이가 설명할 때 모르는 낱말이 있으면 안 된다는 조건을 거세요. 아이가 낱말 뜻을 설명하기 어려워하면 그 낱말이 들어간 문장을 두세 개 정도 찾게 하는 것도 괜찮습니다. 낱말은 문장 속에서 의미를 지니기 때문에 맥락에 맞는 단어를 사용하는 것은 훌륭한 공부가 됩니다. 예를 들어 보겠습니다.

투자 : 원하는 것을 얻기 위해 시간이나 돈, 정성을 쏟는 행위

1. 나는 건강해지기 위해 운동에 시간을 '투자'한다.

2. 나는 부자가 되기 위해 주식에 '투자'하겠다.

3. 나는 친구들과 재미있게 놀기 위해 게임에 시간을 '투자'한다.

아이가 예시 3번처럼 다소 엉뚱한 문장을 말하더라도 개의치 마세요. 나름대로 공부의 재미를 찾는 행위일 뿐입니다. 단 사회적으로나 법적으로 용인되지 않는 문장은 금지해야 합니다.

만약 아이가 "난 공부한 내용을 다 이해하긴 했는데 말로 설명하긴 어려워"라고 한다면 그건 제대로 공부한 것이 아닙니다. 글로 쓰든지 말로 설명하든지 간에 공부한 것을 자신의 언어로 표현할 수 있어야 확실히 이해한 것입니다. 이런 아이에게는 공부한 교재를 보면서 설명하게 하세요. 교재를 다시 보면서 설명하면 이해가 되지 않던 부분이 거짓말처럼 머릿속에서 짜 맞춰집니다. 그 후에는 교재를 덮고 다시 한번 설명하게 하세요. 공부한 내용과 관련된 예시를 두세 개 정도 언급하는 것도 좋습니다.

독해력이 괜찮은데도 학습 속도가 느린 아이도 있어요. 이런 아이는 성격적으로 공부를 너무 꼼꼼하게 하는 아이입니다. 자기가 공부한 것을 계속 확인하느라 진도를 나가지 못하지요. 시험을 볼 때도 시간이 부족합니다. 앞에 풀었던 문제가 계속 머릿속에서 맴돌기 때문에 다시 확인하느라 시간 내에 문제를 다 풀지 못합니다. 그래서 쭉쭉 앞으로 치고 나가지 못하고 공부를 계속 이어 나가기 힘들어합니다.

이런 아이들은 교재에서 학습 목표와 관련된 중요 부분만 꼼꼼하게 봐서 전체 구조를 파악하는 방식으로 학습 속도를 내게 해야 합니다. 지문을 읽을 때는 지엽적인 부분에 얽매이지 않도록 문단별로 요약하고 주제를 찾아내서 글 전체가 의미하는 바가 무엇인지 이해하도록 도와주세요.

2. 엄마는 이렇게 도와주세요

공부는 운동과 비슷합니다. 몸에 근육이 많으면 힘든 운동도 지치지 않고 할 수 있는 것처럼 머리에 근육이 많으면 힘든 공부도 지치지 않고 할 수 있습니다. 그런데 대부분 머리 근육을 안 쓰거나 혹은 못 쓰기 때문에 문제가 발생합니다. 근육이 없는 사람은 조금만 운동해도 금방 지치는 것과 마찬가지로 머리에 근육이 없는 아이에게 오랜 시간 공부하라는 것은 고문이나 다름없습니다. 아무리 읽어도 이해되지 않는 교재를 한두 시간씩 공부하는 것은 어른도 감당하기 힘든 일입니다.

머리 근육을 키우는 데 필요한 에너지는 인내심, 약속을 지키는 책임감, 성취감과 같은 긍정적인 심리와 생활 습관입니다. 그러니 엄마는 아이가 편안한 마음으로 차분하게 공부하도록 환경을 만들어 줄 필요가 있습니다.

운동 초보자가 힘든 운동을 할 때 헬스트레이너가 옆에서 도와주듯이 엄마도 아이가 공부할 때 보조해 주세요. 아이의 문제 풀이도 도와주고 지문도 함께 읽어 주세요. 가장 효과적인 트레이닝은 계속 질문을 던지는 것입니다.

이 친구는 왜 혼자 도시에 내려갔을까?

이성계는 왜 군사를 돌려야만 했을까?

소수와 인수는 어떤 숫자를 말하는 거야?

돋보기는 어떻게 햇빛을 모을 수 있지?

아이가 혼자서는 절대로 질문을 하지 않아요. 질문이 없으니 내용을 이해하고 답을 찾아야 할 이유도 없지요. 그래서 학습 내용을 외워 버리고는 공부를 다했다고 착각합니다. 이해보다는 암기가 더 쉽거든요. 질문은 깊이 있게 이해하도록 도와주는 유용한 도구입니다. 엄마가 수시로 던지는 질문에 답하기 위해 아이는 생각해야 하고, 이런 생각을 하는 과정 자체가 깊은 독해력으로 연결됩니다.

세 줄 요약

• 독해력을 길러야 제대로 공부할 수 있다.

• 독해력을 키우려면 단어를 다 안다는 조건을 달아서 공부한 내용을 설명하는 습관을 들이자.

• 엄마의 질문은 아이의 생각을 키우고 그 과정이 독해력의 깊이로 나타난다.

5

공부하면서 자꾸 딴짓을 해요

Q.

아이가 학교에서 돌아오면 게임부터 합니다. 겨우 달래서 억지로 책상에 앉혀 놓으면 엎드려 자거나 딴짓을 합니다. 자기가 알아서 공부하면 좋겠는데 공부할 생각이 전혀 없는 것 같아요. 자기주도학습이 되지 않아서 공부시키기가 너무 힘들어요. 도대체 무슨 생각을 하고 사는지 모르겠어요.

[5학년 남자아이]

작은 일에도 칭찬해서 성공의 기쁨을 느끼게 하세요

1. 암묵적 지식

암묵적 지식이란 뜻이 분명하게 드러나는 명시적 지식과 달리 문자나 언어로는 전달하기 어려운 지식을 말합니다. 경험이나 노력을 통해 얻은 몸이 기억하는 지식을 말하죠. 예를 들어 김치를 담글 때 레시피는 명시적 지식이고 손맛은 암묵적 지식입니다. 김치 명인의 레시피를 알고 있다고 해서 누구나 다 맛있는 김치를 담글 수 없듯이 명시적 지식보다 암묵적 지식이 훨씬 더 중요한 의미를 지닌다고 할 수 있습니다.

교과서나 교재에 나와 있는 내용은 모두 명시적 지식입니다. 아이들은 이런 명시적 지식을 배우기 위해 많은 돈을 써 가며 학원도 다니고 인강도 듣습니다만, 암묵적 지식이 없으면 명시적 지식을 완전히 자신의 것으로 만들 수 없습니다. 예를 들어 소인수분해를 공부할 때 10의 소인수가 2와 5라는 것은 명시적 지식이라고 할 수 있지요. 이 명시적 지식을 깨닫기 위해 인수, 약수, 소수의 개념을 이해한 자신만의 특정한 방법이나 개인적 경험 등은 암묵적 지식이라고 할 수 있습니다. 암묵적 지식은 비유, 추론, 이미지화 등을 통해 명시적 지식을 분명한 개념과 언어의 형태로 이해할 수 있게 만들어 줍니다.

암묵적 지식은 일종의 노하우knowhow라고도 할 수 있습니다. 노하우는 필연적으로 수많은 실패를 동반합니다. 그러므로 당장 성과가 나오지 않더라도 포기하지 않고 계속 공부해야만 자신만의 성공적인 노하우를 쌓을 수 있습니다. 공부를 열심히 하면 비록 당장 시험 성적은 좋지 않더라도 암묵적인 지식을 분명히 쌓을 수 있지요. 인생을 좀 살아 본 어른이라면 암묵적 지식이 얼마나 중요한지, 어쩌면 명시적 지식보다 훨씬 더 중요하다는 것을 잘 알고 있습니다. 암묵적 지식은 그 어떤 학원에서도 배울 수 없는 살아 있는 지식입니다.

2. 갓성비를 따지는 까탈스러운 아이

학년이 올라갈수록 아이들에게는 자신이 뭔가 능력 있는 것처럼 보이고 싶은 마음이 커집니다. 친구나 주변 어른들에게 자신이 멋있거나 똑똑하거나 능력이 뛰어난 사람으로 보이고 싶은 거죠. 하지만 실제로 그렇게 되려면 힘드니까 아이들은 가성비를 따집니다. 최소의 노력으로 최대의 효과를 거두는, 이른바 '갓성비'를 찾아 자신을 과대 포장하려고 합니다.

아이들은 공부할 때도 갓성비를 굉장히 따집니다. 아주 열심히 공부해서 80점을 받는 것은 갓성비가 굉장히 떨어지는 행동입니다. 오히려 대충 공부하고 70점을 받는 것을 훨씬 더 갓성비가 높다고 생각하죠. 열심히 공부했음에도 불구하고 성적이 그만큼 나오지 않으면 바보라고 인증되기 때문입니다. 비록 친구들이 바보라 놀리지 않는다고 해도 자기 스스로 그렇게 느끼는 것은 어쩔 수 없지요. 열심히 공부해도 공부를 안 한 아이와 비슷하거나 오히려 더 나쁜 성적을 받은 아이는 분노합니다. 자신이 괜한 뻘짓을 했다고 생각하면서 다시는 그런 뻘짓을 하지 않겠다고 다짐합니다. 아이러니하게도 이런 아이는 공부를 최대한 안 하려고 합니다. 갓성비 공부를 추구하는 아이들은 시험에 나오는 것과 나오지 않는 것을 따집니다. 시험에 나오지 않을 것으로 생각하는 부분은 ×표를 쳐 놓고 아예 쳐다보지도 않습니다.

아이들이 게임을 좋아하는 이유 중의 하나도 바로 이런 갓성비 때문입니다. 게임은 열심히 하기만 하면 레벨이 상승하는 것을 직접 눈으로 확인할 수 있습니다. 하지만 공부는 그렇지 않아요. 아무리 열심히 공부해도 결과는 노력에 비례해서 나오지 않습니다. 열심히 하면 좋은 성과가 나오는 게임과, 열심히 해도 별 성과가 나오지 않는 공부 가운데 어느 것을 선택할지는 자명한 일이라고 하겠습니다.

특히 성적이 잘 나오지 않는 아이 중에 엄마가 다루기 힘든 아이 대부분은 굉장히 까탈스럽다는 특징이 있습니다. 자신은 타인의 감정에 무디고 공부도 대충하면서 자신을 대하는 타인은 굉장히 섬세하기를 원합니다. 예를 들어 공부할 때 '이걸 왜 배워야 하지?'라는 생각이 들면 일반적인 아이는 '잘은 모르겠지만 엄마가 하라니까 해야 하나 보다'라고 생각하고 순종적으로 따릅니다. 하지만 까탈스러운 아이는 그 이유를 누군가가 아주 자세하게 설명해 주기를 요구합니다. 이런 까탈스러운 아이들은 공부를 제대로 하지 않아 추론 능력을 갖추지 못했기 때문에 앞으로 자신이 어떻게 될지 제대로 내다보지 못합니다. 그런 점에서 초등학생 때부터 제대로 성과를 내는 아이는 머리가 좋은 아이가 아니라 엄마 말을 잘 듣는 아이입니다. 정서적으로 안정이 되어 있어서 엄마나 선생님 말을 그대로 믿는 아이들입니다.

고등학교에 가면 상위권과 하위권은 하늘과 땅만큼 차이가 납니다. 하지만 초등학교에서는 몇 달 만 열심히 공부하면 최상위권도 따라잡을 수 있지요. 초등학교에서 배우는 지식은 그리 어렵지도 않고 많지도 않거든요. 초등학교 때 공부의 필요성을 인식하고 눈에 보이는 결과와 상관없이 꾸준히 공부하는 태도를 갖춘 아이는 중·고등학생이 되어서도 절대 흔들리지 않습니다. 그래서 엄마는 초등 아이가 어떻게 공부해야 좋은 성적을 받을지 그 방법을 고민하기에 앞서 아이가 갓성비를 따지는 심리를 이해하고 공부에 대한 긍정적인 태도를 만들어 주는 데 더욱 집중해야 합니다. 물론 쉬운 일은 아니지만, 엄마부터 마음의 여유를 갖고 아이의 마음을 헤아리기 위해 노력해야 합니다. 공부는 절대 허튼짓이 아니라는 것을 차근차근 알려 주세요. 이 뻘짓이야말로 정말 필요한 일이고, 설령 내일 시험에 아무런 도움이 되지 않더라도 정말 훌륭한 일을 하는 것임을 계속해서 일러 주어야 합니다.

3. 아이의 언어와 방어기제

아이의 언어는 어른과는 다릅니다. 아직 어휘력이 충분하지 않고 자신의 의견을 조리 있게 조목조목 말할 능력이 안 되기 때문에 엄마는 아이와 대화할 때 이런 점들을 충분히 감안해야 합니다. 예를 들어 아래와 같은 아이의 말은 무슨 뜻일까요?

왜 사는지 모르겠어.

공부는 왜 해야 해?

필요 없어.

괜찮아.

내가 알아서 할게.

난 루저loser인가 봐.

죽고 싶어.

어떤 말은 철학적인 사고에서 나온 말 같기도 하고, 어떤 말은 부모의 마음을 타들어 가게도 하지만 이런 말들은 모두 이 뜻입니다.

공부하기 싫어.

이런 아이를 상대해야 하는 엄마는 그야말로 극한 직업이라고 할 수 있습니다. 그렇지만 아이의 방어기제를 이해하면 충분히 대응할 수 있습니다.

아이들이 공부를 회피하려는 마음이 생기면 자기도 모르게 다양한 방어기제가 작동합니다. 대표적인 방어기제는 잠입니다. 특히 시험 기간에는 이상하게도 잠이 많이 몰려옵니다. 무의식적으로 잠이라는 도피처를 만들어 내는 거죠. 이 외에도 신경이 날카로워지거나 소화가 안 되거나 다른 것들이 재미있게 느껴지기도 합니다. 모두 다 시험을 못 볼 핑곗거리를 무의식적으로 만드는 것입니다. 이런 방어기제가 심해지면 긴장과 실수가 더해져서 시험지가 하얗게 보이기도 합니다. 시험이 끝나고 나서 긴장이 풀리면 그제야 문제가 제대로 보입니다. 그러곤 한탄하죠. "내가 이 지문을 왜 이렇게 읽었을까?" "내가 이 문제를 왜 이런 공식으로 풀었을까?"

아이의 방어기제를 해결하려면 엄마와 아이가 스스럼없이 소통해야 합니다. 엄마는 이런 아이의 심정을 잘 보듬어 주세요. 그러면 아이도 마음을 열고 진정한 소통의 길로 나아갈 것입니다. 소통은 감정의 교류가 있어야 가능한데 그렇게 하기 위해서는 먼저 아이와 엄마 사이에 믿음이 있어야 합니다. 신뢰를 얻기 위해 아이를 무조건 칭찬하는 엄마들이 있는데요, 시간이 갈수록 아이들도 눈치가 빨라서 아무 칭찬이나 무턱대고 기쁘게 받아들이지 않습니다. 칭찬하려면 먼저 아이가 칭찬받을 만한 일을 만들고, 아이가 그 일을 했을 때 칭찬해 주세요. 예를 들어 30분 동안 계획대로 공부했다면, 그 인내심을 칭찬하세요. 지저분한 책상을 정리하도록 한 후에 정리정돈에 대해 칭찬하세요. 그런 칭찬은 성공의 경험이 되어 공부에 대한 방어기제를 약하게 만들 수 있습니다.

세 줄 요약

• 명시적 지식보다 암묵적 지식이 더 중요하다.

• 아이들이 공부에 갓성비를 따지는 심리를 이해하고, 공부는 절대 허튼짓이 아님을 일러 주자.

• 공부하기 싫을 때 나타나는 다양한 방어기제를 해결하려면, 아이와 스스럼없이 소통해야 한다.

평생 공부의 기초, 초등 공부력

6

사교육 인프라가 부족한 곳에서는
어떻게 공부시켜야 할까요?

Q.

제가 사는 지역의 학교는 면학 분위기도 그저 그렇고, 상급 학교 진학 실적도 그다지 뛰어난 편이 아닙니다. 학원도 많지 않고 수준 역시 별로 높은 것 같지 않아요. 엄마로서 불안한 마음에 동네 학원을 보내고는 있지만, 솔직히 아이가 제대로 실력을 쌓을 수 있을지 걱정이 큽니다. 이런 비학군지에서 아이를 어떻게 공부시켜야 할까요?

[5학년 여자아이]

A.

사교육 인프라 부족, 이렇게 극복할 수 있습니다

1. 학군지와 비학군지

원래 학군이란 통학이 가능한 범위의 고등학교를 지칭하는 말입니다. 평준화 지역의 일반계 고등학교는 학군 안에서 학생을 선발하고 비평준화 지역이나 특목고, 특성화고, 마이스터고 등은 다른 방식으로 학생을 선발합니다. 서울에는 11개의 학군이 있는데 고등학교 정원의 20%는 학군과 관계없이 지망에 따라 선발하는 광역학군제를 병행하여 실시하고 있습니다. 이 외에 부산은 다섯 개, 인천은 세 개, 대구는 두 개, 경기도엔 아홉 개의 학군이 있습니다.

 아이에게 좋은 교육 환경을 제공하고 싶은 것은 모든 엄마의 바람입니다. 좋은 학군지를 선호하는 이유도 성적뿐만 아니라 아이의 인간관계나 인격 형성 등에 도움이 되리라 기대하기 때문입니다. 좋은 학군지는 집값이 비싼 부촌을 중심으로 형성되는 경우가 많다 보니 이곳에서 사귀는 친구들의 배경, 가치관, 분위기 등을 자연스럽게 자신의 것으로 만들 수 있으리라 생각합니다. 그래서 맹모삼천지교孟母三遷之敎를 본받아 부모들은 유해환경을 피해 무리해서라도 좋은 학군지로 이사를 가려 합니다. 좋은 학군지를 찾으려면 그 지역의 학원 수를 확인해 보는 것도 방법입니다. 아무래도 학원 수가 많으면 그만큼 그 지역의 교육열이 높다고 간주할 수 있을 텐데요, 부동산 앱 '호갱노노'에서 지역별 학원 수를 확인할 수 있습니다.

요즘은 좋은 학군지라는 인식이 점차 중학교까지 확대되는 듯합니다. 성공적인 대학 입시 결과를 기록한 특목고나 자사고에 많이 진학시키는 중학교에 관심이 커지기 때문일 겁니다. 게다가 사춘기가 절정인 중학생 아이들은 친구를 비롯한 주변 환경에 민감해서 엄마들도 중학교 수준을 많이 따집니다.

대치동은 어떻게 엄마들이 선호하는 학군지가 되었을까요? 대치동과 그 주변에는 소위 SKY라 불리는 명문대 진학률이 높은 고등학교가 많습니다. 그런데 공교육은 국가에서 정한 교육과정에 따라 진행되기 때문에 대치동에 있는 학교라고 해서 타 지역 학교에 비해 수업 내용이 크게 차이 나지 않습니다. 대신 대치동에는 수준이 엄청나게 높은 학원가가 형성되어 있어 학교와 학원이 나름 치열한 경쟁을 하는 과정에서 강남 8학군의 명성(?)을 떨치게 된 게 아닌가 싶네요.

이 지역의 대형 학원들은 밀려오는 학생들 가운데 레벨 테스트를 통과한 학생들만 선별하여 가르칩니다. 일정 수준 이상의 학생, 대전댁을 마다하지 않는 엄마의 지원, 우수한 강사진이 시너지를 발휘한 결과 대치동 신화가 만들어졌습니다. 대치동 이외에도 대표적인 학군지로는 목동이나 중계동을 꼽을 수 있지요. 우수한 사교육 인프라가 부족한 지역, 특히 지방에 거주하는 학부모들은 상대적인 박탈감을 느낄 것입니다.

2. 학원의 역할과 한계

그렇다면 학원은 엄마들이 기대하는 만큼의 성과를 실제로 만들어 줄까요?

과거 엄마가 학생이던 시절에는 학원이 높은 성적을 만들어 줄 수 있었습니다. 컴퓨터가 대중화되지 않았던 당시에는 지식을 안다는 것 자체가 굉장히 중요했고 암기는 상당히 효율적인 공부법이었습니다. 공리주의는 그저 '제러미 벤담, 최대 다수의 최대 행복'이라는 단어만 외우면 족했습니다. 심화 과정에서는 '제러미 벤담은 양적 공리주의이고 존 스튜어트 밀은 질적 공리주의이다'까지 외웠습니다. 공리주의가 나타나게 된 사회적 배경이나 양적·질적 공리주의의 근본적 차이는 몰라도 상관없었어요. 시험에 나오질 않았거든요. 시험에 나올 만한 포인트를 잡아 주는 것도 학원의 중요한 역할이었죠.

과거에는 지식을 얼마나 많이 암기하고 있는지를 평가하는 지필 시험_{중간고사, 기말고사}이 평가의 전부였습니다. 그런데 이제 세상이 바뀌었습니다. 4차 산업사회의 교육은 단순히 지식을 아는 것에 그치지 않고 얼마나 잘 융합하여 활용할 수 있는가에 방점을 두고 있습니다. 지금은 학교에 따라 조금씩 다르기는 하지만 지필 시험은 50% 정도로 축소되었고, 그마저도 단순히 지식을 묻기만 하는 것이 아니라 어떻게 응용할 수 있는지를 묻는 문제가 많이 출제됩니다. 예를 들어 과거에는 '1+1=?'와 같은 문제가 나왔다면 지금은 '( )-( )=5'와 같은 식의 문제가 나옵니다. 과거에는 오직 하나의 답만 써야 했지만 지금은 여러 가지 답이 나올 수 있습니다. 7-2도, 8-3도 모두 정답입니다. 이 문제는 단순히 계산을 얼마나 잘하느냐를 평가하는 것이 아니라 빼기의 개념을 얼마나 잘 이해하고 있는지 묻고 있습니다.

평가의 나머지 50%는 다양한 모듬 활동, 서평, 보고서 작성 등 수행평가로 대체되었습니다.

수학 : 생활 속에서 소인수분해가 사용된 사례를 쓰시오.

과학 : 태양계를 구분하는 새로운 기준을 제시하시오.

초등학교 때부터 이렇게 지식을 응용하는 훈련을 하면 중·고등학교에 가서는 양적 공리주의의 대표적 산물인 판옵티콘 감옥이 우리의 현실 생활에서 어떻게 확장되었는지에 대한 소논문도 쓸 수 있습니다. 공부한 지식을 알고 있는 데서 그치지 않고, 그것을 변형하고 확장하여 다양한 문제에 적용할 수 있어야 높은 성적을 받을 수 있습니다.

수행평가는 말 그대로 아이가 과제를 수행하는 과정에서 자기 생각이나 의견 등을 정리해서 표현해야 하는데 학원은 지식 전수 이외에는 도움을 줄 수가 없습니다. 학원은 수시 입시의 핵심인 학생부에 기재할 자율 활동, 동아리 활동, 봉사 활동, 진로 활동이나 독서 등에서는 아무런 역할을 할 수 없습니다. 그래서 대부분 학원은 정시를 굉장히 강조합니다. 이런 점에서 정시 비중을 확대한 교육정책은 죽어 가던 사교육을 부활시킨 것이나 다름없다고 하겠습니다.

학원의 중요성이 과거에 비해서 현저하게 떨어졌다 해도 학교 수업 이외에는 공부를 하지 않는 아이, 학교 수업만으로는 학습 내용을 이해하지 못하는 아이 같은 경우는 여전히 학원의 도움이 필요합니다. 이런 점에서 비학군지 아이들은 불리합니다. 다른 아이들이 많은 학원에 들락거리며 열심히 공부하는 모습을 볼 수 없으니 자극을 받기에도 부족합니다. 마음을 고쳐먹고 다시 공부를 열심히 해보려 해도 학원 인프라가 부족해서 멀리까지 힘들게 다녀야 할 수도 있습니다.

이런 비학군지의 아이들이 실력을 쌓는 데 가장 쉽고 유용한 방법은 인강입니다. 인강이 좋은 이유는 크게 세 가지로 요약할 수 있습니다.

첫 번째는 접근하기 쉽다는 점입니다. 인강은 아이가 원하는 시간과 장소를 선택하여 수강할 수 있습니다. 이러한 개방성은 꽤 효율적입니다. 무엇보다도 학원을 오가면서 생기는 단점시간 소요, 피로, 옆으로 빠지기 등을 방지할 수 있지요.

두 번째는 능동적인 학습이 가능하다는 것입니다. 인강은 아이가 공부하려는 부분만 골라서 들을 수 있으므로 오프라인처럼 수업 시간 내내 계속 앉아 있을 필요도 없습니다. 또 분량이나 속도도 마음대로 선택할 수 있고, 특정 내용만 무한 반복하여 수강할 수도 있습니다. 게다가 인강은 대부분 5~15분 정도로 구성되어 있어서 집중하기도 좋습니다.

마지막은 풍부한 자료와 학습자 중심의 콘텐츠가 제공된다는 점입니다. 학원은 선생님 개인의 교수 방법을 그대로 따라가야 하지만 인강은 강의 이외에도 커뮤니티 서비스를 제공하거나 동영상으로 양방향 소통을 하기도 합니다. 특히 이미지를 다양하게 보여 주기 때문에 학습 내용을 이해하는 데 도움이 됩니다.

요즘은 굉장히 좋은 온라인 학습 콘텐츠를 저렴하게 이용할 수 있는데, 특히 유튜브는 공짜이면서도 없는 게 없습니다. 예를 들어 '초등 4학년 국어'라고 검색하면 의견 말하기, 글의 내용 간추리기 등 학교에서 배우는 모든 내용이 다 나옵니다. 이 가운데 마음에 드는 것을 골라서 시청하면 됩니다. 이 외에도 아래에 필자가 추천하는 유튜브 채널을 참고하세요. 이런 채널들을 시청하다 보면 유튜브의 알고리즘을 따라 다양하고 유용한 채널이 계속 추천되니 아이가 좋아할 만한 채널을 발견하면 따라가는 것도 도움이 됩니다.

어릴 때부터 이렇게 스마트 기기로 공부를 하고 자료를 검색하는 습관을 가지게 되면 학년이 올라가더라도 게임용으로만 활용하는

전 과목	클래스로그, 작은형의 공부발전소, 진격의 홍쌤, 밀크티타임, 동아출판, 참쌤스쿨
영어	리틀팍스(회화), 초목달(문법), 연필쌤(문법)
수학	인공지능수학 깨봉, 청개구리유여사
과학	과학드림, 지니키즈, 안쌤영재교육연구소, 워니비
기타	사오TV(뇌과학), 초등백과

초등 공부에 도움이 되는 유튜브 채널

경우를 어느 정도 방지할 수도 있습니다.

4. 엄마는 이렇게 도와주세요

엄마는 아이와 함께 인강을 찾아보고 아이가 스스로 선택하도록 맡기세요. 엄마가 일방적으로 골라 주면 아이는 금방 싫증을 내거나 인강을 듣는 동안 딴 데로 정신이 팔릴 수도 있습니다. 아이가 볼 만하다고 생각하는 인강을 스스로 선택하게 하고 엄마는 아이가 인강을 듣기 전에 교재나 관련 자료를 소리 내어 또박또박 읽게 하세요. 읽기가 어렵거나 이해가 되지 않는 부분은 표시해 두었다가 인강을 시청할 때 이 부분을 최대한 집중해서 보도록 하세요. 인강이 끝난 후에는 공부한 내용을 간단하게 설명하게 하고 아이가 설명하기 어려워하면 공부한 내용의 키워드라도 찾아낼 수 있게 유도하세요.

학습의 효율은 많은 시간을 투자하는 데 있지 않습니다. 미국 행동과학연구소National Training Laboratories, NTL에서 발표한 학습 효율성 피라미드를 보면 수업을 듣기만 한 경우엔 5% 정도의 학습 효율성이 나오는 반면, 설명을 하면 약 90%의 학습 효율성을 달성할 수 있다고 합니다. 이런 설명 방식은 단기 기억에 있는 지식을 장기 기억에 저장할 수 있도록 하는 리허설시연 기법입니다.

평생 공부의 기초, 초등 공부력

반응적 수동적	5%	강의 듣기
	10%	읽기
	20%	시청각 수업 듣기
	30%	시범 강의 보기
참여적 주도적	50%	집단 토의
	75%	실습해 보기
	90%	서로 설명하기

학습 효율성 피라미드(출처: NTL Nation Training Laboratories)

세 줄 요약

• 공부한 것을 변형하고 확장하여 다양한 현실 문제에 적용할 수 있어야 한다.

• 사교육 인프라가 부족한 곳에서는 인강을 잘 활용하라.

• 어릴 때부터 스마트 기기를 공부에 활용하는 습관을 갖게 하자.

7

엄마가 쉽게 할 수 있는
글쓰기와 독서 지도법을 알고 싶어요

Q.

아이가 점점 책과 멀어지는 것 같더니 요즘은 글쓰기마저 엉망입니다. 독서를 많이 하면 글쓰기도 잘할 수 있다고 하던데 어떻게 하면 바람직한 독서 습관을 기를 수 있을까요?

[3학년 남자아이]

가장 강력한 생존 수단, 책 읽기와 글쓰기

컴퓨터와 스마트폰으로 모든 일을 처리하는 요즘에는 글을 쓸 일이 별로 없을 것 같지만 사실 그 어느 때보다 훨씬 더 많은 글쓰기가 필요합니다. 과거에는 글로 된 것이 책이나 신문, 잡지가 주를 이루었지만 지금은 우리 주변의 모든 것이 글로 도배되어 있습니다. 또 과거에는 전문적인 지식을 가진 사람들이 주로 글을 썼지만 이제는 아닙니다. 쇼핑을 하려고 인터넷에 접속하면 상품마다 각종 홍보 문구들이 가득합니다. 맛집을 소개하는 블로그도 대부분 광고 글입니다. 여러분이 자주 보는 유튜브 콘텐츠 역시 사전에 쓴 대본에 따라 제작됩니다.

이처럼 정보와 지식이 돈을 만드는 현대사회에서 머릿속에 들어 있는 정보와 지식을 융합하여 세상에 내놓으려면 글쓰기는 필수입니다. 이제 글쓰기는 자신의 가치를 높이고 경제적인 이익을 얻을 수 있는 아주 중요한 생존 수단이 되었습니다.

1. 글쓰기가 어려운 아이들

글쓰기는 글자를 바르게 잘 쓰는 것이 목적이 아니라 자기 생각을 잘 표현하기 위한 수단으로 꼭 필요합니다. 그런데 자기 생각을 글로 표현하기 어려워하는 아이들이 의외로 많습니다. 왜 그럴까요? 대부분 엄마는 아이가 글쓰기를 잘하지 못하는 이유에 대해 오해하고 있습니다.

첫 번째, 아이가 글쓰기를 정식으로 배운 적이 없다고 생각합니다. 과목 중에 글쓰기가 없어서 제대로 배운 적이 없고 그래서 글쓰기를 잘하지 못한다고 생각하지요. 하지만 초등 교과 과정에는 이미 글쓰기가 엄청나게 많이 들어가 있어요. 글쓰기를 위한 과목이나 과정이 따로 있는 것은 아니지만 일기 쓰기, 독후감이나 자기 생각 표현하기와 같은 글쓰기는 굉장히 많이 나옵니다. 중학교에서도 수행평가, 서평, 보고서, 소논문 등의 글쓰기가 또 엄청나게 많습니다. 이렇게 학교에서 진행하는 수업만 잘 따라가도 자기 생각을 글로 표현하는 경험은 꽤 많이 할 수 있습니다.

두 번째, 글쓰기를 잘하려면 선천적으로 타고난 재능이 있어야 한다고 믿는 엄마들이 있습니다. 평범한 엄마, 아빠의 유전자를 물려받은 아이들에게는 적합한 이유라고 생각할 텐데, 우리가 '문호'라고 칭하는 위대한 작가들을 보면 선천적인 글쓰기 능력이 어느 정도 필요한 것 같긴 해요. 하지만 그런 재능은 스토리를 만들어야 하는 문학작품을 쓸 때나 필요한 것이죠. 보통 사람은 평생에 문학작품을 쓸 일은 거의 없고 보고서, 안내문, 설명서와 같은 실용적인 글쓰기를 주로 합니다. 실용적인 글쓰기는 자료와 정보를 수집하고 나열하고 분류하고 분석하고 결합하여 하나의 새로운 지식을 만드는 일련의 과정이죠. 이것은 재능이 아니라 훈련의 영역입니다.

실용적인 글쓰기를 잘하려면 인과관계, 맥락, 연속성과 같은 논리적 사고력을 반드시 갖춰야 합니다. 그래서 학교에서는 다양한 글쓰기와 여러 교과 공부를 통해 논리적 사고력을 갖추도록 가르치고 있습니다.

논리의 재료가 되는 것은 논증입니다. 논증은 논리적 증거를 말하는데 대표적인 논증은 지식입니다. 지식을 다룬다는 점에서 모든 과목은 논리 과목이라고 해도 될 것입니다. 국어와 영어는 언어 논리이고 수학은 수 논리, 과학과 사회는 탐구 논리입니다. 그래서 국어 공부를 잘하는 아이가 수학도 잘합니다. 또, 논리적인 사고도 잘하고 글쓰기도 잘합니다. 이처럼 학교 공부, 논리, 글쓰기는 모두 연결되어 있습니다. '공부를 잘하는데 글쓰기를 못 한다'는 건 있을 수 없습니다. 로미오는 아는데 줄리엣은 모른다는 것과 마찬가지입니다.

2. 글쓰기, 이렇게 가르치세요

아래의 문장은 아이들이 글쓰기를 할 때 가장 많이 틀리는 유형입니다. 엄마의 눈높이에 맞추기 위해 중학교 3학년 수준으로 예시를 들어 보겠습니다.

언어 능력과 사고 능력의 연관성이 크지 않다고 주장하는 사람들은 어른보다 추상적 사고 능력이 현저하게 덜어지는 어린아이들이 어떤 언어든지 별 어려움 없이 습득한다는 것이다.

이 문장은 얼핏 보기엔 아무 문제가 없어 보이지만 뭔가 이상합니다. '덜어지는'이라는 오자를 '떨어지는'이라고 수정한다고 해도 말이죠. 내용 자체가 어려워서일까요? 그렇지 않습니다. 아무리 어려운 내용이라고 해도 문장의 구조를 잘 알고 있다면 파악하는 데 그리 어렵지 않아요.

이 문장의 가장 큰 오류는 문장의 중요한 요소인 주어와 서술어가 서로 맞지 않는다는 점인데 아이들이 글을 쓸 때 자주 실수하는 유형입니다. 이 문장의 주어는 '(언어 능력과 사고 능력의 연관성이 크지 않다고 주장하는) 사람들은'입니다. 그리고 서술어는 '습득한다는 것이다.'입니다. 이 문장의 주어와 서술어를 연결해 보면 '사람들은 …… 습득한다는 것이다.'가 됩니다. 하지만 습득의 주체는 '어린아이들'이잖아요. 이 문장의 주어와 서술어를 맞게 쓰려면 이렇게 수정해야 합니다.

언어 능력과 사고 능력의 연관성이 크지 않다고 주장하는 사람들은 어른보다 추상적 사고 능력이 현저하게 떨어지는 어린아이들이 어떤 언어든지 별 어려움 없이 습득한다고 말한다.

이렇게 하면 '~사람들은 ~말한다.'라는 문장 속에 '~어린아이들이 ~습득한다.'는 목적절이 포함된 글이 됩니다. 모두 주어와 서술어가 서로 잘 들어맞고 어색하지 않습니다.

초등 자녀의 글쓰기를 지도할 때 엄마가 가장 신경 써서 봐 줘야 하는 부분이 바로 주어와 서술어의 맞춤입니다. 생각보다 아이들이 이 부분을 많이 틀립니다. 특히 문장이 길어지면 중간에 길을 잃어버리기도 하지요.

글쓰기가 서툰 아이는 문장을 짧게 끊어서 쓰도록 지도하세요. 주어와 서술어만 맞게 쓸 수 있다면 문장의 뼈대를 만들 수 있으므로 나머지는 살만 붙여 나가면 됩니다. 어렵지 않습니다.

3. 독서 지도법

독서를 많이 하면 글쓰기에 도움이 될까요? 많은 전문가가 다독多讀을 권합니다. 아무래도 책을 많이 읽으면 배경지식도 얻게 되고 글에도 친숙함을 느끼기 때문이겠지요. 하지만 무작정 책을 많이 읽는다고 글쓰기 실력이 저절로 늘지는 않습니다. 오히려 '매일 한 권씩 책 읽기'처럼 무리한 목표를 정해 놓으면 책 내용을 이해하려 하지 않고 글자만 읽고 넘어가려 할 것입니다. 그러면 책을 읽더라도 머리에 남는 건 하나도 없게 되지요. 이것은 시간 낭비입니다. 책은 반드시 생각하면서 읽어야 합니다. 아이가 독서에 부담을 느끼면 생각할 수가 없습니다. 아이가 부담 없이 책을 읽고 자연스럽게 생각할 수 있도록 하려면 아래의 방법을 써 보세요.

먼저 아이와 함께 도서관이나 서점에 갑니다. 그리고 아이가 읽고 싶은 책을 직접 고르게 하세요. 아이가 책을 골랐다면 그 이유를 물어보세요. '그냥……'처럼 아무 이유가 없으면 안 됩니다. 대신 '표지 색깔이 마음에 들어서' '제목이 흥미로워서' '좋아하는 작가가 쓴 책이라서' 등등 구체적인 이유만 있다면 뭐든지 괜찮습니다. 이 것은 책을 읽게 하는 일차적인 동기 유발입니다.

책은 전체를 읽을 필요 없이 차례를 보면서 읽고 싶은 부분만 골라 읽게 합니다. 과거에는 지식을 얻는 방법이 독서밖에 없었기 때문에 책을 처음부터 끝까지 다 읽어야만 했습니다. 그러나 지금은 그렇지 않아요. 지식은 포털사이트나 유튜브에 널리고 널렸습니다. "구슬이 서 말이라도 꿰어야 보배"라는 말처럼 널리고 널린 지식이라는 구슬을 어떻게 꿸 것인가가 지금의 과제입니다. 조금 읽어 보니 자신이 기대했던 것과 다르고 재미가 없다면 다른 책으로 바꿔도 상관없습니다.

아이가 자신이 보고 싶은 부분만 읽는 대신 독서 후 내용을 자세하게 설명할 수 있어야 합니다. 아이가 설명하기 어려워하면 엄마가 질문을 던져 보세요.

이 책은 어떤 내용이야?

너는 주인공이 왜 이렇게 행동했다고 생각하니?

악당이 이런 최후를 맞이하지 않으려면 어떻게 해야 했을까?

네가 받아들일 수 없는 부분은 어디야?

지은이는 독자에게 무슨 이야기를 하고 싶었던 걸까?

네가 지은이라면 어떤 부분을 어떻게 바꾸고 싶니? 그 이유는 뭐야?

이처럼 다양한 질문에 대답하려면 아이는 생각하면서 글을 읽을 수밖에 없습니다. 혹여 엄마 앞에서 말하기를 쑥스러워하면 녹음을 하거나 영상으로 찍어도 좋습니다.

세 줄 요약

• 글쓰기는 자기 생각을 논리적으로 잘 표현하여 자신의 가치를 높이고 경제적인 이익을 얻을 수 있는 중요한 생존 수단이다.

• 글쓰기를 할 때 주어와 서술어의 맞춤에 신경 쓰는 이유는 이 것이 독해력과 직결되기 때문이다.

• 독서 후에는 내용이나 감상을 말하게 하거나 글로 쓰도록 해서 생각이 자라게 하자.

8

학원을 꼭 보내야 할까요?

아이가 학교에서 거의 공부를 하지 않는 것 같아요. 친구들과 놀기 바쁘고 집에 와서는 숙제도 잘 안 하려고 해요. 그런데 수학과 영어 학원은 비교적 잘 다닙니다. 학원 선생님께 물어보면 나름대로 수업 도 잘 듣고 숙제도 거의 빠짐없이 해온다고 해요. 그런데 학원에서 테스트를 보면 별로 성적이 오르지 않았더라고요. 어떨 때는 4학년 때보다 더 떨어진 것 같기도 해요. 아이가 학원에서 공부를 좀 하는 것 같아 보내기는 하는데 언제까지 보내야 하는지, 또 이런 상황에서 학원을 계속 보내야 하는지 궁금합니다.

[5학년 여자아이]

A.

엄마가 제대로 지도하면 학원은
꼭 필요한 경우에만 다녀도 됩니다

1. 학습 격차가 벌어지는 이유

저학년일 때는 비슷한 실력을 보이던 아이들이 학년이 올라갈수록 점차 학습 격차를 보입니다. 어떤 아이는 날이 갈수록 좋은 성적을 받는 반면 어떤 아이는 점점 후퇴하지요. 특히 중학교에 진학해서는 그 차이가 확연해지고 고등학교에 가면 넘사벽의 실력 차이가 나타납니다. 왜 이렇게 학습 격차가 생기는 것일까요?

여러 가지 이유가 있겠지만 가장 큰 이유는 학습 난이도와 이해도 차이 때문입니다. 즉 학년이 올라갈수록 학습 난이도는 올라가는데 아이 실력은 난이도를 따라가지 못합니다. 그래서 학습 격차를 그냥 놔두면 점점 벌어질 수밖에 없어요.

예를 들어 초등학교 6학년보다 중학교 1학년의 난이도가 20% 더 어려워졌다고 가정해 봅시다. 단순하게 생각하면 초등 6학년 때보다 20%만 더 열심히 공부하면 되겠죠? 하지만 이렇게 해서는 초등 6학년 때의 성적을 유지하기조차 힘듭니다. 초등 6학년 과정을 100% 이해한 아이는 20%만 더 열심히 하면 되겠지만, 60%만 이해한 아이는 두 배의 노력이 필요합니다.

초 6 학습 이해도	상승한 학습 난이도	이해도와 난이도 차이	체감 학습 난이도
100%		20%	120%
90%		30%	133%
80%	(100%를 기준으로) 120%	40%	150%
70%		50%	171%
60%		60%	200%

학습 난이도 상승에 따른 체감 학습 난이도

학습 이해도가 낮은 아이는 높은 아이보다 공부가 훨씬 더 어렵게 느껴지므로 그만큼 더 열심히 공부해서 학습 이해도를 계속 높여 가야 합니다. 하지만 말처럼 쉽지 않습니다. 단순히 책상에 오래 앉아 있다고, 학원을 더 많이 다닌다고, 열심히만 한다고 학습의 이해도가 올라가는 것은 아니니까요.

이런 일이 벌어지는 것은 결국 아이가 제대로 된 공부를 하지 않았기 때문입니다. 공식에 대입만 하여 문제를 풀거나 스마트폰으로 답지를 다운로드해서 베끼는 아이들도 있습니다. 수업 시간에 딴생각하면서 들으니 이해력은 떨어지고 수업 내용은 이미지로만 남습니다. 그래서 여러 번 반복해서 공부해도 머리에 남는 게 없죠. 그렇지만 중학교까지는 문제를 이해하지 못해도 암기 등 단편적인 기술만으로도 정답을 찾을 수 있습니다. 그래서 자신이 잘못된 공부를 하고 있다는 것을 눈치채지 못합니다. 이런 아이들은 고등학교에 가서야 뒤늦게 후회를 하는데 그동안 시간만 때우는 공부, 암기식 공부, 학원에만 의존한 공부, 배우기만 하고 익히지 않는 공부로

평생 공부의 기초, 초등 공부력

실력은 쌓지 못하고 시간만 허비한 셈입니다.

2. 학원을 꼭 보내야 할까요?

한 연구에 따르면 학원의 효과는 초등학교까지가 전부이고 중학교부터는 오히려 마이너스가 된다고 합니다. 저는 이 연구 결과가 꽤 믿을 만하다고 생각합니다. 학습은 배우고學 익혀야習 완성됩니다. 그런데 아이들은 학원에서 배우기만 하고 익히지를 않아요. 익힌다는 것은 배운 개념, 원리, 이치 등을 다양한 방법으로 체득하는 과정이지요. 어려운 문제를 풀어 보고, 문장제 문제도 풀어 보고, 체험 활동도 하는 등 다양한 과정을 거쳐야 제대로 이해하고 체득할 수 있습니다. 그런데 학원에서는 이런 과정을 선생님이 전부 다 해 줍니다. 영어 해석도 선생님이 해 주고 수학 문제도 선생님이 풀어 줍니다. 심지어 오답 분석까지 선생님이 해 줍니다. 아이가 직접 해야 할 공부를 학원이 대신해 주기 때문에 학원을 다니면 다닐수록 학습 효과는 떨어지기 마련입니다. 학원을 오래 다니면 아이들은 자기가 직접 체득하고 익힐 기회를 학원에 빼앗기게 되고 학원 선생님만 실력이 늘게 됩니다.

학원은 학교와는 다르게 돈을 벌기 위해 운영하는 사기업입니다. 학원이 단기간에 아이의 성적을 올려 주면 다음 달에도 등록을 하지만 한두 달 정도 지나도록 성적이 오르지 않으면 엄마는 학원을 바꿔 버리기 일쑤입니다. 그래서 단기간에 성적을 올릴 수 있도록 선생님이 반복해서 설명해 줍니다. 설명을 들으면 잠깐은 이해가 되지요. 이해가 되니 아이는 배운 내용을 자신의 것으로 익히는 복습을 하지 않습니다. 아이들은 수업 시간에 듣고 이해한 것을 계속 기억하리라 생각하지만 이러한 피상적인 이해는 금방 기억 저편으로 사라집니다. 그러니 아이의 학습 실력은 늘지 못한 채 제자리를 맴돌다 퇴보하고 시험만 치면 아는 문제를 틀렸다는 소리가 나오는 것이지요.

사교육이 전혀 쓸모없는 것은 아닙니다. 혼자서는 아예 공부를 시도조차 하지 못하는 아이, 공부를 어떻게 하는지 몰라서 엄두를 못 내는 아이, 학교에서는 안 해도 학원에서는 그나마 공부하는 아이 등 학원이 꼭 필요한 아이들도 있습니다. 이런 아이들도 사교육에 너무 의존하는 것은 역시나 좋지 않습니다. 특히 아이가 공부를 싫어하게, 질리게 만드는 학원은 절대 보내면 안 됩니다. 초등학생이 배우는 공부의 수준과 양은 정말 얼마 안 되거든요. 이 부스러기 같은 지식을 배우려다가 공부가 싫어지면 중·고등학교 때는 회복이 안 됩니다. 그러니 공부를 좀 만만하게 보고, 할 만하다고, 재미있다고 생각할 수 있는 그런 학원을 찾아서 보내는 게 엄마가 신경 써야 할 일입니다.

아이들이 학원에서 배워 오는 것은 그리 많지 않아요. 오히려 학원에서 내주는 과제를 성실하게 수행하는 과정에서 실력이 쌓입니다. 스스로 공부하는 과정을 통해 익혀야 좋은 성적을 기대할 수 있습니다. 아무리 학원에 다녀도 스스로 공부하는 방법을 모르고 실력도 쌓이지 않는 아이라면 차라리 학교에서 내주는 과제 수행을 도와줄 과외 선생님을 고용하든지 아니면 엄마가 직접 도와주는 것이 훨씬 효과가 있을 것입니다.

학원에 기대할 만한 점은 또래 아이들이 모여서 함께 문제를 풀어 본다는 것입니다. 아이 혼자 문제를 풀면 긴장감이 별로 없을 텐데 학원에서는 많은 아이와 시험을 보고 성적도 매기기 때문에 자신의 위치를 어느 정도 가늠할 수가 있어요. 이런 차원에서 학원 이용은 그리 나쁘지 않습니다.

3. 학원의 레벨 테스트 결과를 어떻게 받아들여야 하나요?

한때 강남에서 레벨 테스트로 유명했던 학원이 있었습니다. 그 학원은 레벨 테스트와 함께 인터뷰를 진행하면서 "너는 여기에 왜 온 거야?"라는 질문을 했습니다.

사실 아이들이 무슨 공부가 그리하고 싶어서 학원에 왔겠어요? 당연히 엄마가 가라고 하니까 온 거죠. 그런데 아이가 '엄마가 가자고 해서 왔어요'라고 대답하면 탈락합니다. 반면에 '나는 이러이러한 것을 배우고 싶어서 왔고, 앞으로는 이렇게 공부해서 이런 사람이 되고 싶어요'라는 식으로 소신 있게 설명하면 높은 레벨을 받았습니다. 성적에만 의미를 두는 것이 아니라 어떻게 성장하겠다는 긴 안목을 중요하게 본 것입니다. 이런 식의 인터뷰로 아이들을 선발하다 보니 공부 잘하는 아이들도 떨어지는, 굉장한 아이들만 다니는 수준 높은 학원으로 소문이 났지요. 사실 아이들 수준이 높다기보다는 나름대로 공부에 대한 의지가 있는 아이들을 뽑은 것뿐이었지만 홍보 효과는 굉장했었죠.

요즘도 많은 엄마들이 아이가 어릴 때부터 학원에 보내는 경우가 많습니다. 특히 영어는 중학교 때까지는 끝내야 한다는 말이 있을 정도로 일찌감치 시작합니다. 사실 아이가 어리면 학원 수업 시간에 앉아 있는 것도 힘들어요. 당연히 레벨 테스트를 통해 아이의 실력을 확인한다는 것은 굉장히 어려운 일입니다. 특히 남자아이는 여러 부분에서 여자아이보다 좀 늦습니다. 실제로 영어 학원에 가 보면 굉장히 똘똘하게 말 잘하는 여자아이들이 많습니다. 하지만 이런 여자아이라고 해서 끝까지 영어를 계속 잘하는 것은 아닙니다. 초·중·고 12년 동안 어떤 변수가 생길지 알 수 없거든요. 또 테스트 결과 최고 레벨이 나온 아이라고 해도 최하 레벨이 나온 아이와의 격차는 정말 생각보다 작습니다. 아직 어리기 때문에 실력이라고 해야 고만고만합니다. 레벨 테스트 결과로 아이의 현재 실력이나 미래의 실력을 가늠할 수 있는 것은 아닙니다. 그냥 '아, 지금 내 아이의 실력이 대충 이 정도구나' '또래 아이들 가운데 이 정도의 위치에 있구나' 하는 정도로 가볍게 받아들이기 바랍니다.

세 줄 요약

- 잘못된 방식으로 공부하면 학습 격차는 계속 벌어진다.
- 학원에 다닌다고 좋은 성적을 받는 것이 아니라 수업을 듣고 과제를 하는 과정에서 스스로 체득하는 공부를 해야 실력이 쌓인다.
- 학원의 레벨 테스트 결과가 현재의 실력이나 미래의 발전 가능성을 의미하는 것은 아니다.

학원을 멀리하고 학교만 믿고 의존했던 아이가 다른 아이와 학습 격차를 보이면 엄마는 학교에 배신감을 느끼게 됩니다. 이런 배신감은 입소문으로 빠르게 퍼지고 사교육의 공포 마케팅에 단골 소재로 활용됩니다. 공포감은 전염되기 쉽습니다. 그래서 아무리 공교육을 강조하고 사교육이 나쁘다고 떠들어도 엄마는 사교육을 절대 포기하지 않습니다.

사실 아이들이 왜 이런 과목을 배워야 하는지, 왜 이런 식의 수행평가를 해야 하는지, 시험은 아이들의 어떤 능력을 평가하는지, 이런 능력이 아이들의 미래에 왜 필요한지 등을 학교가 정확하게 설명해 주면 그만인 일입니다. 지금 공부의 본질이 무엇이며 왜 개념을 이해하고 융합하는 공부가 더 중요해졌는지 제대로 알려 준다면 엄마들도 우리나라 공교육이 얼마나 수준 높은 교육과정인지 충분히 이해할 것입니다. 그리고 더 이상 암기식 공부, 몰아치기 공부, 학원에 지나치게 의존하는 공부는 지양할 것입니다.

하지만 안타깝게도 우리 교육 당국은 학부모에게 이런 교육을 제공하지 않아요. 학부모를 학생, 교사와 함께 교육의 주체로 인정하지만, 학부모에 '대한' 교육보다는 학부모에 '의한' 교육을 더 중요하게 생각하고 있습니다. 학부모회를 중심으로 학교 교육에 참여시키는 방향으로 학부모 정책이 시행되고 있습니다. 학부모회는 임원으로 활동하는 일부 학부모를 중심으로 운영되고 있으며 대다수 학부모는 학년 초에 학사 운영 등에 대한 안내를 받는 정도에 그치는 것이 현실입니다.

학부모는 자녀가 초·중·고에 다니는 12년 동안 갖는 자격입니다. 따라서 학부모에게는 학습과 관련한 교육이 꼭 필요합니다. 그런데 교육 당국은 부모 교육과 학부모 교육을 구분하지 않아요. 이런 사실은 서울시교육청의 학부모 교육 강사 구성을 보면 쉽게 알 수 있습니다. 2022년 현재 서울시교육청의 학부모 교육 강사는 모두 116명인데, 부모-자녀 관계 및 소통 강사는 무려 38명33%, 성 인지 교육 강사는 13명11%이나 됩니다. 반면 학습지도 강사는 7명6%, 교육정책 및 제도 이해 강사는 1명1%에 불과할 정도로 학습과 관련된 학부모 교육은 거의 없습니다.

엄마는 아이의 미래가 불확실하기 때문에 불안함을 느낍니다. 우리 아이가 왜 공부를 해야 하는지, 공부해서 무슨 능력을 길러야 하는지, 그 능력이 왜 필요한지, 그래서 학교는 그 능력을 길러 주기 위해 무엇을 하고 있는지를 모르기 때문에 불안합니다. 만일 교

대분류	소분류	강사 수	비중(%)
교육정책 및 학교 참여 이해	교육제도 및 정책 이해	1	0.9
	학부모 학교 참여 이해	1	0.9
	학부모 퍼실리테이터	1	0.9
	소계	**3**	**2.6**
인성 및 생활 지도	놀이 지도	2	1.7
	성 인지 교육	13	11.2
	세계시민 교육	3	2.6
	안전 교육	3	2.6
	인터넷/게임 중독 예방 교육	8	6.9
	폭력 예방 교육	5	4.3
	소계	**34**	**29.3**
부모 역할 및 역량 강화	감정 코칭	9	7.8
	부모 내면 치유	3	2.6
	부모-자녀 관계 및 소통	38	32.8
	소계	**50**	**43.1**
진로·진학	독서 지도	5	4.3
	예비 학부모 교육	7	6.0
	진로·진학 지도	10	8.6
	학습 지도	7	6.0
	소계	**29**	**25.0**
총계		**116**	**100.0**

서울시교육청 학부모 교육 강사 현황(2022년 현재)

육 당국이 적극적으로 지금 학교 교육의 중요성과 방향성을 충분히 알려 준다면 엄마들은 불안하지 않을 것입니다. 모르면 공포지만 알고 나면 더 이상 공포가 아니지요. 놀이공원의 롤러코스터도 2분이면 끝난다는 것을 아니까 재미있게 타는 것이지 언제 멈추는지 모른다면 지옥행 급행열차처럼 느껴질 것입니다.

9

선행 학습, 꼭 해야 할까요?

Q.

주변을 둘러보면 엄마들 대부분이 선행 학습을 시키는 것 같아요. 특히 수학은 선행이 필수라고 하는 분들이 많은데요, 저는 선행보다는 학교 진도에 따라 현실에 최선을 다하는 것이 맞다고 생각하지만, 마음 한편은 불안합니다. 선행은 반드시 해야 하는 걸까요?

[3학년 남자아이]

A.

학교 진도부터 제대로 끝내자

1. 근면성과 열등감을 만드는 시기

독일의 유명한 심리학자인 에릭 에릭슨은 인간의 심리 사회적 발달을 8단계로 구분하고 그 가운데 초등학생 시기5~12세를 근면성과 열등감이 만들어지는 때라고 하였습니다. 그는 이 시기에 성공적인 경험을 하면 자신이 유능하다고 느끼게 되고 그 유능함을 계속 키울 수 있는 근면성을 지니게 된다고 강조했습니다. 반대로 실패를 경험하면 무능함과 열등감을 느끼게 된다고 합니다. 초등학생 때는 인간의 사회화에 꼭 필요한 핵심 능력인 인지적·사회적 기술을 배우는 시기라서 아주 중요합니다. 아이들은 공부를 하면서 이러한 기술을 배우게 되는데, 모든 공부는 추상적 개념으로 이루어져 있기 때문에 생각보다 만만하지 않습니다. 예를 들어 수학의 사칙연산이나 국어의 문법 등은 눈에 보이지는 않지만 마치 보이는 것처럼 객관적이고 논리적으로 이해해야 해서 어렵습니다.

일반적으로 선행 학습이라고 하면 자기 학년보다 더 높은 학년의 공부를 미리 하는 것을 말합니다. 초등 3학년이라면 4학년 이상의 과정을 공부하는 것이죠. 1학기 과정을 배우는 중에 2학기 공부를 하는 것도 선행 학습이라고 할 수 있습니다.

그런데 아이가 감당하기 어려울 정도로 무리하게 선행을 시킨다면 공부에 대한 트라우마를 갖게 되고 학습 부진을 경험하게 될 것입니다. 학습 부진은 더 큰 트라우마를 만들어 내고 더 깊은 학습 부진의 수렁에 빠지는 악순환이 연쇄적으로 발생하면서 자기 효능감이 떨어지고 열등감이 커지게 됩니다. 이런 나쁜 감정은 다른 과목 공부에도 영향을 미칩니다.

초등학교에서 놀이 연계 학습을 진행하는 이유는 아직 아이들의 인지능력이 충분히 발달하지 않아서이기도 하지만 재미있는 놀이를 통해 공부가 즐겁다는 긍정적인 생각을 심어 주기 위해서입니다. 성공적인 공부 경험이 계속 쌓이면 무엇이든지 할 수 있어요. 자신감이 넘쳐나고 새로운 공부도 겁내지 않고 할 수 있습니다. 그런데 무리한 선행 때문에 공부가 싫어지면 정작 본격적인 공부를 시작하는 중학교 때부터는 능동적인 공부, 자기주도학습을 할 수가 없습니다. 얼마 되지 않는 지식을 억지로 머릿속에 집어넣으려다 공부에 대한 부정적인 생각을 키워 소탐대실할 수도 있는 것입니다.

2. 선행은 효율적인가요?

똑같은 강도의 선행이라도 감당할 수 있는 아이가 있고 그렇지 못한 아이가 있습니다. 그래서 선행 그 자체만으로는 좋다 나쁘다를 판단할 수 없습니다. 그런데 많은 엄마가 1~2년 정도의 선행은 당연하게 생각합니다. 중학생이 되고 고등학생이 되었을 때 남들보다

한발이라도 더 앞서 나가기 위해서는 선행을 시켜야 한다고 생각합니다. 특히 자율학년제 시행으로 시험이 없는 중학교 1학년 때는 시험을 쳐야 하는 중 2 과정을 선행하지 않으면 큰일 나는 줄 압니다. 수학의 경우엔 워낙 어렵다고 하니까 선행을 통해 공부하는 시간을 좀 더 많이 확보하려고 합니다. 어떤 이는 수학보다 영어 선행을 더 강조합니다. 선행을 해서 중학교 때까지 대입 영어를 끝내 놓으면 고등학교에서는 영어 공부에 쓸 시간을 수학 공부에 더 투자할 수 있기 때문에 유리하다고 말하지요.

선행 학습이 정말 그렇게 효과적일까요? 어떤 초등 1학년 아이가 초등 3학년 수학을 선행한다고 가정해 봅시다. 우리는 그 아이를 꽤 뛰어난 아이라고 생각할 것입니다. 무려 2년이나 빠른 선행을 하고 있기 때문이죠. 하지만 그 수준은 중등 1학년의 2년 선행과는 차원이 다릅니다. 초등 1학년이나 3학년 수학은 그리 어렵지 않고 고

초1	초2	초3
100까지의 수 여러 가지 모양 덧셈과 뺄셈 비교하기 시계 보기와 규칙 찾기	세 자릿수 네 자릿수 여러 가지 도형 덧셈과 뺄셈 길이 재기 분류하기 곱셈 구구 시각과 시간 표와 그래프 규칙 찾기	덧셈과 뺄셈 평면도형 나눗셈 곱셈 길이와 시간 분수와 소수 원 들이와 무게 자료의 정리

초등 1학년~초등 3학년 수학 교과 내용

중1	중2	중3
자연수	유리수와 근삿값	실수와 식의 계산
정수와 유리수	식의 계산	인수분해
문자와 식	연립방정식	이차방정식
일차방정식의 풀이	부등식	이차함수
좌표평면과 그래프	일차함수	통계
도형의 기초	확률	피타고라스의 정리
평면도형	도형의 성질	삼각비
입체도형	도형의 닮은 꼴	원의 성질
통계		

중등 1학년~중등 3학년 수학 교과 내용

만고만한 수준이에요. 그러나 중학교 1학년과 3학년의 수학은 난이도 차이가 매우 큽니다.

주변의 아이들이 선행을 많이 한다고 해서 선행에 너무 방점을 두지 마세요. 초등학생 때 가장 중요한 것은 현행 학습입니다. 지금 학습 내용도 이해하지 못하는데 선행해서 어떤 이득이 있겠어요? 학교 수업 시간에 선생님이 가르쳐 주는 내용을 완전히 이해하는 공부가 우선입니다. 지금 교육과정은 초·중·고가 모두 연계되어 있으므로 현행을 제대로 하지 못하면 선행은 모래밭에 물 붓기가 될 것입니다. 필요하다면 후행 학습을 해서라도 현행 학습을 따라갈 수 있는 수준을 만들도록 노력해야 합니다.

현행의 범위는 조금 넓게 잡는 것이 좋습니다. 학교 진도에 따라 3단원을 배울 즈음에 1, 2단원의 문제를 풀어도 쉽게 풀 수 있거나 방학이 되었을 때 지난 학기 전체 내용에 대해 대략적이라도 설명할 수 있으면 현행 학습을 잘하고 있다고 볼 수 있습니다. 이것이 충분히 된다면 약간씩 선행을 하는 것은 괜찮습니다.

3. 독毒이 되는 선행 vs 득得이 되는 선행

모든 선행 학습이 나쁜 것은 아닙니다. 독毒이 되는 선행 학습은 개념의 이해는 나 몰라라 하고 그저 암기에 의존하는 선행입니다. 예를 들어 곱셈과 나눗셈의 개념을 정확하게 이해하지 못한 채 유형만 외워서 답을 찾는 것은 바람직하지 않습니다. 이런 암기식 선행을 하면 빛의 속도로 잊어버립니다. 선행 학년의 교과 개념을 이해하려 하지 않고 문제 풀이에 몰두하는 것은 최악입니다.

반면 득得이 되는 선행 학습, 즉 아무리 많이 해도 나쁠 게 없는 선행 학습은 주로 독해력을 키우는 학습입니다. 깊이 있는 사고를 통하여 지문 너머의 것들까지 볼 수 있게 하는 독해력 선행 학습은 얼마든지 해도 좋습니다.

독해력 선행은 아이가 스스로 질문을 던져 보는 공부를 통해 할 수 있습니다. 자기가 만든 질문에 대한 답을 찾는 공부는 아주 깊이 있는 공부가 됩니다. 아이가 스스로 질문을 던질 수준이 안 된다면 엄마가 옆에서 대신 질문해 주면 됩니다. 예를 들어 '고구려의 성립과 발전'을 학습한다면 '성립'과 '발전'이라는 단어가 무엇을 의미하는지 질문할 수 있습니다. 나라를 세우고, 제도를 만들고, 율법을 정비하고……. 이런 것을 '성립'이라고 하고, 영토를 확장하고 새로운 문화를 받아들이는 것을 '발전'이라고 한다는 것을 쉽게 이해할 수 있습니다. 고구려 이외에도 백제나 신라의 성립과 발전을 이런 식으로 설명하거나 자신의 생활에서 성립과 발전을 적용할 수 있는 사례를 내놓는 것도 좋습니다. 이 정도까지 선행할 수 있다면 그 단원을 완전히 이해한 것입니다.

특히 국어의 어휘력을 익히는 선행은 많이 할수록 좋습니다. 국어 어휘는 다른 과목의 개념을 이해하는 데 필요한 기본 요소입니다. 어휘를 모르면 엉뚱한 곳에서 막힙니다. 언젠가 EBS 방송에 나온 내용인데요, 선생님이 "이 영화의 가제는 데칼코마니였어요"라고 설명했습니다. 그랬더니 '임시 제목'이라는 뜻의 가제假題라는 어휘를 모르는 아이들은 갑각류인 가재로 알아들었고 급기야 랍스터로 이해하는 아이들도 있었습니다. 국어 실력은 단기간에 만들어지지 않습니다. 감상을 위주로 하는 문학작품도 읽어야 하겠지만 정보를 제공하는 비문학도 많이 접해서 어휘가 문장 속에서 어떻게 활용되는지를 이해해야 합니다.

한국어에서 큰 비중을 차지하는 한자를 이해해서 단어의 의미를 파악하는 공부도 나쁘지는 않습니다만 그 어려운 한자를 공부하는 과정을 견디기가 힘들 것입니다. 한자는 글자마다 각각의 뜻을 지니는 뜻글자인 만큼 한자를 쓰지는 못하더라도 그 한자가 사용된 단어의 의미를 유추할 수 있도록 공부하면 좋겠습니다.*

---

* 더 자세한 내용은 148쪽, '엄마가 쉽게 할 수 있는 글쓰기와 독서 지도법을 알고 싶어요' 참조.

세 줄 요약

• 초등 시기에는 공부에 대한 즐거운 경험과 공부를 긍정적으로 생각하게 하는 것이 중요하다.

• 선행 학습보다 현행 학습이 우선이다.

• 어휘력을 익히는 국어 선행 학습은 많이 할수록 좋다.

10

힘들고 어려운 공부를 계속해야 하는
아이를 어떻게 도와야 할까요?

Q.

이제 겨우 아홉 살인 아이가 늦게까지 공부하는 모습을 보고 있으면 안쓰럽기만 합니다. 한창 뛰어놀아야 할 시기인데 학습지, 학원, 숙제까지 하는 모습을 지켜보자면 측은한 마음이 듭니다. 이렇게 어렵고 힘든 공부를 중·고등학교에 가서도 계속해야 할 텐데 엄마로서 어떻게 도와줘야 할까요?

[3학년 여자아이]

공부를 왜 해야 하는지 이유를 찾아보세요

인간의 모든 행동에는 이유가 있습니다. 밥을 먹는 이유는 몸의 에너지를 만들기 위해서이고, 운동하는 이유는 몸매를 가꾸거나 건강하게 살기 위해서입니다. 엄마가 이 책을 읽는 이유 또한 자녀를 어떻게 하면 좀 더 수월하게 공부시켜서 좋은 성과를 낼 수 있을까 알고 싶기 때문일 것입니다.

아이가 공부해야 하는 이유를 묻는다면 엄마는 뭐라고 대답할 건가요? 아마 대부분 '나중에 어른이 되었을 때 잘살기 위해서……' 정도밖엔 떠오르지 않을 거예요. 그렇다면 아이들은 공부하는 이유를 무엇이라고 생각할까요? 실제로 아이들의 대답은 대부분 "몰라요" 또는 "엄마가 시켜서요"였습니다.

공부하는 이유를 알고 하는 것과 모르고 하는 것은 전혀 다른 결과를 만듭니다. 만약 부산행 기차를 탔다고 가정해 보죠. 부산에 왜 가야 하는지 모른 채 기차를 탔다면 부산까지 가는 동안 아무 생각이 없을 것입니다. 그저 휴대전화나 만지작거리겠죠. 부산에 도착해서도 마찬가지입니다. 어디로 가야 할지, 무엇을 해야 할지 아무것도 생각할 수가 없습니다. 하지만 '1박 2일 식도락 여행'이라는 구체적인 이유와 목표를 갖고 기차를 탔다면 어떨까요? 기차 안에서 휴대전화로 맛집을 찾아보거나 숙소 가는 방법을 검색할 것입니다.

유튜브에서 다른 사람들의 부산 여행 브이로그를 보기도 하겠죠. 그렇게 부산에 도착하면 곧장 계획한 대로 즐거운 여행을 시작할 수가 있을 것입니다.

공부를 하는 가장 근본적인 이유는 사회의 구성원으로서 살아가기 위한 능력을 갖추기 위해서입니다. 공부하지 않으면 독해력, 인지 능력, 책임감, 인내심, 공감, 소통과 같은 세상살이에 필요한 여러 가지 능력을 키울 수가 없거든요. 이처럼 생존에 필요한 기본적인 무기를 갖추기 위해서 아이들은 초등학교 6년, 중학교 3년, 고등학교 3년 총 12년간 공부합니다. 이 기나긴 동안 아이들은 학교라는 공적 주체, 세금이라는 공적 재원, 교육과정이라는 공적 절차에 따라 운영되는 공교육 시스템 안에서 체계적이고 방대한 교육을 받게 됩니다.

초등학생과 중·고등학생의 공부 목표는 조금 다릅니다. 중·고등학생이 빌딩을 건설하는 과정이라면 초등학생은 그 빌딩의 기초공사를 하는 과정이라고 볼 수 있습니다. 기초공사를 어떻게 하느냐에 따라 100층짜리 초호화 빌딩을 올릴 수도 있고 단층집조차 못 지을 수도 있습니다. 초등학생의 기초공사란 구체적으로 무엇을 말하는 것일까요? 그것은 시험 성적과 같은 공부의 결과를 말하는 것이 아니라 공부를 대하는 긍정적인 마음가짐을 의미합니다. 좀 더 구체적으로 말하면 공부란 반드시 해야만 하는 것이라는 인식, 공부를 할 만하다고 생각하는 마음이라고 할 수 있습니다.

학교에서 아이들은 매일 모르는 것, 처음 보는 낯선 내용을 배웁니다. 모르는 것을 이해하고 자기 지식으로 만들기 위해서는 큰 노력이 필요하지요. 공부가 싫고, 어렵고, 짜증스럽고, 귀찮고 심지어 무섭기까지 한 아이들은 절대로 공부에 노력을 쏟아부을 수가 없어요. 반면 공부가 즐겁다고 느끼지는 않더라도 최소한 만만하고, 할 만하고, 당연히 해야 하는 것으로 생각하는 아이들은 새로운 지식을 습득하는 데 주저하지 않습니다. 그래서 초등학교에서 공부에 대한 긍정적인 마음을 갖게 하는 것은 중·고등학교 학습에 엄청난 영향을 미치게 됩니다.

인간은 누구나 어려운 것을 싫어하고 책임지는 것도 싫어합니다. 어려운 문제를 만났을 때 도전하느냐 도망가느냐의 결과는 시간이 지날수록 점점 더 큰 차이를 만들어 냅니다.

초등학생 때부터 자신이 모르는 것을 부끄러워하지 않고 어려운 공부를 두려워하지 않는 긍정적인 생각을 한다면 중·고등학생이 되어서는 공부에 날개를 달게 될 것입니다. 이것이야말로 최상위권이 될 수 있는 진짜 숨은 비밀입니다.

세 줄 요약

• 공부는 사회 구성원인 성인으로 살아가기 위한 능력을 갖추는 과정이다.

• 초등학교 공부의 목표는 공부에 대한 긍정적인 마음을 갖게 하는 것이다.

• 틀린 문제에 대해 적극적인 지지와 격려는 공부에 대한 긍정적인 마음을 심어 주고, 모르는 것을 알아 가는 학습 과정을 계속할 수 있게 도와준다.

11

요즘 공부는
왜 이렇게 어려울까요?

Q.

아이가 어릴 때는 공부를 자주 도와줬는데 4학년이 되니까 수학 같은 과목은 저도 잘 모르겠어요. 다른 과목들도 제가 배울 때보다 훨씬 어려워진 것 같아요. 아이들 머리가 과거보다 더 좋아진 것도 아닌 것 같은데 도대체 요즘엔 왜 이렇게 어려운 내용을 공부해야 하나요?

[4학년 남자아이]

4차 산업사회를 살아갈 인재를 기르는 교육과정입니다

1. 과정 중심 교육

아이가 초등 저학년일 때는 엄마가 아이 공부를 직접 가르칠 수 있습니다. 틀린 문제는 왜 틀렸는지 이유를 설명해 줄 수도 있지요. 그런데 학년이 올라갈수록 엄마가 직접 가르쳐 줄 수 있는 범위는 점점 줄어듭니다. 요즘 아이들이 배우는 교과목이 과거보다 많이 어려워졌기 때문일까요? 사실 요즘 배우는 내용이 좀 더 쉽습니다. 교육 당국은 과도한 사교육을 방지하기 위해 아이들이 어려워하는 부분을 예전처럼 깊게 가르치지 않습니다. 단원 평가에서도 어려운 문제를 출제하지 않아요. 그렇지만 대충 수업 듣고, 대충 교재 보고, 대충 암기해서 풀 수 있는 문제는 거의 나오지 않습니다. 현재 학교 교육은 결과보다는 결과를 도출해 내는 과정을 중시하기 때문입니다. 그래서 과정을 꼼꼼하게 밟아 나가는 공부를 해야 좋은 결과로 이어집니다.

2. 세상은 변했습니다

그런데 왜 요즘 아이들의 공부가 예전보다 훨씬 더 어렵다고 느낄까요? 그 이유는 기술이 점점 발전하고 사회가 고도화되면서 배울 내용이 바뀌었고 범위도 넓어졌기 때문입니다. 엄마가 학생이던 시절과 비교해 보면 지금 사회는 확실히 많이 변화하였죠. 특히 IT 기술의 발전은 우리 생활을 급격하게 바꿔 놓았어요. 과거와 현재의 사회상을 한번 비교해 보세요. 있던 것이 없어지기도 하고 없던 것이 새로 생기기도 했습니다.

과거	생활	현재
버스 회수권, 토큰	대중교통	T-Money, 교통카드
유선전화, 삐삐, 시티폰	통신	휴대전화
현금, 상품권	상품 구입	신용카드, 앱 카드
손 글씨	숙제	컴퓨터 사용
지필 시험	학업 평가	지필 시험, 수행평가, 모둠 활동 등

기술 발전에 따른 생활의 변화

4차 산업사회는 혁명이라고 부를 정도로 사회, 문화, 경제 전반에 걸쳐 과거와는 엄청나게 다른 양상을 보입니다. 그래서 학교에서는 우리 아이들이 복잡한 문제들로 가득한 고도화된 사회에서 성인으로 살아가는 데 도움이 될 새로운 내용과 방법을 가르치고 있습니다. 그러니 요즘 공부는 어려워졌다기보다는 새로워졌다고 하는 편

평생 공부의 기초, 초등 공부력

이 더 맞을 것입니다.

엄마가 배웠던 공부와 아이의 공부는 얼마나 달라졌을까요? 사실 초등 교과의 난이도는 과거나 지금이나 그리 큰 차이는 없습니다. 초등학생은 아직 어려운 공부를 할 수 있는 발달단계가 아니기 때문입니다. 다만 공부의 방향은 크게 변화하였습니다. 이제 더 이상 암기력에 의존하는 공부는 통하지 않고 융합적 사고력을 발휘해야만 하는 쪽으로 성취 기준이 변화하였습니다.

2022 개정 초등학교 교육과정 5~6학년을 살펴보면 대표적인 암기 과목인 『사회』에서 '우리나라 국토 여행'의 성취 기준 적용 시 고려 사항에 다음과 같은 항목이 있습니다.

한반도 전체의 지형적 윤곽과 특징을 파악하면서 우리나라 국토의 특징을 이해하는 데 중점을 두며, 개별 산맥과 하천의 이름을 암기하는 등의 지필 평가는 지양한다.

오직 하나뿐인 답을 찾기 위해 열심히 계산하는 공부를 해야 할 것 같은 『수학』 역시 마찬가지입니다. '수와 연산'의 성취 기준 적용 시 고려 사항에는 다음과 같은 내용이 포함되어 있습니다.

소수의 곱셈과 나눗셈에서 복잡한 계산은 계산기를 사용하게 할 수 있다.

'수와 연산' 영역에서 자신의 문제해결 과정을 논리적으로 설명하고 다른 친구의 문제해결 과정과 비교함으로써 비판적으로 사고하는 태도를 기르게 한다.

3. 고등학교 교과목의 변화

고등학교의 교과 내용을 살펴보면 지금 우리가 살아가는 사회의 변화에 발맞춰 학습 내용과 목표가 얼마나 변화하였는지 알 수 있습니다. 고등 교육과정이 초등·중등 과정의 심화임을 감안할 때 초등학생인 자녀가 앞으로 어떤 내용을 배우게 될지를 가늠해 보는 것도 좋겠습니다. 대표적으로 『수학』, 『역사』, 『지구과학』의 변화를 살펴보겠습니다.

수학

과거에 비해 지금의 『수학』은 내용 면에서 훨씬 세분되었고 선택의 폭도 넓어졌습니다. 문과형 학과 지원자는 굳이 미분과 적분을 의무적으로 공부하지 않아도 됩니다. 다만 『확률과 통계』, 『미적분』 등을 포기하는 순간, 연봉이 높은 직업을 가질 가능성도 그만큼 줄어들 것입니다. 사회가 변화되면서 인사나 총무, 재무 회계와 같은 전통적인 문과형 업무에도 코딩을 활용한 빅데이터 분석 등을 할 수 있어야 유리하기 때문이죠. 특히 고교학점제가 시행되면 진로와 관련하여 선택과목을 잘 골라야 합니다. 예를 들어 취업이 보장되는 계약학과는 대부분 반도체나 이차전지 같은 첨단산업과 관련된 전공입니다. 이런 학과에 진학하려면 진로선택 과목 가운데 『인공

1996년 교과서 목차	2022년 교과서 목차
『공통수학』 집합과 명제, 실수와 복소수, 다항식과 연산, 방정식과 부등식, 도형의 방정식, 함수, 지수와 로그, 지수함수와 로그함수, 삼각함수 〈인문계〉 행렬, 수열, 수열의 극한, 함수의 극한과 연속, 다항함수의 미분법, 다항함수의 적분법, 순열과 조합, 확률, 통계 〈자연계〉 방정식과 부등식, 극형식과 복소평면, 일차변환과 행렬, 미분법, 적분법, 이차곡선, 공간도형과 공간좌표, 벡터	『공통수학』 다항식, 방정식과 부등식, 도형의 방정식, 집합과 명제, 함수, 경우의 수 〈일반 선택〉 『수학 1』지수함수와 로그함수, 삼각함수, 수열 『수학 2』함수의 극한과 연속, 미분, 적분 『미적분』수열의 극한, 미분법, 적분법 『확률과 통계』경우의 수, 확률, 통계 〈진로 선택〉 『기하』이차곡선, 평면벡터, 공간도형과 공간좌표 『실용수학』규칙, 공간, 자료 『경제수학』수와 생활경제, 수열과 금융, 함수와 경제, 미분과 경제, 『수학과제 탐구』과제탐구의 이해, 과제탐구 실행 및 평가, 『기본수학』경우의 수, 문자와 식, 집합과 함수, 도형의 이동, 『인공지능 수학』인공지능과 수학, 자료의 표현, 분류와 예측, 최적화

『수학』교과서 내용 변화

지능 수학』을 수강하면 도움이 될 것입니다.

역사

엄마는 학창 시절에 서유럽과 중국의 역사를 중심으로 세계사를 배웠습니다. 당시에는 유럽과 미국이 경제적으로 세계를 지배하고 있었고 중국의 잠재력이 꿈틀거리던 시기였기 때문입니다. 하지만 지금은 좀 다릅니다. 서유럽에 대한 내용은 축소된 반면 아시아, 특히 인도와 서아시아에 대한 내용이 많이 추가되었습니다. 그만큼 인도와 이슬람권이 현대사회에서 중요해졌다는 의미인데요, 만약 앞으로 아프리카가 급부상한다면 교과 내용에서도 아프리카 역사를 더 많이 다루게 될 것입니다. 결국 현재가 가장 중요합니다. 현재 상황을 반영하여 영향을 많이 끼치는 순서대로 교과목의 분량이 조정되며, 역사적인 평가 역시 현재를 기준으로 해서 반영됩니다.

한국사도 마찬가지인데요, 1996년과 지금의 고등학교 『한국사』 교과서 목차를 비교해 보면 확연하게 차이가 나는 부분이 근현대사입니다. 지금은 근현대사의 비중이 엄청나게 늘어났음을 볼 수 있는데, 지금 북핵 문제나 경제 전쟁 등을 고려할 때 미국, 일본, 중국

1996년 교과서 목차	2022년 교과서 목차
〈상권〉 1. 한국사의 바른 이해 2. 선사 문화와 국가의 형성 3. 고대 사회의 발전 4. 중세 사회의 발전 5. 근세 사회의 발달 〈하권〉 1. 근대 사회의 태동 2. 근대 사회의 전개 3. 민족의 독립 운동 4. 현대사회의 발전	〈고 1〉 1. 전근대 한국사의 이해 2. 근대 국민 국가 수립 운동 3. 일제 식민지 지배와 민족 운동의 전개 4. 대한민국의 발전

『역사』 교과서 내용 변화

과의 관계를 재정립하는 데 있어 그만큼 근현대사가 중요해졌다고 하겠습니다.

지구과학

예전에는 인간의 기술력으로 관측할 수 있거나 우주선을 보낼 수 있는 영역은 겨우 태양계 정도였어요. 하지만 지금은 제임스 웹 James Webb 이라는 우주망원경이 우주의 기원을 탐색할 정도로 우주 과학이 발전하였습니다. 제임스 웹은 빅뱅이 일어난 지 3억 년밖에 지나지 않은 135억 년 전의 초기 우주의 모습을 관측하는 데 성공하였지요. 그래서 『지구과학』 교과 내용에는 '우주의 생성' 등 우주와 관련한 내용이 대폭 늘었습니다. 지금은 우리가 지구별에서 자원을 조달하여 살고 있기 때문에 지구의 구조나 기후 등이 주요 내용이지만, 앞으로 우주에서 먹거리를 찾아야 하는 상황이 오면 『지구과학』이 폐기되고 『우주과학』이라는 과목이 신설될 수도 있습니다.

4. 평생 공부의 바탕이 되는 학습 인프라

이제는 고등학교, 대학교 졸업만으로 공부가 끝나는 세상이 아닙니다. 고등학교에서는 공부해야 할 과목이 어느 정도 정해져 있지만, 대학교는 정규 커리큘럼 이외에도 어학, 자격증 등 세부적으로 공부해야 하는 것이 더 많아졌습니다. 대학교를 졸업한 후에는 대학원으로 진학하는 학생들도 많이 늘었습니다.

직업을 가진 후에도 여전히 공부를 계속해야 합니다. 어떤 부서에 배치받느냐에 따라 별도의 업무 교육도 받아야 하고, 새로운 환경이 되면 모르는 것을 또 공부해야 합니다. 방송의 경우 과거에는 카메라만 몇 대 있으면 예능 프로그램을 촬영할 수 있었지만, 요즘은 드론drone도 다룰 수 있어야 합니다. 이처럼 우리 아이들은 살아가는 동안 계속 공부를 해야만 합니다. 그래서 배움을 시작하는 초등학생에게는 평생 공부의 바탕이 될 학습 인프라를 잘 만드는 것이 엄청나게 중요합니다. 어쩌면 인생의 성공 여부는 초등학생 때 학습 인프라를 얼마나 잘 구축했느냐에 따라 달라질 수도 있습니다.

얼마 전 한 일간지의 기사에 따르면 미국 기업들은 구직자의 학위증보다는 해당 직무 기술을 얼마나 많이 보유했는지를 더 중요하게 본다고 워싱턴포스트가 보도했다고 합니다.[*]

이 기사를 보고 '아, 이제 학위가 별로 필요 없구나. 공부 대신에 기술을 익히는 것이 훨씬 낫겠어'라고 해석하면 안 됩니다. 기업이 원하는 기술을 익힐 수 있는 아이는 학교 공부도 얼마든지 할 수 있습니다. 애초에 학교 공부를 잘할 수 없는 아이는 이런 기술도 익히기 어렵습니다. 그래서 학교 공부를 더 중요하게 생각해야 합니다.

요즘엔 많은 기업이 계약학과를 만들고 있습니다. 계약학과는 주로 이공계에서 많이 참여하고 대부분 취업이 결정된 상태에서 공부하는 학과라 인기가 많습니다. 이런 계약학과에 입학하기 위해서는

---

[*] "美 채용 기준, 학위보다 기술 따진다. 대학 졸업장 없어도 지원 가능" 조선일보, 2022. 7. 14.

해당 기업이 요구하는 기술을 갖는 것보다는 전공 관련 교과의 성적이 높아야 합니다.

세 줄 요약

- 결과보다는 결과를 도출해 내는 과정이 중요하다.
- 단순 암기보다는 내용을 이해하고 자신의 관점에서 재구성할 수 있는 능력이 중요하다.
- 평생 공부의 바탕이 되는 학습 인프라는 학교 공부로 만들 수 있다.

(2023년 현재)

계약학과란 기업체와 대학교가 계약을 체결하여 운영하는 학과로서 기업이 원하는 인재를 육성하기 위해 특화된 커리큘럼에 따라 공부한다는 특징이 있습니다. 계약학과는 크게 채용조건형, 군 복무형, 조기취업형으로 나눌 수 있습니다.

1. 채용조건형

채용조건형 계약학과의 교육과정은 특정 기업의 요구에 맞춰 운영되는데 주로 반도체 등의 IT 관련 기업들이 많이 참여하고 있습니다. 기업은 등록금과 장학금을 지원하고 학생은 졸업 또는 학위 취득 후에 해당 기업에 입사하여 일정 기간 의무적으로 일을 해야 합니다. 의무 기간이 있다고 해서 안 좋게 볼 이유는 없습니다. 오히려 그 기간은 고용을 보장한다는 의미도 되니까요.

대학교	학과	기업체	비고
경북대학교	모바일공학 전공	삼성전자	
고려대학교	반도체공학과	SK하이닉스	
	차세대통신학과	삼성전자	
	스마트모빌리티학부	현대자동차	학·석사 과정
서강대학교	시스템반도체공학과	SK하이닉스	
성균관대학교	반도체시스템공학과	삼성전자	
	지능형소프트웨어학과	삼성전자	학·석사 과정 2024년부터
연세대학교	시스템반도체공학과	삼성전자	
	디스플레이융합공학과	LG디스플레이	
포항공과대학교	반도체공학과	삼성전자	
한양대학교	반도체공학과	SK하이닉스	
카이스트(KAIST)	반도체시스템공학과	삼성전자	

삼성SDI는 서울대, 한양대, 포항공대, 카이스트 학생 가운데 장학생을 선발하여 특정 과정을 이수하도록 하고 있습니다.

2. 군 복무형

군 복무형은 군의 기술 장교를 육성하기 위해 개설한 학과입니다. 등록금 전액이 지원되며 졸업 후에는 해당 군에서 일정 기간 의무적으로 군 복무를 해야 합니다. 의무 복무 기간 종료 후에는 계속 군 복무를 선택하거나 방위산업체, 국가 연구소 등에서 근무할 수도 있습니다.

대학교	학과	군	의무 복무 기간
고려대학교	사이버국방학과	국방부	7년
세종대학교	국방시스템공학과	해군	7년
	항공시스템공학과	공군	7~13년
아주대학교	국방디지털융합학과	공군	7년
영남대학교	항공운송학과	공군	13년
충남대학교	국토안보학과	육군	7년
	해양안보학과	해군	7년
한양대학교(ERIKA)	국방정보공학과	해군	7년

3. 조기취업형

조기취업형은 교육부에서 4차 산업사회에 필요한 다양한 인재를 길러 내기 위해 만든 계약학과입니다. 이 학과들은 3년 과정으로 학사 학위를 취득할 수 있습니다. 특히 2~3학년 때는 기업에서 근무하며 일과 학업을 병행할 수 있어 학업에 대한 부담이 적다는 장점이 있습니다. 다만 이 기간은 등록금의 50% 가량을 학생이 부담해야 합니다. 더 자세한 내용은 한국산업기술진흥원에서 운영하는 '조기취업형 계약학과' 홈페이지를 참고하기 바랍니다.

지역	대학교	학과
경기도 성남시	가천대학교	첨단의료기기학과 게임·영상학과 반도체·디스플레이학과 미래자동차학과
경기도 시흥시	한국공학대학교	지능형ICT융합공학 제품시스템디자인공학 소재시스템공학
경기도 안산시	한양대학교(ERIKA)	소재·부품융합 로봇융합 스마트ICT융합 건축IT융합 지속가능건축융합
충남 아산시	순천향대학교	스마트팩토리공학과 스마트모빌리티공학과 융합바이오 화학공학과
전남 목포시	국립목포대학교	첨단운송기계시스템학과 스마트에너지시스템학과 소프트웨어학과 스마트비즈니스학과
전남 여수시	전남대학교	기계IT융합공학과 스마트융합공정공학과 스마트전기제어공학과
경북 경산시	경일대학교	스마트팩토리융합학과 스마트전력인프라학과 스마트푸드테크학과 스마트경영공학과
부산광역시	동의대학교	스마트호스피탈리티학과 미래형자동차학과 소프트웨어융합학과

평생 공부의 기초, 초등 공부력

12

메타인지와 공부의 상관관계를
알고 싶어요

Q.

요즘에 메타인지라는 말을 많이 듣습니다. 유명 연예인이 나와서 메타인지로 공부하는 상품 광고를 볼 수 있는데요, 메타인지가 무엇인지 좀 더 자세히 알고 싶어요. 메타인지가 공부와 어떤 관계가 있는지, 어떻게 공부에 적용할 수 있는지요.

[2학년 여자아이]

자기를 객관화하는 메타인지로
공부의 힘을 키울 수 있습니다

창수와 은경이는 학원에서 모의시험을 보고 집으로 돌아왔습니다. 엄마는 아이들이 시험을 잘 쳤는지 궁금해서 이번 시험의 예상 점수를 물어보았습니다. 창수는 그냥 80점 정도 나올 것 같다고 했고, 은경이는 어떤 문제가 출제되었는지 구체적으로 말하면서 80점 정도 받을 것 같다고 했습니다. 며칠 지나 시험 성적이 발표되었는데, 창수는 95점, 은경이는 78점을 받았습니다. 이런 상황을 보았을 때 앞으로 누가 더 좋은 성적을 받을 수 있을까요?

은경이가 창수보다 공부를 잘하게 될 가능성이 더 큽니다. 두 사람은 자기 자신을 객관적으로 파악하는 메타인지에서 큰 차이를 보이고 있습니다. 은경이는 시험에서 자신이 아는 것과 모르는 것을 잘 구분할 수 있었기 때문에 몇 점을 받을지 정확하게 알고 있었어요. 하지만 창수는 자신이 무엇을 알고 무엇을 모르는지 정확하게 구분하지 못했습니다. 어떤 부분은 사실 잘 모르지만 안다고 착각했을 수도 있습니다. 그래서 자신이 예측한 점수와 실제 점수 차이가 크게 벌어진 것이죠. 당장은 자기 생각보다 15점이나 높은 점수가 나왔으니 좋겠지만 다음 시험에서는 그만큼 더 낮은 점수를 받을 수도 있습니다.

1. 메타인지란 무엇인가요?

메타인지Metacognition, meta認知의 사전적 의미는 '자신의 인지 과정에 대해 객관적으로 관찰하고 통제하는 힘'을 말합니다. 이 정의에서 가장 중요한 단어는 '객관적'입니다. 대부분의 아이는 자신을 객관적으로 파악하지 못합니다. 자신의 장단점이 무엇인지, 어떤 과목을 왜 어려워하는지 등을 구체적으로 관찰할 생각도 하지 않죠. 하지만 '객관적인 자기관찰'이라는 메타인지가 선행되지 않으면 효율적인 공부를 할 수가 없습니다. 자신의 성격, 능력, 환경, 성향, 습관, 생활 방식 등등을 객관적으로 파악해야 그것을 바탕으로 자신에게 최적화된 학습 전략을 구상할 수 있기 때문입니다.

초등학생이 의대생처럼 밤새워 공부하는 것은 거의 불가능합니다. 중위권이 최상위권처럼 공부하려면 의자에 앉아 있기도 힘듭니다. 심야형인 아이가 새벽형 아이처럼 공부하려면 고통스럽습니다. 모두 자기에게 맞는 방법을 찾아야 합니다. 100명의 학생에게는 100가지 공부법이 필요합니다. 누군가 성공했다고 자랑하는 특정한 방법을 그대로 따라 해서는 성과를 내지 못하고 시간만 낭비하게 됩니다. 학습 코칭에서 많이 언급하는 시간 관리나 오답 분석 등도 각자에게 맞는 방법으로 수행하지 않으면 별 효과가 없습니다.

만약 엄마가 아이의 목표 성적과 공부 시간을 일방적으로 정하여 스파르타식으로 밀어붙인다면 성과가 나올까요? 소수이긴 하겠지만 이렇게 해야 성과가 나오는 아이들도 있습니다. 대표적으로는 성악가 조수미와 피겨스케이팅 김연아 선수인데요, 특히 김연아 선수는 훈련하다 실수를 하면 엄마가 실내 스케이트장을 100바퀴나 달리게 했다고 해요. 김연아 선수는 이런 강훈련을 악착같이 견뎌 냈고 결국엔 세계적인 선수로 성장하였습니다. 만약 김연아 선수에게 "실수해도 괜찮아. 다 잘 될 거야. 엄마는 너를 믿어"처럼 위로의 방법을 사용했다면 절대 성공하지 못했을 것입니다. 이런 스파르타 방식일지라도 아이에게 맞다면 적극적으로 사용해야 합니다.

한 중 3 아이를 컨설팅한 적이 있는데, 지역에서 어렵기로 소문 난 자사고에 진학하겠다고 고집을 부렸습니다. 아이는 그 자사고가 명문 대학 진학률이 높고 면학 분위기도 좋은 만큼 자기도 그 학교에서 열심히 공부하여 대입에 성공하겠다는 각오를 피력했죠. 저는 그 말을 믿지 않았습니다. 객관적으로 그 아이는 인내력도 약하고 주변을 많이 의식하는 성격이어서 공부가 어려운 학교에서는 버티기가 힘들 것으로 분석했죠. 그런데 아이의 엄마는 제 조언을 듣지 않았습니다. 하긴 아이가 열심히 공부하겠다면서 의지를 불태우는데 외면할 부모가 어디 있겠어요? 결국 아이는 자사고로 진학했지만 첫 중간고사를 치고 나서부터 전학을 심각하게 고민했습니다. 대입이라는 마지막 관문을 눈앞에 두고 미친 듯이 공부시키는 학교와 그 어려운 과정을 어떻게든 헤쳐 나가려는 친구들의 모습을 지켜보면서 아이의 열정은 금세 식어 버린 것입니다. 이것은 아이의 성격과 능력, 성향 등에 대한 메타인지를 제대로 하지 않았기 때문에 벌어진 큰 실수입니다.

2. 메타인지는 왜 중요한가요?

메타인지는 최근에 나온 얘기가 아니라 아주 오래전부터 동서양의 유명한 철학자들이 다 한마디씩 언급했던 말입니다. 공자는 "아는 것을 안다고 하고 모르는 것을 모른다고 하는 것이 아는 것이다 知之爲知之 不知爲不知 是知也, 지지위지지 부지위부지 시지야"라고 했고, 소크라테스는 "아는 것이 힘이다"라고 말했습니다. 이 말들은 모두 자신에 대한 객관적인 판단인 메타인지의 중요성을 강조하는 말입니다. 그런데 2천 년도 더 이전인 그 먼 옛날부터 왜 메타인지를 중요하게 생각했을까요? 그 이유는 메타인지가 공부뿐만 아니라 인생을 살아가는 데 필수적인 능력이기 때문입니다. 자기에 대한 객관적인 판단이 되지 않으면 어떤 일을 하더라도 효율이 떨어지기 마련입니다.

서양에는 "지혜는 뱃머리에서 나온다"라는 말이 있습니다. 망망대해를 항해하는 선원들 앞에는 시시각각 다가오는 죽음의 늪이 도사리고 있지요. 이런 위험을 피해 나가려면 항상 뱃머리에서 날씨와 바다의 풍랑 등 전후좌우 상황을 잘 살펴보아야 합니다. 그리고 자신의 바람과는 상관없이 상황을 객관적으로 파악하여 그 상황에 맞는 항해법을 택하고 실천해야 합니다. 배가 항해해야 하는 항로에 해적이 나타난다면 해적의 규모와 전투력을 객관적으로 헤아려본 다음 맞서 싸울 것인지 도망갈 것인지를 결정해야 목숨을 유지할 수 있는 것처럼 말이죠.

공부도 마찬가지입니다. 자신에 대한 객관적인 파악, 즉 메타인지가 선행되어야 자신에게 딱 맞는 학습 전략을 짤 수 있습니다. 자기가 뭘 좋아하고 뭘 싫어하는지, 어떨 때 행복을 느끼고 어떨 때 불편함을 느끼는지와 같은 객관적인 자기 탐구를 해 보지 않은 아이는 자신에게 맞는 효율적인 공부 방법을 구상할 수 없습니다.

메타인지로 효율적인 공부 방법을 이끌 수 있는 이유는 꾸준히 객관적으로 자신을 파악하다 보면 어떤 이유 때문에 어떤 결과를 낳게 되는지 인과관계를 확인할 수 있기 때문입니다. 그래서 원하는 결과를 만들려면 어떻게 해야 한다는 자신만의 방법을 만들 수 있게 되지요. 예를 들어 다이어트에 성공하는 방법을 생각해 봅시다. 대개 헬스장에서 열심히 운동하거나 식단을 조절하는 방법을 떠올릴 겁니다. 하지만 두루뭉술한 계획으로는 절대 성공할 수 없습니다. 먼저 자신을 객관적으로 파악해야 합니다. 인생 프로필 사진을 찍을 정도로 힘든 운동을 견딜 수 있는 인내심이 있는지를 확인해야 하고, 식사량을 얼마나 줄일 수 있는지도 파악해야 합니다. 몇 시에 헬스클럽에 가는 것이 가장 덜 부담스러운지, 헬스 트레이너의 도움이 필요한지 아닌지도 생각해 봐야 합니다. 이런 메타인지 결과를 바탕으로 운동 시간과 운동 종류를 결정합니다. 또 섭취하는 칼로리를 줄이기 위해서 음식의 종류를 바꿀 것인지 아니면 간헐적 단식을 할 것인지도 결정해야겠죠. 뭐 이렇게 깐깐하게 해야 하나 싶겠지만 그렇게 하지 않으면 절대 성공할 수 없습니다. 계속 다이어트를 시도만 하겠지요. 이처럼 메타인지를 통해 아이의 상황에 대해 객관적으로 파악하여야 자기주도학습을 위한 효율적인 방법을 구상할 수 있습니다.

3. 메타인지를 어떻게 키우나?

공부 부담이 덜한 초등학생 때부터 아이가 자신을 객관적으로 바라보도록 유도해 보세요. 중학생 정도만 되어도 왜 이렇게 무기력한지, 왜 이렇게 집중력이 없는지 등 자기의 약점을 객관적으로 들여다보는 것을 부끄럽고 고통스럽게 느낄 것입니다. 공부법을 얘기할 때 많은 전문가가 오답 분석을 매우 중요하게 언급합니다. 오답을 분석하려면 일단 자기가 무엇을 모르는지, 왜 틀렸는지를 파악해야 합니다. 그런데 자신이 모르는 것에 대해 지적을 받는 상황을 부끄럽게 느끼는 아이는 자신이 모르는 것을 인정하려 하지 않고 자꾸 밀어내려 합니다. 쉬운 문제만 풀려고 하지요. 이런 상태에서는 자신을 객관적으로 파악하기는커녕 아는 것만 공부하고 모르는 것은 아예 쳐다보려 하지도 않습니다.

111쪽에 있는 '자기주도학습 활동지'는 아이와 환경에 대해 객관적으로 생각해 보고 자신만의 자기주도학습 방법을 만들어 갈 수 있는 기본적인 항목으로 구성되어 있습니다. 아이에게 이 활동지를 최소한 학기마다 한 번씩은 작성하게 하세요. 더 자주 해도 좋고 필요한 내용을 추가해도 좋습니다. 누적된 기록을 통해 아이는 자신을 객관적으로 살펴보게 될 것입니다.

또 한 가지 추천하는 방법은 자기소개입니다. 학년이 바뀌면 거의 모든 선생님이 자신과 가족에 대해 발표하는 숙제를 내줍니다. 엄마들은 귀찮을 수도 있겠지만 사실 이것은 메타인지를 할 수 있는 좋은 기회입니다. 이런 객관적인 자기 점검 결과가 쌓이면 아이만의 효율적인 자기주도학습 전략을 세울 수 있습니다.

세 줄 요약

• 메타인지란 자신과 자신을 둘러싸고 있는 환경 등을 객관적으로 관찰하고 통제하는 힘이다.

• 자신에 대한 객관적인 판단이 되지 않으면 공부뿐만 아니라 무슨 일을 하더라도 효율적인 방법을 찾을 수 없다.

• '자기주도학습 활동지'를 통해 객관적인 자기 점검 결과를 모아 자신에 맞는 공부 방법을 찾는 것이 중요하다.

13

어려운 수학 문제를 안 풀고
넘어가는 아이를 어떻게 도와줘야 할까요?

Q.

아이가 수학에 흥미가 없는 것 같아요. 수학을 공부할 때는 다른 과목보다 더 산만하고 문제집을 풀다가 조금만 어려운 문제가 나오면 별표를 치고 풀지 않습니다. 어떻게 해야 할까요?

[3학년 여자아이]

쉬운 문제부터 풀이 과정을 꼼꼼하게,
수학 자신감을 키워 주세요

1. 수학이 어려운 이유

수학은 대표적인 추상 학문입니다. 수학은 오로지 숫자와 기호만 가지고 논리에 의존해야 하는 과목이기 때문에 어렵습니다. 수학은 크게 연산과 도형으로 나누어 배우는데 일반적으로 초등학교 3학년 때 처음으로 수학의 벽에 부딪히게 됩니다.

3학년 1학기에는 사칙연산과 선분, 삼각형, 사각형 등 평면도형을 배웁니다. 그 가운데서 아이들이 가장 어려워하는 것은 시간 계산입니다. 그동안 덧셈과 뺄셈을 10단위로 계산한다고 배웠는데 시간을 갑자기 60을 단위로 계산해야 하니 아이들은 이 새로운 틀을 이해하기가 무척 힘듭니다.

2학기가 되면 좀 더 어려운 사칙연산세 자릿수의 곱셈과 나눗셈, 원, 들이와 무게, 자료의 정리를 배우다가 분수에서 또 막힙니다. 분모와 분자의 개념도 이해가 잘 안 되는데 진분수니 대분수니 하는 다양한 분수의 종류도 알아야 합니다. 그래서 빠르면 초등 3학년부터 수포자수학을 포기하는 사람가 생기기 시작합니다.

5학년 1학기가 되어 분모가 다른 분수의 덧셈과 뺄셈을 배우게 되면 수학의 벽은 그야말로 '통곡의 벽'으로 바뀝니다. 분수의 덧셈과 뺄셈은 자연수의 그것과는 완전히 다릅니다. 분명히 $2+3=5$라고 알고 있는데 $\frac{1}{2}+\frac{1}{3}$ 은 왜 $\frac{2}{5}$ 가 아니라 $\frac{5}{6}$ 가 되는지 도무지 이해할 수가 없습니다. 분모가 다른 분수의 계산을 배우기 위해 먼저 최대공약수, 약분과 통분을 배우는데 이런 개념들을 정확하게 이해하지 못하면 그 뒤로는 전혀 손을 댈 수 없습니다.

2. 수학을 제대로 공부하는 방법

수학은 자칫 문제 풀이와 정답 찾기가 전부라고 생각할 수도 있지만, 수학은 수를 통해 논리적인 사고를 해야 하는 수 논리 과목입니다. 그래서 문제를 풀이하는 과정에서 깊은 고민과 생각을 해야 합니다. 개념을 정확하게 이해해야 하고 연산 과정에서 실수를 하면 안 됩니다.

아이러니하게도 초등학생 때 수포자가 되는 아이들은 대체로 머리가 좋은 아이입니다. 그래서 어릴 때부터 문제를 보면 하나하나 뜯어보지 않고 전체를 그냥 통으로 봅니다. 어지간한 것은 머릿속으로 암산을 해 버려요. 저학년 때는 이런 공부 방식이 유용하게 작용할 수 있지만 내용이 더 어려워지고 복잡한 부분이 나오면 딱 막힙니다. 머리가 나빠서가 아니라 공부 방법이 잘못되어서 수포자가 되는 안타까운 상황이 벌어지는 겁니다.

이런 상황을 방지하려면 처음부터 풀이 과정을 꼼꼼하게 쓰면서 공부하도록 지도해야 합니다. 머릿속에서 통으로 계산하지 않고 풀이 과정을 빠짐없이 쓰도록 말이지요. 암산으로 누락시킨 부분 없이 이렇게 풀이 과정을 자세히 쓰도록 해야 합니다.

$$\frac{1}{2} + \frac{1}{3} = \frac{1}{2} \times 1 + \frac{1}{2} \times 1$$
$$= \frac{1}{2} \times \frac{3}{3} + \frac{1}{3} \times \frac{2}{2}$$
$$= \frac{3}{6} + \frac{2}{6}$$
$$= \frac{5}{6}$$

엄마가 보기엔 이 쉬운 문제를 이렇게까지 꼼꼼하게 풀이할 필요가 있느냐고 생각할 수 있지만, 처음부터 이렇게 논리적인 과정을 차례대로 밟아 나가지 않으면 앞으로 점점 더 어려워지는 수학 과목을 감당하기 힘들 것입니다. 쉬운 것을 공부할 때부터 풀이 과정을 순차적으로 풀어내는 습관을 들이면 나중엔 어려운 문제가 나와도 속도가 붙어서 시간이 부족하지 않고 실수도 하지 않습니다.

도형은 그야말로 개념이 전부이므로 도형마다 의미를 파악해야 합니다. 예를 들어, 사각형은 '네 개의 선분으로 둘러싸인 도형'이라는 개념을 문자로만 외우지 말고 직사각형, 정사각형, 마름모, 평면사변형, 사다리꼴 등 다양한 사각형의 그림을 그려 보면서 정의와 성질, 조건을 함께 이해하면 그리 어렵지 않게 공부할 수 있습니다.

종류	정의	모양
직사각형	네 개의 각이 모두 직각인 사각형	
정사각형	네 변의 길이가 모두 같고, 네 각이 모두 직각인 사각형	
마름모	네 변의 길이가 모두 같은 사각형	
평행사변형	서로 마주하는 두 쌍의 변이 각각 평행인 사각형	
사다리꼴	한 쌍의 평행한 변으로 이루어진 사각형	

사각형의 종류, 정의와 모양

3. 수학의 오답 분석

도형도 마찬가지이지만 특히 연산은 오답을 내지 않을 때까지 훈련해야 합니다. 수학은 수 논리를 다루는 과목이기 때문에 논리적인 연산을 하면 틀린 답이 나올 수가 없어요. 오답이 나온다는 것은 논리적인 연산 과정에서 어떤 오류가 발생한 것입니다.

오답 분석을 하는 이유는 이러한 오류가 왜 생겼는지 찾아내기 위해서입니다. 오답 분석은 어떤 유형의 문제를 많이 틀리는지, 어떤 식의 문장을 잘못 읽는지, 왜 자꾸 실수를 연발하는지 등을 발견하고 오류를 보완하기 위한 것입니다.

아이는 오답 분석을 통해 틀린 원인을 제대로 찾으면 이후로는 이런 문제를 틀리지 않을 것이라 착각합니다. 오답 분석을 했으니 공부를 마쳤다고 생각하기 쉽죠. 하지만 다음 단계가 남아 있다는 것을 반드시 일깨워야 합니다. 추가적인 학습이 이어지지 않으면 오답 분석은 아직 완전히 끝난 것이 아닙니다. 비슷한 유형의 문제 풀이를 통해 오답의 원인을 완전히 제거해야 합니다. 앞의 문제의 경우라면 사칙연산이 혼재된 다양한 문제를 풀어 보면서 하나도 틀리지 않아야 합니다.

오답 분석을 도와주는 오답 노트를 사용하는 것도 좋습니다만 사실 오답을 정리하는 방식은 개인의 성향에 따라 얼마든지 다를 수 있습니다. 시중의 오답 노트는 정형화된 패턴이 인쇄되어 있어 어떤 면에서는 다양한 분석을 방해하는 요인이 될 수도 있습니다. 오답 분석은 자유로운 형식으로 논리적 사고의 오류를 찾아내는 데 집중하면 됩니다.

세 줄 요약

- 『수학』은 기술이 아니라 고민이 필요한 논리 과목이다.
- 풀이 과정을 자세히 쓰는 연습으로 과정을 건너뛰지 않게 하자.
- 오답 분석은 논리의 오류를 찾아내기 위함이다.

14

영어 공부를 잘하려면
어떻게 해야 할까요?

Q.

아이가 공부하는 걸 별로 좋아하지 않아요, 그런데 특히 영어 공부를 싫어해요. 영어는 학원에 가는 것도 싫어하고 따로 공부하지도 않습니다. 집에서 조금씩이라도 공부하게 하려면 어떻게 해야 할까요?

[4학년 여자아이]

아이가 좋아하는 콘텐츠를 활용하세요

1. 왜 영어 공부를 싫어할까요?

아이들은 영어 공부를 왜 싫어할까요? 영어는 수학이나 과학처럼 무슨 어려운 개념이 담겨 있는 것도 아닌데 말입니다.

첫 번째 이유는 영어가 낯선 언어이기 때문입니다. 언어는 문화를 담고 있는데 영어에도 그 언어권의 문화와 관습이 많이 배어 있습니다. 예를 들어 우리나라에서 소는 가축입니다. 소를 의미하는 다른 단어는 없어요. 그런데 영어는 bull사나운 소, cow일반 소, ox힘센 소, bullock거세한 수소, buffalo들소로 구분합니다. 농경문화권에서 살아온 우리에게 소란 농사를 짓는 데 도움을 주는 가축이라는 의미이지만, 자연환경이 다양했던 서양에서는 가축인 소, 야생에서 무리 지어 사는 소, 주식인 쇠고기로 소비하기 위해 키운 소 등으로 다양하게 구분합니다. 이런 문화와 관습에 익숙하지 않기 때문에 영어는 어른에게도 무척 낯선 언어입니다.

두 번째 이유는 귀찮기 때문입니다. 단어나 문법 등을 일일이 다 외워야 한다는 게 귀찮은 거지요. 의미 없이 외운다는 것은 참 힘든 일입니다. 내가 외우는 것이 시험에 나온다는 보장도 없고 언제 잊어버릴지도 모르고, 무엇보다 외운다는 행위 자체가 재미없는 짓입니다. 아래 예시를 보죠.

제고提高하다 : 쳐들어 높이다.
갱신更新하다 : 법률관계의 존속 기간이 끝났을 때 그 기간을 연장하다.
경신更新하다 : 이미 있던 것을 고쳐 새롭게 하다.

이처럼 한국어도 그 뜻을 무작정 외운다는 것은 헷갈리고 재미없습니다. 하물며 생소한 언어인 영어를 외워야 하는 것은 지난至難하고 힘든 일입니다. 또 단어도 단어지만 영어는 문법의 구조나 표현 방식도 우리말과는 매우 다릅니다.

2. 부담 없이 영어를 익히는 손쉬운 방법

아이가 어떻게 하면 영어를 공부라고 느끼지 않고 재미있게 학습할 수 있을까요? 가장 좋은 방법은 아이가 좋아하는 것을 영어로만 하도록 하는 겁니다. 아이가 게임을 좋아하나요? 영어로 된 게임만 허락하세요. 아이가 만화를 좋아하나요? 영어로 된 만화만 보여 주세요. 이처럼 아이가 좋아하는 콘텐츠를 전부 영어로 바꿔 보세요. 이건 일찍 시작하면 할수록 더 효과적입니다. 영어를 놀이로 배운 아이는 나중에 본격적으로 공부하게 되었을 때 영어를 거부감 없이 받아들입니다.

아이가 벌써 고학년이라서 영어를 놀이처럼 공부할 시기를 놓쳤나요? 쉬운 영어책을 마치 유치원 대상의 그림동화처럼 유치하게 느끼면서 제 학년의 영어책을 버거워하는 아이들이 많습니다. 하지만 고학년이라도 6개월에서 1년 정도 시간을 넉넉하게 잡고 아이가 좋아하는 콘텐츠를 전부 영어로 바꿔서 접하도록 하면 어느새 수준이 확 올라갑니다. 이것은 K-POP을 좋아하는 외국인들이 한국어를 배울 때와 비슷합니다. 외국인들이 한국어를 배우는 것 역시 쉬운 일이 아닙니다. 하지만 K-POP을 워낙 좋아하기 때문에 어떻게 해서라도 어려운 한국어를 배우려는 것처럼 아이도 자기가 좋아하는 것이 영어로 되어 있으면 결국은 보게 됩니다. 관심이 있는 곳에 길이 있기 마련입니다.

다른 공부와 마찬가지로 영어 공부도 다이어트나 운동처럼 꾸준한 시간과 노력을 투자해야 합니다. 다이어트가 하루 이틀, 한두 시간 한다고 해서 표시가 나지 않듯이 영어도 단어 몇 개 외우고, 문법 몇 개 배우고, 표현 몇 개 익혔다고 해서 금방 실력이 늘고 유창해지지 않습니다. 또, 운동을 며칠만 쉬면 금세 근육이 풀리듯이 영어도 며칠만 손을 놓으면 제자리로 돌아갑니다. 조금씩이라도 매일매일 공부하도록 엄마가 이끌어 주어야 합니다.

국어와 영어를 병행해서 공부하는 것도 좋은 방법입니다. 아이들이 영어를 잘 몰라도 국어는 꽤 익숙하거든요. 그래서 영어를 국어와 함께 공부하면 훨씬 이해가 잘 됩니다. 영어 단어를 외울 때는 국어 단어와 함께 이미지를 떠올리도록 해 보세요. 대체로 보통명사는 쉽습니다. Bowl그릇은 이미지를 떠올리기가 쉽죠. 그런데 추상

명사는 어렵습니다. Happiness행복는 눈에 보이지 않으니까요. 그럴 때는 행복했던 순간—아빠와 함께 워터파크에 가서 신나게 놀았던 시간, 댕댕이와 산책한 기억, 엄마가 만들어 준 맛있는 음식 등—을 이 단어와 연결하여 기억하면 좀 더 수월합니다.

문법 역시 국어와 함께 공부할 수 있습니다. 처음 문법 공부를 시작할 때 아이들이 가장 힘들어하는 것은 품사입니다. 품사란 단어를 기능이나 형태 또는 의미에 따라 구분한 것을 말합니다. 그런데 품사의 이름이 한자어로 되어 있다 보니 한자를 배우지 않는 요즘 아이들은 이해하기가 무척 어렵습니다. 특히 전치사前置詞는 국어에는 없고 영어에만 있는 품사라서 더 이해가 안 됩니다. 그래서 of, with, in, at 등의 전치사가 어떤 용도로 쓰이는지, 숙어를 구성할 때 어떻게 사용되는지를 그냥 외워 버리죠. 전치사는 말 그대로 '앞前에 놓이는置 단어'입니다. 명사를 비롯하여 대명사나 동명사처럼 명사의 역할을 하는 단어, 구, 절 앞에 위치하는 것이 특징입니다. 마치 국어에서 '밥을 먹는다' '피자를 먹는다'처럼 명사 뒤에 조사가 붙

국어(9품사)에만 있는 품사	공통 품사	영어(8품사)에만 있는 품사
수사 관형사 조사	명사 대명사 동사 형용사 부사 감탄사	접속사 전치사

국어와 영어의 품사 비교

어서 단어의 문맥적 성격을 구성하는 것과 비슷합니다. 이처럼 국어와 영어의 품사를 비교해 보면 두 언어의 공통되는 품사는 역할도 거의 같습니다.

3. 처음엔 한 교재만 사용하세요

영어 공부를 하려면 단어, 문법, 독해 등 익힐 것이 너무 많습니다. 그래서 이 교재도 보고 저 교재도 보게 하는데요, 안 그래도 영어 공부를 싫어하는 아이에게 이것저것 보라고 하면 더 싫어하게 됩니다. 먼저 아이가 할 만한 수준의 교재를 하나만 사용하세요.

요즘 교재들은 워낙 잘 만들어져 있어서 어떤 교재를 사용해도 괜찮습니다만 특히 문장을 중심으로 구성된 교재를 선택하는 것이 좋습니다. 문장 안에서 단어와 문법을 공부하면 그 단어와 문법이 어떤 의미와 형태로 사용되는지를 확인할 수 있어서 종합적인 공부가 됩니다. 아이의 실력에 맞는 교재를 선택하여 날마다 문장을 열 개 정도 읽게 하세요. 그리고 교재에 나와 있는 해설도 보고, 원어민의 발음도 듣고, 해석이나 영작도 해 보면 실력 향상에 큰 도움이 됩니다. 특히 영작을 꾸준히 연습하면 영어의 거의 모든 문제가 다 해결됩니다. 이 정도 공부하는 데 하루 10~20분이면 충분합니다.

이렇게 문장을 중심으로 하는 교재를 매일매일 공부하면 대략 두 달 정도면 다 볼 수 있을 겁니다. 영어 실력도 많이 늘었고 자신감이나 관심도도 높아졌을 거예요. 그렇다면 다음으로는 문법 교재를 보게 하세요. 아이가 파닉스만 좀 되어 있다면 문법은 고등학교 1학년까지도 그리 어렵지 않습니다. 문법은 설명이 꼼꼼하게 잘 되어 있는 교재를 선택하는 것이 좋습니다. 학원이나 과외 선생님에게 말로 설명을 듣는 것보다 아이가 직접 교재를 보면서 이해하도록 하는 것이 훨씬 더 낫습니다. 선생님의 설명을 들으면 자기 머리를 쓸 이유가 없지만 교재를 보면서 혼자 공부하면 그 과정에서 독해력을 키우게 됩니다. 또, 문제와 선지가 지문에서 어떻게 연결되는지 발견하는 체험도 가능합니다.

교과서를 활용하는 것도 방법입니다. 유튜브에 들어가서 '초 6 영어 ○○출판사 2단원' 이런 식으로 검색하면 정말 많은 콘텐츠가 올라와 있습니다. 그 가운데서 마음에 드는 것을 골라 들으면 됩니다. 그렇지만 아무래도 콘텐츠의 설명을 기계적으로 듣기만 하는 것보다는 아이 스스로 독해해 보는 것이 훨씬 성과가 큽니다.

제가 생각하기에 영어는 다른 과목에 비해서 상대적으로 쉽습니다. 국어처럼 고전문학을 배우거나 깊이 있는 수준의 독해력을 요구하지도 않아요. 초등학교에서 "I love you"를 배웠다면 중학교에서는 "I love you so much"를 배우고 고등학교에서는 "You are my only love in the world" 정도를 배웁니다. 문장의 5형식은 초·중·고가 모두 동일한데, 학년이 올라갈수록 좀 더 수식어가 붙거나 좀 더 어려운 단어가 사용되거나 단어의 배치를 다르게 하는 정도입니다.

영어는 어려운 것을 잘 이해하는 머리 좋은 아이보다 매일 꾸준히 공부하는 성실한 아이가 더 좋은 결과를 거둘 수 있습니다. 아이가 문장 독해 교재를 활용하여 조금씩이라도 하루도 빠지지 않고 공부하도록 지도하는 것이 최선입니다.

세 줄 요약

• 아이가 좋아하는 것을 모두 영어로 된 것으로 바꾼다.

• 영어를 국어와 함께 공부하면 이해하기 쉽다.

• 매일 꾸준히 조금씩이라도 공부하는 아이가 더 좋은 결과를 거
두다.

평생 공부의 기초, 초등 공부력

3장

심리와 생활,
어떻게 이끌어야 하나요?

집중력이 부족한 아이를
어떻게 도울 수 있을까요?

Q.

아이가 공부에 집중하지 못하고 산만한 것 같아요. 공부할 시간이 되면 자꾸 핑계를 대고 미루면서 나중에 한꺼번에 공부하겠다고 해요. 억지로 책상 앞에 앉혀 놓아도 자꾸 딴짓하고 공부를 시작하지 않습니다. 그러다 보니 결국엔 제대로 놀지도 못하고 공부도 못 한 채 시간만 보내는 날들이 많아집니다.

[3학년 남자아이]

예습을 하면 집중력이 늘어요

1. 하면 된다? 되면 한다!

'하면 된다'는 말은 엄마가 학생이던 시절에 많이 들어 봤을 거예요. 무슨 일이든 간에 일단 시도해 보는 것이 중요하다는 의미인데요, 그런데 뭔가를 시도해서 좋은 성과를 거두려면 반드시 집중해야 합니다. 집중하지 않으면 아무리 오랜 시간을 투자해도 좋은 결과를 얻기 힘듭니다.

아이가 공부에 집중하면 좋으련만 아이들은 대부분 집중을 못 합니다. 어떤 아이들은 아예 공부 자체를 시작하지도 못하죠. 공부하려고 의자에 앉으면 괜히 책상을 치우고, 책꽂이를 정리하고, 필통까지 확인하고, 잠깐씩 멍하게 시간을 보내고……. 그러다 보면 30분에서 1시간이 그냥 지나가기 일쑤입니다. 왜 이런 일이 벌어지는 것일까요?

대체로 머리가 좋은 아이들은 공부할 내용을 쓱 훑어보고 이 공부가 얼마나 어려울지 감을 잡습니다. 열심히 공부한다고 해도 실력을 쌓기에는 너무 고생스럽고 이해하기도 어렵다고 느끼면 집중력을 발휘할 수 없습니다. 타고난 성정이 게을러서가 아니라 해 봤자 좋은 성과를 기대하기 힘들 것 같으니 엄두가 나지 않는 것입니다. 공부에 두려운 마음이 앞서면 당연히 집중하지 못합니다.

'되면 한다' 이 문구가 오히려 요즘 아이들의 마음이라고 할 수 있을 것 같아요. 미리 가늠해 봐서 될 것 같으면 하고 안 될 것 같은 것은 아예 시작조차 안 하겠다는 거지요. 그 심정이 이해가 안 되는 바는 아닙니다. 만약 여러분이 도통 이해하기 어려운 양자역학을 공부해야 한다면 집중해서 열심히 할 수 있을까요? 아이에게는 어려운 공부가 그와 같습니다.

그렇다고 유명 학원에 보내거나 고액 과외를 붙인다고 해서 공부가 잘 되는 것도 아닙니다. 아이 스스로 적극적으로 덤벼들지 않으면 일방적인 설명을 위주로 하는 학원이나 과외는 별 도움이 되질 않습니다. 어차피 못 알아들으니까요. 결국 혼자 공부하면서 내용을 이해할 수 있는 독해력이해력, 사고력을 가져야 공부에 집중할 수 있는 길이 열립니다.

2. 집중력을 높이는 예습

집중이 안 되는 이유는 다양합니다. 선생님이 마음에 안 들어서, 심지어 날씨가 너무 좋아서 집중이 안 된다는 아이도 있어요. 어른이 보기엔 말도 안 되지만 아이에겐 진지한 이유입니다. 또, 어려워서 집중이 안 된다는 아이가 있는 반면, 어려워서 더 집중하게 된다는 아이도 있습니다. 어떤 이유에서건 공부할 때 집중력은 반드시 필요한 힘입니다. 그러나 집중력을 키우겠다고 또 돈을 들여서 집중력 학원에 보내 봤자 집중하기 어려운 아이에겐 불필요한 짐만 하나 더 늘릴 가능성이 큽니다.

공부하면서 동시에 집중력도 키울 수 있는 방법은 바로 예습입니다. 예습은 영화로 따지자면 예고편이라고 할 수 있습니다. 예고편을 보면 본 영화가 대략 어떻게 흘러갈지 추측할 수 있습니다. 이처럼, 예습을 하면 수업에서 배울 내용과 범위를 어느 정도 예상할 수 있지요. 예습은 수업 전에 미리 간단하게 훑어보면서 이해되지 않는 부분을 표시해 두는 정도만 하고 수업 시간에 그 부분에만 집중하여 해결하면 됩니다. 예습하지 않으면 수업 시간 내내 같은 깊이로 집중해야 하는데 수업이 한두 시간만 있는 것도 아니고 매일 그렇게 집중하기는 어렵습니다.

선행 학습은 미리 공부하여 내용을 충분히 이해하는 공부라는 점에서 예습과 차이가 있습니다. 그러니 선행 학습을 하더라도 예습을 꼭 해야 합니다.

3. 집중력을 키우는 공부법

아이의 집중력에 문제가 있다고 느끼면 우선 관련 기관에 데리고 가서 인지력 테스트를 받아 보세요. 검사 결과 인지력이 또래의 평균보다 많이 떨어지지 않는다면 집중력을 키우는 데는 큰 무리가 없을 것입니다.

뇌과학 연구에 따르면 사람이 집중할 수 있는 시간은 대략

15~20분 남짓에 불과하다고 합니다. 선생님이 수업 중간중간 잠깐씩 쉬어 가는 이야기를 하는 것도 아이들이 수업에 집중할 수 있도록 도와주는 교수학습 전략이라 할 수 있습니다.

집에서는 공부 시간을 한 번에 1시간, 2시간씩 몰아서 하도록 정하지 말고 15~20분 단위로 여러 번 공부하게 하세요. 집중해서 짧게 공부하고 나서 잠시 휴식을 취한 후 다시 15~20분짜리 공부를 반복하는 거죠. 아이가 좋아하는 과목은 30분 이상 공부해도 좋고 어려워하거나 싫어하는 과목은 10분 만 공부하도록 시간을 조정하세요. 여러 번 반복하면 결국 집중하는 공부의 총량은 늘어납니다.

물론 아이들이 처음부터 집중을 잘하지는 못할 거예요. 집중도 숙달되지 않으면 어렵거든요. 그러니 엄마는 아이들을 잘 살펴서 아이가 공부에 집중하기 힘든 상황, 예를 들어 배고파하거나 졸려 할 때는 공부 시간을 배정하지 마세요. 대부분 아이는 학교나 학원에서 돌아오면 피곤해서 컨디션이 좋지 않습니다. 그 시간에는 공부를 시켜 봐야 집중할 체력이 남아 있지 않아요. 차라리 잠깐 쉬거나 간식을 먹으며 체력을 회복한 후에 공부하는 편이 더 낫습니다. 대신 상태가 좋을 때는 평소에 어려워했던 과목을 중심으로 짧게 집중해서 공부하도록 습관을 들여 보세요. 집중하는 공부 습관이 어느 정도 자리 잡았다고 판단되면 집중하는 시간을 조금씩 늘리도록 합니다.

엄마는 아이가 집중해서 공부하는지 옆에서 지켜볼 필요도 없어요. 아이가 공부를 마칠 때마다 공부한 내용을 엄마한테 설명하도록 하세요. 남들 앞에 나서기를 좋아하는 아이라면 자신이 공부한 내용을 마치 선생님처럼 설명하는 모습을 영상으로 찍어서 유튜브에 올리는 것도 좋겠지요. 엄마는 이런 활동에 대해 약간은 호들갑스럽게 박수 치면서 칭찬하면 효과가 더 좋아집니다.

세 줄 요약

- 스스로 공부해서 내용을 이해할 수 있는 독해력을 가져야 공부에 집중할 수 있다.
- 짧은 시간 예습하고 모르는 부분을 표시해, 수업 시간에는 특히 그 내용에 집중하라.
- 공부 시간을 짧게 나누고 여러 번 반복해서 공부하면 학습의 총량을 늘릴 수 있다.

2

동기부여를 어떻게 할 수 있나요?

Q.

아이가 언젠가부터 주변 사람들의 시선을 많이 의식하는 것 같아요. 이것저것 꾸미기를 좋아하지만 공부하려는 마음은 전혀 보이질 않네요. 아이에게 미래를 위해 노력해야 한다고 따끔하게 한마디 해 주고 싶지만 사춘기가 한창이라 예민해서 함부로 야단도 못 치겠어요. 엄마가 어떤 말을 해 줘야 공부에 동기부여가 될까요?

[5학년 여자아이]

A.

공부의 기대 효과와 가치를 먼저 알려 주세요

1. 인간의 본능

원래 사람의 본능은 노는 것입니다. 인류는 농업혁명이 일어나기 전까지 아주 오랜 기간 수렵채집 활동을 했는데, 사냥을 해서 식량을 마련하면 먹고 놀다가 식량이 다 떨어지면 그제야 다시 일하러 갔습니다. 음식을 보관할 수 있는 수단이 거의 없었기 때문에 미리 식량을 확보해 봤자 소용없었거든요. 겨울이 되어 주변에서 먹을거리를 구할 수 없게 되면 아예 거주지를 옮기기도 했습니다. 이처럼 오랜 기간을 거치면서 우리의 몸에 밴 본능이 바로 노는 것입니다. 아이들과 마찬가지로 어른도 놀고 싶어 합니다. 그토록 입사를 희망하던 사람도 막상 취업을 하면 그때부터 퇴사를 꿈꿉니다.

지금의 우리는 본능에 따라 마냥 놀 수만은 없고 일평생 계속 뭔가를 해야 합니다. 그것이 돈이 되든 안 되든 말이죠. 본능을 이겨 내고 움직이게 하는 힘, 그것이 바로 동기인데 그 동기를 진지하게 불러일으키는 것은 한두 마디 말로 되는 일이 결코 아닙니다. 만약 누군가에게 몇 마디 말로 쉽게 동기부여를 할 수 있다면 그 사람은 세계 최고의 부자가 될 수 있을 것입니다.

학습에 대한 동기 역시 간단한 몇 마디 말로 만들 수 있는 것이 아닙니다. 기본적으로 본인이 공부를 왜 해야 하는지 명확하게 이해하는 데서부터 시작해야 합니다. 그런데 요즘 아이들은 공부의 목적이나 이유를 생각하기엔 생활이 너무 편해요. 옛날 사람들처럼 삼시 세끼를 걱정하지 않아도 되고 학교에 가면 함께 놀 친구들이 기다리고 있죠. 또 엄마에게 요청만 하면 자신이 필요로 하는 것은 다 해결됩니다. 당장 생활에 불편함이 없고 평생 지금처럼 편안하게 살 것이라 생각하는 아이가 학습 동기를 갖기는 어렵습니다. 이런 아이에게 '나중에 원하는 삶을 살기 위해서는 지금 열심히 공부해야 해'라는 말은 전혀 가슴에 와닿지 않습니다.

2. 동기부여 = 기대 X 가치

동기부여의 핵심 요소는 기대와 가치입니다.

기대란 공부했을 때 얻을 수 있는 보상 또는 처벌을 피하려는 심리로 작용합니다. 예를 들어 좋은 성적을 받으면 맛있는 피자를 사준다거나 또는 쓰레기 분리수거를 면제해 주는 것처럼 말이죠. 행동주의 심리학자들은 이 같은 적절한 보상과 처벌을 통해 행동을 수정할 수 있다고 주장합니다. 그러나 한편에서는 이런 동기부여 방법은 횟수가 거듭될수록 힘을 잃게 될 것이라고도 합니다. 경제학에서 설명하는 '한계효용 체감의 법칙' 때문입니다. "듣기 좋은 꽃노래도 한두 번"이라는 속담처럼 맛있는 피자도 자꾸 먹으면 질려서 더 이상 맛있다고 느끼지 않게 될 것입니다. 그래서 보상과 처벌은 처음엔 어느 정도 효과가 있지만 계속 사용하면 효과가 떨어집니다.

아이에게 계속 기대감을 심어 줄 수 없다면 이제 남은 것은 가치입니다. 엄마는 공부가 어떤 가치를 가지는지 아이에게 끊임없이 상기시켜야 합니다. 이것은 공부해야 하는 이유와도 관련이 있어요. 그런데 엄마가 공부의 가치를 모른다면 아이에게 어떻게 그것을 알려 줄 수 있을까요? 문제는 심각해집니다.

공부란 성인으로 살아갈 돈을 벌기 위한 생존의 필수 무기를 마련하는 과정입니다. 그래서 아이가 동기부여 캠프에 참여하는 것보다는 차라리 그 캠프 참가비를 가지고 직접 돈을 벌어 보는 체험을 하는 것이 훨씬 더 동기부여가 될 것입니다. 잠시 생각해 보세요. 내 아이는 왜 공부를 해야 할까요? 내 아이가 공부해서 얻을 수 있는 가치는 구체적으로 무엇일까요?*

3. 엄마는 이렇게 도와주세요

자기주도학습을 위한 온전한 동기부여는 어른에게도 어려운 일입니다. 아이가 혼자 스스로 공부한다는 것은 플라톤이 꿈꾸던 이상 세계 구현과 비슷합니다. 그래서 초등학생에게는 엄마의 도움이 필수입니다. 엄마의 도움은 아이에게 학습을 직접 가르친다거나 학원

* 116쪽, '아이가 공부를 왜 해야 하느냐고 물어요' 참조.

같은 사교육을 제공하는 정도에 그치지 않습니다. 이것은 어쩌면 아주 작은 부분입니다. 오히려 엄마와 함께하는 실생활에서의 체험이 공부에 훨씬 더 큰 도움이 될 수 있습니다.

앞서 언급한 피아제의 인지 이론에 따르면 초등학생은 아직 어려운 학습을 할 수 있는 인지 발달단계가 아닙니다. 이를 반영하듯 요즘 학교에서는 과거와 다른 방식으로 수업을 진행하고 있어요. 예를 들어 2학년은 구구단을 통해 순서와 규칙에 대해 배웁니다. 과거에는 2단 → 3단 → 4단 → 5단…… 순으로 순차적으로 배웠지만 지금은 2단 → 5단 → 3단 → 6단 → 4단 → 8단 → 7단 → 9단의 순서로 배웁니다. 왜냐하면 그것이 규칙성을 찾기가 쉽기 때문입니다. 그런데 순서와 규칙이라는 개념은 학교가 아니라 집에서도 충분히 배우고 익힐 수 있습니다. 예를 들어 아이가 떡볶이를 만든다고 생각해 보세요. 재료로 무엇을 쓸 것인지, 요리 순서는 어떻게 할 것인지를 다 생각해야 하는데 이것은 엄마가 조금만 도와주면 간단하게 할 수 있는 규칙과 순서 공부입니다.

또 많은 아이들이 '이거 언제 다하지?' '이거 하면 또 다음 공부는 어떻게 하지?' 같은 생각 때문에 지금 하는 일에 전혀 집중을 못 합니다. 확산적 사고를 하는 아이들이 거의 이런 상태에 있지요. 이런 생각을 하면 학습에 동기가 생겨날 수가 없겠죠. 엄마는 아이가 매일 해야 할 공부량을 정확하게 끝내기만 하면 아무 걱정할 것이 없는 환경을 만들어 주세요.

세 줄 요약

• 노는 것은 인간의 본능이지만, 이것을 이겨 내기 위해서는 동기
부여가 필요하다.

• 학습 동기는 공부에 대한 가치를 이해해야만 가질 수 있다.

• 미래를 앞서 걱정하지 말고 매일 해야 할 공부에 충실한 것이
최고의 동기부여이다.

평생 공부의 기초, 초등 공부력

스마트폰 게임을
못 하게 할 수 없나요?

Q.

아이가 스마트폰 게임에 빠져서 걱정입니다. 한번은 스마트폰을 압수했더니 제 폰을 몰래 갖고 가서 놀고 있더라고요. 10~20분 정도면 '그래, 너도 놀고 싶겠지'라고 생각하고 봐줄 만한데, 가만 놔두면 한 시간이고 두 시간이고 게임만 합니다. 자기 말로는 스마트폰으로 자료도 찾아보고 인강도 듣는다는데 믿을 수가 없네요. 맞벌이 부모인지라 아이의 스마트폰 사용을 제한하기가 사실 쉽지 않습니다.

[5학년 남자아이]

A.

공부와 게임을 병행하려면
해야 할 일을 제대로 끝냈을 때 보상해 주세요

1. 게임을 보상이라고 생각하는 아이

아이들이 게임을 가장 많이 하는 때는 언제일까요? 얼핏 보기엔 온종일 게임만 하는 것 같지만 자세히 들여다보면 자기가 뭔가 굉장히 힘든 일을 했다고 생각할 때 게임을 많이 합니다. 종일 게임만 하던 중에 엄마가 야단을 치면 자기가 생각해도 별로 공부한 것도 없는데 게임만 하고 있으니 좀 미안한 생각도 들고 해서 말을 잘 들어요. 그런데 겨우 1시간짜리 학원에라도 다녀오면 힘들게 공부하고 왔으니 뭔가 보상을 줘야 한다고 무의식적으로 생각합니다. 그 보상으로는 재미있는 게임만한 것이 없지요. 학원에서 제대로 공부를 했는지 안 했는지는 모르겠지만 아무튼 자기 뇌가 굉장히 혹독하게 고생했기 때문에 게임이라는 보상을 해야 한다고 생각합니다. 이럴 때 게임을 못 하게 하면 다른 때보다 훨씬 더 크게 반발하는 모습을 보입니다.

　이런 아이의 모습이 답답했던 한 엄마가 질문하더군요. 대학교에 가면 좋아하는 게임을 실컷 할 수 있으니 지금은 게임을 좀 참고 열심히 공부하라고 조언하면 어떻겠냐고요. 저는 그렇게 하지 말라고 대답했습니다. 대학에 가도 고등학교 때까지 참았던 모든 통제가 풀리고 마음대로 할 수 있는 것은 아닙니다. 대학을 가면 오히려 고등학교 때보다 해야 할 것들이 훨씬 더 많습니다. 고등학교까지는 해야 할 공부가 딱 정해져 있어요. 국어, 영어, 수학……. 정해진 과목만 하면 됩니다. 시간표도 이미 다 짜여 있고 공부를 도와줄 선생님도 있습니다. 그러나 대학에 가면 전공 공부뿐만 아니라 자격증, 어학, 동아리 활동 등 각종 스펙을 자기가 판단하여 습득해야 합니다. 학원을 다니든 스터디를 하든 간에 관리해 주는 사람도 없이 자기가 알아서 해야 합니다. 또 그렇게 열심히 공부한다고 해서 성공적인 미래가 보장되는 것도 아니죠. 대학만 가면 뭐든지 할 수 있다는 엄마의 말만 굳게 믿고 많은 것을 참았던 아이가 막상 대학에 가서 이런 상황을 맞게 되면 어떻게 될까요? 대부분의 아이는 무너집니다.

2. 게임을 그만두지 못하는 이유

게임이 공부와 확연하게 다른 점은 노력의 결과를 곧바로 확인할 수 있다는 것입니다. 아무리 열심히 공부한다고 해도 잘못된 방향과 방법으로 하면 성적이 별로 오르지 않아요. 그런데 게임은 다릅니다. 게임은 내가 노력한 만큼 레벨이 올라가고 경험치가 쌓입니다. 공부는 시간을 투자한 만큼 성과가 나오지 않는 경우가 비일비재하지만 게임은 거의 정비례하여 결과치가 나옵니다. 이것이 아이들의 마음을 사로잡는 게임의 매력입니다. 세상 어떤 일이 노력 대비 성과가 그렇게 명확하게 나오겠어요?

처음 게임을 시작할 때는 너무너무 재미있습니다. 화려한 그래픽, 미션 완수의 쾌감 등이 아주 짜릿하게 느껴집니다. 그런데 게임을 할 때마다 항상 그렇게 재미있는 것은 아닙니다. 게임을 처음 시작할 때는 캐릭터의 성장세가 그야말로 폭발적입니다. 미션도 금방 달성할 수 있고 능력치도 빠르게 올라갑니다. 그렇지만 게임을 할수록 미션 달성은 점점 어려워져서 레벨을 한 단계 올리려면 같은 스테이지를 수십 번 반복해야 할 때도 있습니다. 스토리는 뻔하고 캐릭터는 진부하게 느껴집니다. 달리는 게임은 계속 달리기만 하고 싸우는 게임은 계속 싸우기만 합니다. 이런 게임을 계속하다 보면 아이들도 조금씩 지겨워집니다.

그런데도 아이들은 게임을 그만두지 못합니다. 그 이유는 바로 매몰 비용 때문입니다. 열심히 하던 게임이 지루해졌다고 해서 그만두면 그동안 쌓아 놓은 자신의 빛나는 업적—레벨, 포인트, 능력치 등—을 모두 포기해야 하거든요. 아이들은 그게 너무 아까운 거예요. 그래서 게임이 점점 재미없어져도 그동안 이루어 놓은 것들을 포기할 수 없어서 기계적으로 게임을 하는 경우가 많습니다.

게다가 엄마가 자꾸 게임 하지 말라고 잔소리를 하면 아이는 은연중에 죄책감이 듭니다. 즐거워지려고 시작한 게임이 전혀 즐겁지 않아요. 공부도 안 되고 게임도 안 되고……. 이런 상황이 계속되면 아이는 엇나갈 수밖에 없습니다.

3. 엄마는 이렇게 도와주세요

우선 아이가 자신의 상황을 객관적으로 살펴보고 인정할 수 있어야 합니다. 아무리 옆에서 야단치고 잔소리를 한다고 해도 결국 아이가 스스로 깨닫고 상황을 정리하지 않으면 해결되지 않습니다. 아이는 자기가 온종일 열심히 공부했다고 착각합니다. 학교에서 수업도 들었고 이후엔 학원도 두세 개 다니면서 공부를 무척 많이 한 것 같아서 게임을 보상으로 선택한 것이지요.

이럴 때는 실제로 공부한 시간을 아이와 함께 확인해 보세요. 학원에 다녀오느라 걸린 시간, 수업 시간에 선생님의 강의에 귀 기울이지 않고 딴짓한 시간, 틈틈이 친구들과 논 시간 등은 공부한 시간에서 제외해야 합니다. 오직 아이가 스스로 교재를 보면서, 강의에 집중하고 문제를 풀고 오답을 분석하면서 공부에 투자한 시간만 따로 모아 보세요. 생각보다 그 시간이 얼마 안 된다는 것을 수치로 볼 수 있습니다. 그렇게 수치화하지 않으면 아이는 자기가 공부에 쏟은 시간이 정말 하찮은 수준에 불과하다는 것을 눈치채지 못합니다.

아이가 일정 시간 이상 공부했을 때만 게임을 하도록 약속하세요. 아이와 협의해서 반드시 언제, 어디서, 얼마나 할 것인지 등의 조건을 달아야 합니다. 아이들은 게임에 빠져들면 시간이 얼마나 지났는지 몰라요. 엄마는 반드시 아이와 약속한 공부 시간과 게임 시간 등을 확인하고 시간 관리를 해 줘야 합니다. 이런 내용을 '공부 약속'에 담아서 지키는 것도 좋은 방법입니다.

꼭 수학 문제 풀고 영어 단어 외우는 것만이 공부는 아닙니다. 자기의 공부량과 게임 시간을 기록한 초등학생 시절의 경험을 바탕으로 중·고등학교에서 자신과 친구들의 사례를 그래프와 표로 나타낸 프로젝트 보고서를 쓴다면 사회탐구 과목에서 굉장히 높은 평가를 받을 수 있습니다. 이것은 어떤 학원이나 캠프에 비싼 돈을 지불해도 배우지 못하는 값진 경험이 될 것입니다.

어릴 때부터 스마트폰을 게임이나 노는 쪽으로 사용하는 것 말고도 공부에 도움이 되는 수단으로 활용할 수 있으면 더욱 좋습니다. 공부하다가 궁금한 것이 생기면 스마트폰으로 검색하여 해결하는 습관이 들도록 아이가 스마트폰으로 자료를 찾고 관련 예시를 검색하면 크게 칭찬해 주세요. 하지만 스마트폰을 이렇게 사용하기 위해서는 공부 습관이나 생활이 어느 정도 궤도에 올라가 있어야 가능할 것입니다. 암기식 공부나 시간을 때우는 공부는 스마트폰을 공부에 활용할 필요가 없으므로 게임에 빠지는 것을 막을 수 없습니다.

게임을 무조건 못 하게 할 필요는 없습니다. 가능하지도 않고요. 아무리 아이의 스마트폰에 관리 앱을 이것저것 깔아 봤자 아이들은 이것을 무력화시키는 것쯤은 아주 쉽게 할 수 있습니다. 자기가 못한다고 해도 주변에는 이런 것을 도와주는 친구 한두 명은 꼭 있습니다. 그러니 스마트폰 게임은 스트레스를 해소하는 수준에서 멈추도록 해야 합니다. 이 수준을 엄마와 약속하고 반드시 지키도록 하는 것이 최선입니다. 엄마와 약속한 공부량을 아이가 성실히 수행하면 엄마 역시 약속한 게임 시간을 철저히 보장해 줘야 합니다. 반대로 아이가 학습에 대한 약속을 지키지 못했을 때 역시 엄마는 철저하게 벌칙을 적용해야 합니다. 이때는 큰소리로 야단칠 필요도 없습니다. "엄마는 네가 약속한 만큼 열심히 공부한 후에 재미있게 게임 하는 모습을 보면 좋더라. 그런데 네가 약속을 지키지 못했으니 나도 어쩔 수가 없구나. 약속은 약속이니까"라고 말씀해 주세요. 우리는 고도의 신용 사회에 살고 있습니다. 자신이 약속한 것을 지키지 못한 사람은 사회적인 신용 불량자입니다. 신용이 없으면 살기 힘듭니다. 약속을 지켜 신용을 얻는 것이 수학 몇 문제 푸는 것보다, 영어 단어 몇 개 외우는 것보다 훨씬 더 중요한 공부라는 것을 깨닫게 될 것입니다.

세 줄 요약

- 아이들은 게임을 힘든 공부에 대한 보상이라고 생각한다.
- 실제로 공부한 시간을 확인해 보고 일정 시간과 양 이상을 충분히 공부했을 때만 게임을 하도록 약속한다.
- 어릴 때부터 스마트폰을 학습 도구로 사용하는 습관을 들인다.

4

타인의 감정을 읽지 못해요

Q.

아이가 다른 사람의 감정을 잘 읽지 못하는 것 같아요. 친구들의 감정을 전혀 고려하지 않고 자기가 하고 싶은 말과 행동만 하다 보니 혼자 있는 경우가 많습니다. 이러다가 진짜 왕따가 되는 건 아닌지 걱정이 되네요. 아이가 타인과 제대로 교감을 나눌 수 있게 하려면 어떻게 해야 할까요?

[1학년 여자아이]

A.

자기의 감정을 먼저 알아차리도록 도와주세요

1. 발달단계

신체와 감성, 인지능력 등은 나이가 들면서 발전하는데, 우리는 이것을 발달단계라고 합니다. 발달단계에 대해서는 학자들이 다양한 이론을 주장했는데 그 가운데서 가장 유명한 것은 피아제의 인지 발달 이론입니다.*

　인지 구조는 스키마schema라고도 합니다. 스키마는 어떤 사물이나 개념을 인지하는 구조적 틀을 뜻합니다. 아기가 처음 보는 네발 달린 털북숭이 짐승을 '강아지'라고 인지하는 것은 주변 사람들이 강아지의 특징—네발, 털, 동물—을 알려 준 것이 점차 스키마로 형성되었기 때문입니다. 처음엔 강아지와 고양이를 구별하지 못하지만 점차 스키마가 정교해지면 구분할 수 있게 됩니다. 사람의 말을 못 알아듣는 영유아기에 부모가 자주 눈을 맞추며 말을 걸면 스키마를 형성하는 데 상당한 도움이 됩니다.

　피아제의 인지 발달 이론은 이 스키마가 얼마나 발달하는지에 따라 단계를 구분합니다. 초등 1학년은 '전 조작기'와 '구체적 조작기'

---

* 65쪽, '피아제의 인지 발달단계' 참조.

의 중간 단계에 해당합니다. 아직 인지능력이 완전히 발달한 상태가 아니어서 학교에서는 놀이와 연계한 체험 위주의 학습을 많이 합니다. 대략 초등학교 6학년 정도부터 시작되는 형식적 조작기에는 인지능력이 거의 성인 수준까지 성장하지요. 그때부터는 아이의 수준에 따라 굉장히 높은 수준의 공부도 가능해집니다. 물론 이때부터 성인 수준의 공부를 하는 아이는 거의 없긴 합니다만 아이에 따라서 학습 수준의 진폭이 굉장히 커질 수는 있습니다.

질문을 하신 아이는 이제 겨우 초등학교 1학년, 즉 7세 정도의 아이입니다. 이렇게 어린아이에게 상대방의 감정을 추론해서 말하고 행동하기를 기대하기란 아직 무리입니다. 물론 나이가 더 어려도 공감력이 뛰어난 아이들이 있긴 하지만 대부분 상대방의 감정을 제대로 읽어 낼 수 있는 발달단계가 아닙니다. 특히 남자아이들은 10대 초반까지도 주변과의 교감력이 떨어지는 경우를 쉽게 찾아볼 수 있습니다.

2. 엄마는 이렇게 도와주세요

상대방과의 교감을 많이 힘들어하는 아이라면 타인의 감정보다 자신의 감정부터 느껴 보게 해야 합니다. 이때는 아이에게 감정 일기를 쓰도록 하세요. 딱히 정해진 틀은 없지만 감정 일기는 사건-감정-생각의 순으로 구성하면서 자신의 감정을 표현하는 단어나 문장을 쓰도록 하는 것이 좋습니다.

오늘 수업 시간에 장난을 치다가 선생님께 야단을 맞았다.

그런데 엄마가 이 사실을 알아 버렸다.

그래서 엄마한테도 많이 혼났다. (사건)

학교에서도 혼나고 집에서도 혼나니 속상했다. (감정)

슬프기도 하고 엄마 눈치가 보여서 불안했다. (감정)

엄마가 이제 나를 싫어하고 미워하면 어떡하지? (생각)

아이가 어릴수록 한두 번 얘기해서 나아지는 경우는 거의 없습니다. 아이를 마치 강아지 키우듯이 다루어야 합니다. 강아지에게 처음 배변 패드 사용을 가르치려면 수많은 훈련을 반복해야 하듯이 아이가 타인의 감정을 배려하려면 상대방의 감정을 읽어 낼 수 있도록 엄마가 끊임없이 이야기해 주어야 합니다.

엄마는 아이가 주변 환경이나 타인의 상황에 대해 생각해 보고 자신이 느끼는 감정을 표현할 수 있도록 도와주세요. 예를 들어 "만약 네가 아끼는 장난감을 친구에게 줬는데 그 친구가 고맙다는 말을 안 하면 네 기분은 어떨 것 같아? 당연히 기분이 나쁘겠지? 그렇다면 친구가 너에게 간식을 줬는데 네가 아무 말도 안 하면 그 친구 기분은 어떨까?"라고 역지사지易地思之 스킬을 써 보는 것도 방법입니다. 이렇게 본인이 느끼는 감정을 구체적으로 인지하게 되면 상대방의 감정도 헤아릴 수 있게 됩니다. 아이가 좀 더 자라면 『아몬드』와 같은 감정 관련 도서나 영화를 보고 함께 토론하는 것도 좋습니다.

• 인지 발달 정도에 따라 상대방과 교감 능력에 차이가 있다.

• 아이가 주변 환경이나 타인의 상황에 대해 생각해 보고 자신이 느끼는 감정을 표현할 수 있게 도와준다.

• 사건-감정-생각 순으로 감정 일기를 써서 자신의 감정을 느껴 보게 한다.

5

아이가 조금만 야단쳐도 울어요

Q.

제 성격이 급해서인지 성실한 아이인데도 자꾸 재촉하게 됩니다. 공
부를 많이 했으면 당연히 결과가 좋아야 할 텐데 그렇지 않은 때가
많아요. 제가 조금만 언성을 높여도 아이가 울어 버립니다. 별것 아닌
야단에도 우는 아이를 달래야 할지 더 혼내야 할지 모르겠어요.

[4학년 여자아이]

A.

엄마가 먼저 아이의 감정을 읽어 주세요

1. 생존을 위한 방어기제

인간의 가장 강한 본능은 무엇일까요? 그것은 바로 생존본능입니다. 굳이 매슬로의 욕구 단계론 Maslow's hierarchy of needs 을 언급하지 않더라도 생존은 인간이 가진 가장 기본적인 욕구이자 본능입니다. 현대사회는 생물학적인 생존 이외에 우울증이나 자괴감 같은 심리적인 생존도 중요하게 다루고 있습니다.

아이가 우는 것도 어쩌면 생존하기 위해서입니다. 아이는 엄마의 꾸중이 너무 힘겹습니다. 엄마 말처럼 아이는 천천히, 꾸준히 공부하여 성과를 내는 유형인데, 그런 성과를 미처 만들어 내기도 전에 엄마가 결과부터 빨리 내놓으라고 재촉하면 아이는 당황스럽습니다. 그렇다고 자기 생각과 처지, 계획을 구체적으로 밝혀서 엄마를 설득하기엔 아직 너무 어렵습니다. 그래서 아이는 본능적으로 울음을 터트리는 거죠. 그래야 엄마가 꾸중을 멈추고 자신이 생존할 수 있을 테니까요. 아이들의 성향에 따라 생존을 위한 방어기제는 다양하게 나타납니다. 폭력적인 성향을 지닌 아이는 모든 것을 뒤엎어 버리려 하고, 거짓말로 현재의 위기 상황을 모면하려는 아이들도 있습니다. 이런 방어기제들은 문제해결의 복잡한 과정을 단숨에 뛰어넘어 손쉽게 해결하려고 할 때 나타납니다.

2. 공부를 방해하는 엄마

아이가 공부를 제시간 안에 할 수 있는데도 꾀를 부리고 안 하는 경우도 있습니다만 이건 어릴 때 잠깐만 그렇습니다. 대신 4학년 즈음부터는 어설프게 공부하는 아이들이 많아요. 앞서 이야기한 대로 초등학교의 심화 과정이 중·고등 공부라는 것을 생각하면 초등학교에서 배우는 기초 개념 정도는 확실하게 이해해야 합니다. 개념을 충분히 이해하기 위해서는 그 개념이 어떻게 활용되는지를 설명할 수 있을 정도로 깊게 공부해야 해요. 그런데 어느 순간부터 아이들은 문장을 그대로 외우거나, 수학의 유형이나 공식을 외운 다음 개념을 다 이해했다고 착각합니다.

이렇게 암기력을 써서 얕은 공부를 하는 이유는 이전까지 공부한 것 가운데 어딘가 이해가 되지 않고 막히는 부분이 있기 때문입니다. 터널을 뚫다가 단단한 암벽을 만나면 평소보다 훨씬 더 많은 시간과 노력을 들여야 암벽을 뚫을 수 있는 것처럼 공부도 개념에 대한 이해가 막히면 피하지 말고 정면 승부를 해야 해요. 그런데 엄마가 아이의 노력이 결실을 맺을 때까지 기다리지 못하고 결과부터 요구하면 아이는 당장 성과를 보여 줄 수 있는 암기식 공부를 할 수밖에 없어요. 이것은 순차적이고 절차적인 단계를 밟아야 하는 공부의 본질을 무시하는 것이라서 학습에는 분명히 마이너스 요인이 됩니다. 아이가 암기식의 얕은 공부를 계속하다 보면 조금만 복잡한 문제가 나와도 머릿속이 엉켜 버립니다. 학년이 올라갈수록 기초 개념이 약한 아이는 더 취약해질 수밖에 없어요.

3. 엄마는 이렇게 도와주세요

조금만 야단쳐도 울음을 터트리는 아이에겐 왜 우느냐고 다그치지 말고 아이가 울음을 그치고 충분히 안정될 때까지 기다려야 합니다. 울음을 멈추도록 꼭 안아 주는 것도 괜찮은 방법입니다. 그래서 아이가 안전하다고 느끼게 한 다음 자기의 생각과 감정을 표현하게 해야 합니다.

엄마의 어떤 말에 울음이 터졌는지, 어떤 점이 억울한지, 자신의 공부에 무엇이 문제인지, 엄마에게 바라는 것이 무엇인지 등등을 차근차근 물어보면서 이야기를 나눠 보세요. 그러면서 아이가 어디서부터 이해를 못 하고 어느 부분이 막혀 있는지를 파악하세요. 아이 본인은 어디에서 문제가 시작되었는지 잘 모릅니다. 이때는 엄마가 탐정이 되어야 해요.

물론 엄마는 전문가가 아니라서 그렇게 하기가 어려울 수도 있습니다. 그럴 때는 학교 선생님에게 상담을 신청해 보세요. 학교 선생님은 아이들을 가르치는 전문적인 교육을 받고 현장에서 오랫동안 활동해 온 전문가 중의 전문가입니다. 아이가 학습하는 많은 시간을 함께 보내는 학교 선생님은 엄마를 대신해서 좀 더 자세한 관찰과 해결책을 제공해 줄 가능성이 큽니다. 설령 만족할 만한 상담이 못 되더라도 엄마와 상담을 한 선생님은 아이에게 조금이라도 더 관심을 가지고 가르쳐 줄 것입니다.

세 줄 요약

- 생존의 방어기제가 작동하면 울음, 폭력, 무기력 등의 방어기제가 나타난다.
- 개념 이해가 막히면 회피하지 말고 시간이 걸리더라도 정면 승부를 하도록 한다.
- 엄마는 아이가 자기 생각과 감정을 체계적이고 논리적으로 표현할 수 있도록 이야기를 나눠 보자.

6

총체적 난국에 빠졌어요

Q.

솔직히 아이 공부를 어떻게 시켜야 할지 잘 모르겠습니다. 아이가 학교나 학원 수업을 따라가기 버거워하고 문제집도 제대로 풀지 못하다 보니 자신감이 자꾸 떨어지는 것 같아요. 그래서인지 요즘엔 더 공부를 안 하고 거짓말하면서 도망만 다닙니다. 도대체 어디서부터 어떻게 손을 써야 할까요?

[5학년 남자아이]

먼저 엄마와 아이가 서로를 믿어야 해요

1. 아이와 엄마의 입장 차이

아이는 학원에 가지 않고도 다녀왔다고 거짓말을 하고, 결과가 안 좋으면 성적표를 엄마에게 꺼내 놓지도 않습니다. 아이는 공부해야 할 시간을 딴짓으로 흘려보내곤 합니다. 이런 모습은 대체로 제대로 된 공부 습관이 잡히지 않아서이기도 하지만 기초 학습 능력이 부족해서 나타나는 현상이기도 합니다.

이런 상황에서 자신감이 떨어지는 것은 어느 정도 이해가 되는데 거짓말은 도대체 왜 하는 것일까요? 그 이유는 거짓말을 하지 않으면 아이가 더 힘든 상황이 되기 때문입니다. 공부를 제대로 하질 못하니 성적은 당연히 떨어질 수밖에 없는데, 그렇다고 엉망인 성적을 엄마에게 그대로 보여 줬다가는 몇 마디 야단맞는 정도에서 그치지 않고 견디기 힘든 상황이 벌어질 수도 있으니까요. 땅이 꺼질 듯한 엄마의 한숨, 자신 때문에 다투는 부모의 모습, 이로 인한 자괴감 등은 도저히 거짓말을 하지 않고서는 못 견딜 일입니다. 그래서 어차피 공부해 봤자 이해도 안 되고 성과도 나오지 않는 어려운 공부를 피하려고 거짓말을 하기도 합니다.

물론 엄마 입장도 이해는 됩니다. 엄마는 형편없는 성적을 보면 내 아이의 미래가 걱정됩니다. 초등학생 때부터 이렇게 공부를 못하면 중·고등학교는 어떻게 할 것이며 대학이나 제대로 갈 수 있을까? 어른이 되어 제대로 된 직업이나 가질 수는 있을까? 등등 걱정이 태산입니다. 이런 걱정이 계속 쌓이다 보면 원인을 제공한 아이에게 화도 나고 큰소리로 야단도 치게 될 것입니다.

2. 엄마는 이렇게 도와주세요

학교 수업, 학원 수업, 과제, 독서 등 어디서부터 어떻게 손을 써야 할지 몰라 답답하더라도 너무 조급하게 생각하지 마세요. 그것보다 먼저 엄마와 아이가 협력할 수 있는 관계부터 만들어야 합니다. 아이가 왜 거짓말을 하는지 생각해 보세요. 아이에게 거짓말은 살아남기 위한 일종의 방어기제입니다. 그러니 아이가 거짓말을 하지 않아도 힘든 상황이 되지 않도록 조절해야 해요. 다시 말해 거짓말을 안 해도 위험해지지 않는 관계를 설정해야 합니다.

좀 더 직접적으로 얘기하자면 아이가 엄마를 믿고 솔직하게 말하면 불이익을 줄여 줘야 합니다. 엄마가 아이의 진심을 알게 되면 소스라치게 놀랄지도 모르지만, 솔직하게 말한 용기를 칭찬해 주어야 해요. 또 아이의 자잘한 거짓말에 엄마가 너무 민감하게 추궁하면 아이는 진절머리를 냅니다. 사소한 거짓말조차 허용하지 않는 엄마에게는 더 큰 거짓말로 위기를 모면하려 합니다. 그러니 엄마는 아이가 거짓말하는 것을 알고 있다는 신호를 보내되 완벽하게 통제하려 하진 마세요.

공부할 때에는 결과를 절대 수치로만 보지 말고 상대적으로 평가해야 합니다. 즉 일반적인 5학년 수준을 따라가기보다는 그저 어제보다 나은 오늘이기만 하면 됩니다. 하루하루를 어제보다, 지난주보다, 지난달보다 조금이라도 더 나아지기만 하면 된다고 여기세요. 이런 과정들이 쌓여야만 비로소 제자리를 찾아갈 수 있습니다.

그러기 위해서는 엄마가 속마음을 감추고 포커페이스를 해야 합니다. 아이가 생각보다 낮은 성적을 받아오더라도 기분 나쁜 감정을 드러내지 말아야 합니다. 책상에 앉아서 딴짓해도 어제보다 조금 더 공부하면 기뻐하고 칭찬해 주세요. 어제보다 나은 오늘이면 된다고 아이를 다독여 주세요. 처음엔 변화된 엄마의 말을 못 믿을 겁니다. 그러나 아이가 엄마의 마음을 받아들일 때까지 매일매일 이런 태도를 유지한다면 결국은 아이도 엄마의 마음을 받아들이고 조금씩 자신감을 찾을 수 있습니다.

다음으로 아이의 학습 수준을 확인해 보세요. 아이가 5학년 학습을 이해하지 못한다면 4학년을, 그것도 어려워하면 3학년 과목을 공부해도 괜찮습니다. 만약 아이가 자존심 때문에 낮은 학년의 후행 학습을 하기 싫어한다면 현행을 유지하면서 부족한 개념을 보충해야 합니다. 이때는 공부량이 늘어나기 때문에 모든 과목을 다 하기보다는 몇 과목만 골라서 집중적으로 공부하도록 도와주세요.

공부할 때는 개념을 충분히 이해하도록 해야 합니다. 아이가 공부를 마치고 나면 반드시 엄마에게 자신이 공부한 내용을 설명하게 하세요. 혼자 공부할 때는 이해가 되지 않던 개념이 엄마에게 설명하면서 이해되는 마법 같은 일이 벌어집니다. 설명이 어렵다면 예시를 두세 가지 정도 들도록 하는 것도 좋습니다. 엄마가 직장 맘이라 아이의 공부를 직접 확인하기 힘들다면 아이가 공부한 내용 설명을 녹음하게 하세요. 엄마는 중간중간 두어 군데 확인해서 아이가 성실하게 설명했는지만 확인하면 됩니다. 설명하는 내용이 맞냐 틀리냐는 중요하지 않아요.*

문제를 잘 풀지 못한다면 교재를 옆에 두고 보면서 풀도록 허락해 주세요. 교재를 찾아서 문제를 풀게 되면 개념이 무엇인지 좀 더 뚜렷하게 이해할 수 있고 문제에 어떻게 적용되는지도 알게 될 것입니다. 문제집을 처음에는 풀 수 있는 것만 풀도록 해서 공부 부담을 줄이고 개념 공부에 좀 더 집중하도록 도와주세요.

'이렇게 해서 언제 제 학년 공부를 하게 될까'를 걱정하지 마세요. 아이가 마음을 다잡고 후행 학습부터 다시 차근차근 공부하면 생각보다 빨리 제자리를 찾을 수 있어요. 초등학교는 공부량과 난이도가 높지 않아서 이렇게 해도 충분히 따라잡을 수 있습니다. 그런데 많은 엄마들이 자꾸 과정을 건너뛰고 급하게 달리려고 합니다. 뭔가 특별한 방법을 찾아 단기간에 성적을 올리고 싶어 합니다. 하지만, 위에 언급한 정도의 과정도 거치지 않는다면 알라딘의 마법 램프를 갖고 있다고 해도 총체적인 어려움에서 벗어나기 어려울 것입니다. 그만큼 엄마에게는 과정을 견디는 힘과 믿음이 필요합니다.

* 더 자세한 내용은 99쪽, '스스로 알아서 공부하는 자기주도학습은 환상일까요?' 참조.

평생 공부의 기초, 초등 공부력

세 줄 요약

• 아이가 거짓말을 할 수밖에 없는 상황을 이해하고, 거짓말을 하지 않았을 때는 거짓말을 했을 때보다 받게 될 위험을 줄여 준다.

• 어제보다 나은 오늘의 공부이기만 하면 된다.

• 차근차근 과정을 밟지 않고 건너뛰어서는 총체적인 어려움을 극복할 수 없다.

4장

진학과 진로,
어떻게 준비해야 하나요?

진로 계획을
어떻게 세워야 하나요?

Q.

요즘 학교에서는 4차 산업사회와 진로 교육을 하면서 주로 살아남을 직업과 없어질 직업에 대해 알려 준다고 합니다. 그런데 직업의 세계를 너무 추상적으로 알려 줘서인지 아이가 흥미를 느끼질 못하네요. 4차 산업사회가 3차 산업사회와 어떻게 다른지는 알겠는데 구체적으로 어떻게 진로 계획을 세워야 할지 알고 싶어요.

[6학년 남자아이]

엄마가 먼저 공부하고 아이에게 길을 알려 주세요

1. 4차 산업사회와 사람의 영역

4차 산업사회는 혁명이라고 불릴 만큼 큰 변화를 가져왔습니다. 일반적으로 혁명이란 신기술이나 새로운 세계관의 등장으로 인해 사회경제적으로 큰 변화를 가져올 때 쓰는 단어입니다. 코로나 팬데믹으로 오프라인 수업을 진행할 수 없게 된 학교는 줌Zoom이나 구글 미트Google Meet 와 같은 앱을 활용함으로써 온라인 교육이라는 새로운 길을 개척했습니다. 또 유튜브의 추천 동영상이나 인터넷 쇼핑몰의 추천 상품 등은 인공지능AI 알고리즘의 획기적 발전에 따라 소비자가 필요한 것을 직접 찾아야 했던 수고를 덜어 주었습니다.

이토록 큰 변화를 불러온 4차 산업사회에 대해 주목하게 된 계기는 2016년 3월, 한 호텔의 개관 이벤트로 벌어진 바둑 대결이었어요. 세계적인 바둑 선수인 이세돌 9단과 구글의 자회사 딥마인드가 개발한 알파고가 맞붙은 세기의 바둑 대결이 펼쳐진 것이죠. 바둑은 인간 정신의 정수라고 여겨지는 고도의 정신 스포츠입니다. 두뇌 싸움을 상징하는 바둑 경기에서 인간의 지능과 인공지능이 자웅을 겨루었습니다.

결과는 4승 1패로 알파고가 이겼습니다. 이 소식을 전한 여러 언론에서는 대체적으로 암울한 미래 사회에 대한 불안감을 숨기지 못했습니다. 그 이유는 이세돌 9단과 마주 앉아 알파고의 지시에 따라 바둑돌을 놓던 '아자 황'이라는 사람 때문입니다. 아자 황은 알파고를 개발한 딥마인드사의 연구원이었습니다. 알파고를 개발한 사람이 그 피조물의 결정과 지시에 따라 움직여야 하는 시스템을 보며 마치 영화 〈터미네이터〉나 〈매트릭스〉처럼 인간이 피조물인 AI의 지배를 받는 디스토피아적인 생각을 한 것이죠.

어쨌든 이후로 인공지능을 비롯하여 로봇, 사물인터넷 IoT, 빅데이터 등 다양한 신기술에 대한 관심이 높아졌고, 사람들의 관심이 늘어난 만큼이나 돈을 벌 수 있는 기회도 많아졌습니다. 인간은 AI나 로봇과 같은 4차 산업의 핵심 기술과 맞상대해서는 생산성에서 절대로 못 이긴다는 것을 일찌감치 알아차렸습니다. 그래서 인간만이 할 수 있는 영역을 극대화하는 전략을 취했는데 그것은 바로 창의성과 문제해결력입니다. 로봇과 같은 하드웨어나 인공지능과 같은 소프트웨어는 어떤 목적과 방향성을 설정해야 하는 데 이것은 여전히 인간의 몫으로 남아 있기 때문입니다.

2. 살아남을 직업과 없어질 직업

4차 산업사회에서는 로봇, 인공지능의 역할이 확대되면서 인간의 일자리가 점점 줄어들 거라는 예측이 무성합니다. 연구자에 따라 내용이 조금씩 다르기는 하지만 대부분 창의적인 직업은 살아남고

살아남을 직업	없어질 직업
연예인	번역가
영화감독	캐셔
작가	경리
운동선수	공장 근로자
화가	비서

살아남을 직업, 없어질 직업

단순한 일을 반복하는 직업은 살아남기 어렵다고 합니다.

그런데 이런 구분은 사실 아무 의미도 없고 틀린 분석입니다. 이미 인공지능은 인간만큼, 아니 어쩌면 인간보다 훨씬 더 창의적으로 발전했습니다. 고갱GauGAN이라는 인공지능은 사람이 대충 그린 레이아웃을 아주 선명한 풍경 그림으로 변환해 줍니다. 미드저니Midjourney라는 인공지능은 사람이 키워드만 입력하면 그에 맞는 일러스트를 그려 줍니다. 이젠 인공지능이 소설을 쓰기도 하고 챗GPT라는 인공지능은 아예 프로그램 코딩도 해 줍니다.

얼핏 보기엔 마치 인공지능이 사람의 생각과 같은 정신적 사유활동을 하는 것처럼 보이지만 사실 인공지능은 딥러닝을 통해 수많은 데이터베이스 가운데 통계적으로 가장 자연스러운 결과만 도출하는 방식으로 연산할 뿐입니다. 어쨌든 그동안 사람의 고유한 영역이라고 생각해 왔던 많은 분야는 AI의 차지가 되었습니다. 그렇다면 사람의 새로운 역할을 어떻게 설정해야 할까요?

우리는 사람들이 필요로 하는 것이 무엇인지 찾아내고창의력, 그 필요 욕구를 충족시킬 수 있는 방향을 설정하는 능력_{문제해결력}을 개발해야 합니다. 단순히 힘쓰고, 계산하고, 반복하는 따위의 일은 인공지능이나 로봇에게 맡기고 인간은 좀 더 복잡한 영역에서 활동하는 것이 더 효율적입니다. 그래서 학교에서는 3차 산업사회의 암기 위주 교육에서 벗어나 다양한 방법으로 아이들의 창의성과 문제해결력을 기르는 교육을 하고 있습니다.

3. 엄마 때와는 많이 다른 진로

엄마가 학생이던 3차 산업사회에서는 진로 교육이 따로 필요하지 않았습니다. 당시에는 경제성장률이 10% 이상인 고성장 사회였기 때문에 기업들은 기본 상식과 약간의 전문 지식을 갖춘 산업 역군을 많이 필요로 했습니다. 그래서 대학교에 진학만 하면 졸업과 동시에 취업할 수 있는 곳이 많았지요.

지금은 다릅니다. 2023년 경제성장률은 1%대로 낮아질 거라 예측되고 4차 산업사회의 로봇과 인공지능은 생산성에서 인간을 월등하게 앞질렀습니다. 이제 인간이 해야 할 일은 필요한 정보를 서로 조합하여 새로운 결과를 만들어 내는 것입니다. 요즘엔 면접도 과거와는 다른 방식의 질문이 주를 이룹니다. 아래는 해외 주요 기업들의 실제 면접 문제입니다.

구글 : A380 비행기에 탁구공을 가득 채우면 몇 개나 들어갈까요?

마이크로소프트 : 당신은 투명인간과 하늘을 나는 것 가운데 어떤 초능력을 선택하시겠습니까?

아마존 : 당신에게 100만 달러가 생기면 어떤 스타트업을 하겠습니까?

자신의 전문 분야와는 전혀 상관없는 질문들을 쏟아 내는 글로벌 기업의 추세에 따라 요즘엔 우리나라 기업들도 이런 식의 면접 문제를 많이 내고 있습니다.

L그룹 : 서울 시내 전체 중식당의 하루 매출액은 얼마일까요?

S그룹 : 제3차 세계대전이 발발했을 때 반드시 살려야만 하는 일곱 명의 직업은 무엇입니까?

C그룹 : 고액권 화폐에 적당한 인물은 누구인가요? 그 이유는 무엇입니까?

기업들은 왜 초능력을 궁금해하고 왜 중식당의 매출을 물어볼까요? 그들은 정말 이런 것이 회사 업무에 꼭 필요한 지식이라고 생각하는 것일까요? 당연히 그럴 리 없습니다. 이런 질문은 단지 소재일 뿐입니다. 질문 자체는 다소 황당해 보이지만, 이런 질문의 답을 통해 지원자의 창의성과 문제해결력을 파악하겠다는 의도가 깔려 있습니다. 그래서 기계적으로 교과 지식만 외운 사람은 아무리 명문 대학교를 졸업한다고 해도 취업에 성공하기가 무척 어렵습니다. 모르는 것을 검색만 하면 다 나오는 세상에서 인간의 사색은 과거와는 비교도 되지 않을 만큼 중요해졌습니다.

4. 창의성과 문제해결력의 기본

창의성과 문제해결력이란 무엇을 말하는 것일까요? 얼핏 생각하기에 창의성이란 뭔가 독특한 생각, 다른 사람과 구분되는 사고방식 정도로 생각할 수 있습니다. 창의성이란 기존의 지식을 분류, 구분하고 융합하여 새로운 지식을 만들어 내는 능력입니다. 그래서 창의성을 키우려면 논리적이고 다양한 관점에서 문제에 접근해야 합니다. 또 문제해결력은 고도화된 사회의 복잡다단한 문제를 해결하기 위한 능력을 말합니다. 문제해결력을 갖추기 위해서는 객관성, 논리력, 다양한 관점, 비판적 사고를 키워야 합니다. 또한 복잡한 문제일수록 혼자서 해결하기 어렵기 때문에 다른 사람들과 협력하기 위한 소통, 경청, 배려 등의 인성도 갖추어야 합니다.

이러한 창의성과 문제해결력을 기르는 가장 좋은 방법은 인문학 공부입니다. 인문학은 논리적 설득 과정이 담긴 논증을 많이 활용하기 때문에 인문학을 공부해서 논증에 익숙해지면 창의성과 문제해결력을 기르는 데 도움이 됩니다. 그런데 학교 공부하기도 바쁜데 어떻게 인문학 공부까지 할 수 있을까 걱정되시나요? 걱정하지 마세요. 학교 공부가 바로 인문학 공부입니다. 학교에서 가르치는 교과는 대부분 추상적인 개념을 설명하고 있습니다. 따라서 그냥 외우는 것이 아니라 개념을 중심으로 이해하는 공부를 하면 논증에 익숙해질 수 있습니다. 기계적으로 외우는 암기식 공부는 3차 산업 사회에서나 통했던 공부법입니다. 4차 산업사회에서는 급변하는 정보의 홍수 속에서 논증에 따라 스스로 생각하고 문제해결을 위한 의사결정을 내릴 수 있어야 좋은 평가를 받을 수 있습니다.

5. 초등학생의 진로 계획

초등학생이 구체적인 진로 계획을 잡기란 굉장히 어려운 일입니다. 엄마가 해 주는 밥을 먹고, 학교에서 친구들과 놀면서 지내는 아이들에게 어른이 된다는 것은 무척이나 막연한 생각입니다. 직업을 가지고 스스로 돈을 벌어서 독립적으로 살아야 한다는 것은 상상도 못 할 일이죠. 그래서 중학교 1학년 진로 수업 시간에는 대부분이 자거나 딴짓을 합니다.

아이들의 진로에 대한 생각은 계속 바뀔 겁니다. 월드컵을 시청할 때는 축구 선수가 되겠다던 아이가 아이돌 공연을 보고 나면 연예인이 되겠다고 합니다. 주변에 엄마가 부러워하는 사람이 있으면 그 사람의 직업을 흠모하기도 합니다. 좋게 보면 그만큼 꿈과 희망이 많은 시기이고 현실적으로 보면 그만큼 아무 생각이 없는 시기라 하겠습니다.

언젠가 직업을 가져야 하고 돈을 벌어야 한다는 인식을 갖게 하는 것까지가 초등학생 진로 계획의 현실적인 범위입니다. 초등학생에게 구체적인 직업을 선택하고 계획하게 하는 매뉴얼이나 로드맵

은 만들기도 어렵거니와 지금 초등학생이 사회인이 될 대략 10~20
년 후의 세상은 또 지금과는 많이 바뀌었을 것입니다. 그래서 초등
학생의 진로 계획은 사회현상과 변화에 대해 엄마와 자주 이야기를
나누고 관심을 가지도록 하는 것이 최선입니다. 세상을 보는 눈을
넓게 하고 창의성과 문제해결력을 기르는 공부 습관을 갖게 되면
중·고등학교에 가서 좀 더 구체적인 직업의 세계를 탐구할 수 있을
것입니다.

세 줄 요약

• 4차 산업사회에서는 창의성과 문제해결력이 성공적인 삶을 좌
우한다.

• 사람들이 필요로 하는 것이 무엇인지 찾아내고(창의력), 그 필
요 욕구를 충족시킬 수 있는 방향을 설정하는 능력(문제해결력)
을 기르는 것이 진로 계획의 핵심이다.

• 초등학생의 진로 계획은 사회현상과 변화에 대해 가족과 자주
이야기를 나누고 관심을 갖도록 하는 정도가 최선이다.

2

공교육만 믿고 따라가도 될까요?

Q.

어떤 선생님은 아이가 집에서 공부를 다하고 왔는지 확인하는 정도로만 수업하신대요. 그래서인지 제 주변 아이들은 한두 개 이상씩 학원에 다녀요. 이럴 거면 왜 학교에 보내는 거죠?

저는 성공적인 대입보다 초·중·고 과정을 제대로 수행하는 것이 중요하다고 생각해요. 학교 수업을 잘 듣고 잘 따라가면 대입도 수월하겠지요. 저는 될 수 있으면 학원에 보내지 않고 학교 교육에만 집중하고 싶어요. 그런데 학원에 안 다녀도 중·고등학교 공부를 제대로 할 수 있을지 걱정됩니다. 공교육의 권위가 무너진 현실에서 내 아이만 사교육 없이 공교육만 받아도 될지 불안하네요.

[6학년 남자아이]

A.

그래도 공교육이 중심입니다

1. 4차 산업사회 맞춤형 교육과정

4차 산업사회에 걸맞은 창의융합형 인재를 양성해야 할 학교에서 좋은 선생님을 만나는 것은 복불복인 것 같고, 가르치는 것보다는 행정 업무에 더 바쁜 선생님을 보면 스승이라기보다는 직장인처럼 보이겠죠. 그런 선생님에게 내 아이의 미래를 맡기기엔 좀 불안할 겁니다.

어쩔 수 없는 현실이지요. 학교 선생님을 옹호하는 것이 아니라 상황이 그렇다는 것입니다. 선생님이 수업에 소홀할 수밖에 없는 이유는 행정 업무가 너무 많기 때문입니다. 특히 학년 부장을 맡은 선생님은 더 심합니다. 수업과 직접적인 관련이 없는 과중한 업무나 잡다한 지침을 처리하느라 선생님은 생각보다 많은 시간을 빼앗기고 있습니다.

그렇다면 학원은 완벽할까요? 사교육이 내 아이의 미래를 보장할 수 있을까요? 그건 더더욱 아니죠. "안에서 새는 바가지는 밖에서도 샌다"는 말처럼 학교에서 공부를 못하는 아이는 학원에서도 못합니다.

우리가 공교육을 중요하게 생각해야 하는 이유는 단 한 가지입니다. 아이의 진학과 관련된 모든 공식적인 자료는 학교에서 생산한 것만 인정되기 때문입니다. 학원에서 아무리 만점을 받더라도 그 기록을 어떤 입시에도 활용할 수 없습니다. 오직 학교에서 나오는 학생기록부, 생활기록부만이 입시에 활용될 뿐이죠. 이것은 너무나 중요한 사실입니다.

학교 수업을 등한시하고 학원 수업에 집중하는 것은 주객이 전도된 것입니다. 시험 출제자인 선생님의 강의가 학교 수업인데 그것을 제대로 듣지 않으면 도대체 뭘 어떻게 하겠다는 거죠? 학교 수업을 중심으로 공부하는 것이 기본이고, 학교 수업에 뒤처지는 아이는 학원에라도 보내서 학교 수업을 따라갈 수 있도록 보충해 줘야 합니다.

실제로 유명 학원의 일부 강사를 제외하면 일반적으로는 학교 선생님이 학원 선생님보다 훨씬 더 뛰어납니다. 아래는 서울교육대학교와 건국대학교의 2021년 수시 교과 평균 등급입니다. 서울교육대학교의 수시 평균 등급이 건국대학교의 인기학과들보다 더 높습니다.

학교	학과	수시 등급(학생부 교과)	
서울교육대학교		1.60	학교장 추천 전형
건국대학교	컴퓨터공학과	2.1	KU 학교 추천
	영어교육과	1.7	KU 학교 추천

정시는 두 학교 간 유의미한 비교 수치가 없음.

서울교육대학교와 건국대학교 수시 등급 비교(2021년)

물론 단순히 입시 성적만으로 우열을 따지기는 어렵지만 최소한 초등학교 선생님들이 꽤 우수한 인재라는 것을 잘 알 수 있습니다.

2. 사교육의 장단점

학원은 기본적으로 매출을 올려야만 유지할 수 있습니다. 단기간에 아이들의 성적을 올리지 못하면 다음 달에는 등록하지 않을 수도 있기 때문에 긴 호흡으로 학생의 실력을 쌓는 장기적인 커리큘럼을 진행하기 어렵습니다. 게다가 아이가 직접 해야 할 영어 독해, 수학 문제 등을 선생님이 다 풀어 주는 학원이라면 아이 스스로 실력을 쌓기엔 한계가 있습니다. 설명을 들을 때는 다 이해되는 것 같아도 스스로 익히지 않은 공부는 그야말로 모래성처럼 쉽게 무너질 수 있습니다. 내 것으로 익히지 못해도 진도를 나가야 하는 학원 주도 학습의 문제점입니다.

그렇다 해도 사교육을 등한시하기엔 엄마가 불안합니다. 대치동에 있는 학원에 다니면 아무리 목표로 하던 서울대학교는 못 가도 인서울까지는 할 수 있지 않을까 기대합니다. 이런 인식이 자리 잡고 있기 때문에 사교육의 문제점을 지적해도 학원에 보냅니다. 학원이 아니면 아예 공부를 안 하는 아이라면 두말할 필요도 없겠지요.

대치동으로 대표되는 대형 학원의 장점은 자본이 모여 있다는 것입니다. 그래서 많은 조교를 채용하고 문제를 하나하나 밑바닥까지 뜯어서 분석해 수준 높은 문제집을 만들어 냅니다. 최상위권의 아이들이 이런 학원에 등록하는 이유는 수업을 듣기 위해서가 아니라 이 문제집을 입수하기 위해서입니다. 이 문제들을 풀면서 자신의 약점을 발견하고 보완하기 위해서죠. 게다가 시스템도 괜찮습니다. 가격이 터무니없이 비싼 것도 아니고 수업을 이해할 수 있는 아이들만 등록하기 때문에 사교육의 효과도 나름 크게 나타납니다.

그런데 지금은 평가 기준이 달라졌습니다. 학교 시험에서 어려운 문제는 나오지 않고 융합이나 통합된 문제가 주로 출제됩니다. 개념만 안다고 해서 풀 수 있는 문제는 별로 없습니다. 그래서 이제는 학원을 오래 다닐 필요가 없습니다. 가장 좋기로는 학교 수업에 집중해 자기 생각을 키우는 공부를 하다가 마지막에 학원에 가서 좋은 문제집도 받고 다른 친구들이 공부하는 모습에서 자극을 받는 것입니다.

학원 수업을 들어도 충분히 자기 것으로 소화할 수 있는 아이가 학원에 가야 효과를 봅니다. 그렇지 않으면 돈만 낭비하는 셈이 될 거예요. 실제로 대치동 학원가에서 성과를 내는 아이들은 이런 아이들입니다. 대치동에 늘 있지 않던 아이들, 자기주도학습을 해서 상처받지 않고 관리를 잘한 아이들이 마지막 사과를 따 먹습니다. 어릴 때부터 학원에만 의존하던 아이들은 끝까지 살아남지 못하고 대부분 튕겨져 나갑니다. 이런 실패를 맛본 아이나 부모는 침묵하고 떠들지 않아서 우리가 잘 모르고 있을 뿐입니다.

3. 사교육 활용법

사교육이 아예 필요 없다고 말하는 것은 아닙니다. 다만 공교육이 중심이며 사교육은 공교육을 보충하기 위해 아주 짧게 활용하는 것이 좋다는 것입니다. 그렇다면 사교육을 어떻게 활용해야 할까요? 먼저 메타인지와 오답 분석을 통해 아이의 약점이 무엇인지부터 파악하세요. 그리고 아이의 약점을 보완해 줄 수 있는 학원을 찾아 짧은 기간만 보내고 선생님에게는 아이의 약점을 집중적으로 보완해 달라고 요구하세요. 이 정도 수고는 필요합니다. 돈을 냈다고 해서 모든 것을 학원이 알아서 해 주지는 않거든요.

학원에라도 가지 않으면 공부를 하지 않는 아이들은 학교 공부를 따라가도록 하는 목적으로 학원을 보내야 합니다. 학교 공부와 다른 커리큘럼을 가르치는 학원에 보내면 안 됩니다. 특히 선행을 가르치는 학원을 주의해야 합니다. 6학년 아이가 6학년 것도 제대로 이해하지 못한 채 중학교 선행을 하면 실력도 안 늘고 공부가 싫어지기만 할 뿐입니다. 모든 아이들이 다 선행을 하는데 어떻게 우리 아이만 안 시킬 수가 있느냐고 생각하지 마세요. 지금 학년의 공부에서부터 성과가 나와야 합니다.

초등학교 때는 정말 학원을 적게 보내야 합니다. 그렇다고 마냥 놀리라는 게 아니라 매일 조금씩이라도 비문학 지문, 영어, 수학을 공부할 수 있도록 엄마가 이끌어 주세요. 집에서 매일매일 빠지지 않고 공부하면, 아무 생각 없이 학원에 다니는 것보다 훨씬 더 실력을 쌓을 수 있습니다. 엄마가 조금만 더 신경을 써 주면 되는데 이

걸 학원에서 해결하려면 얼마나 많은 돈을 더 들여야 할까요? 이렇게 하는데 엄마가 무슨 대단한 능력이 있어야 하는 것도 아닙니다. 엄마가 사교육의 장단점을 확실하게 알고 사교육에 대한 태도를 바꿀 수 있느냐가 관건입니다.

4. 공교육 시스템이 유리한 이유

평범한 학생에게는 공교육 시스템이 절대적으로 유리합니다. 공교육 시스템은 학년별로 공부해야 할 내용과 학습 목표가 정해져 있고, 그것을 가르쳐 주는 우수한 선생님이 있기에 따라가기만 하면 됩니다. 이 시스템은 일반적인 사교육 시스템보다 월등히 낫습니다. 다만 공교육의 특성상 특별히 뛰어나거나 뒤처지는 아이를 따로 가르치기엔 한계가 있지요. 이런 아이들은 각자에게 맞는 사교육을 최대한 짧게 받아서 공교육 시스템을 따라갈 수 있도록 해 주는 것이 좋습니다.

질문하신 엄마의 말대로 초·중·고 교육과정에서 뒤처지지 않는다, 학습에 어려움이 없다, 선생님의 수업을 듣고 이해할 수준이 된다……. 사실 이것만 되면 얼마든지 명문대에 진학할 수 있습니다. 엄마는 아이가 어려운 공부를 어렵지 않게, 고통받지 않고 해 나갈 수 있기를 바랍니다. 학습에 어려움 없이 교육과정에 뒤처지지 않는다는 것이 어쩌면 평범하게 보일 수도 있겠지요. 사실 평범하다는 것이 무척 어렵습니다. 평범하게, 순탄하게 공부하려면 자기주도학습 능력, 타인과의 협동 능력, 인지능력 등이 무척 뛰어나야 하기 때문입니다. 다행히 지금 공교육 시스템에서는 이런 것들을 강조하고 있고 각종 수행평가, 모둠 활동, 보고서나 소논문 등을 통해 그런 방향으로 이끌어 가고 있습니다. 공교육에 대해 더 궁금한 것이 있으면 학교 선생님과 상의하세요. 아무래도 엄마가 관심을 보이면 선생님도 인지상정으로 아이에게 좀 더 많은 관심을 보일 것입니다.

세 줄 요약

• 모든 공식적인 자료는 학교에서 생산하는 문서만 인정되므로 학교 공부를 우선해야 한다.

• 사교육은 공교육을 뒷받침해서 아이의 역량을 보완하는 목적으로 활용하자.

• 대부분의 평범한 학생들에게는 공교육 시스템이 사교육보다 절대적으로 유리하다.

고교학점제를
어떻게 대비해야 하나요?

Q.

제 아이가 고등학생이 되면 고교학점제가 실시된다고 합니다. 큰 틀에서 대학교처럼 학점 이수를 해야 하는 것 정도로 이해하고 있는데 정확한 내용을 알고 싶습니다. 엄마가 모르는 문제점 같은 것이 있을까요? 고교학점제를 어떻게 준비해야 할까요?

[4학년 남자아이]

A.

고교학점제가 무엇인지 이해하고
아이의 특성에 맞게 대비하세요

1. 고교학점제란?

교육부의 고교학점제 홈페이지www.hscredit.kr에는 고교학점제를 다음과 같이 소개하고 있습니다.

---

1. 고교학점제란?

고교학점제란 학생이 기초 소양과 기본 학력을 바탕으로 진로·적성에 따라 과목을 선택하고, 이수 기준에 도달한 과목에 대해 학점을 취득·누적하여 졸업하는 제도입니다. 학생들은 자신의 진로에 따라 원하는 과목을 선택하여 수업을 들을 수 있습니다. 일정 수준의 성취를 달성했을 때 과목 이수를 인정하기 때문에 배움의 질이 보장됩니다. 또한, 누적된 학점을 기준으로 졸업 여부가 결정되기 때문에 고교 졸업이 본질적인 학력 인정으로 이어집니다.

2. 고교학점제가 필요한 이유

1) 학생 맞춤형 교육으로 학생의 학습 동기와 흥미를 불러일으킵니다.

2) 직업 세계가 급변하는 미래 사회를 대비하여 자신에게 필요한 배움이 무엇인지 찾게 함으로써 진로 개척 역량과 자기주도적 학습 습관을 기를 수 있습니다.

3) 다양한 능력과 적성을 가진 개개인의 역량을 최대한 발휘할 수 있도록 지원합니다.

---

3. 고교학점제의 학사 운영

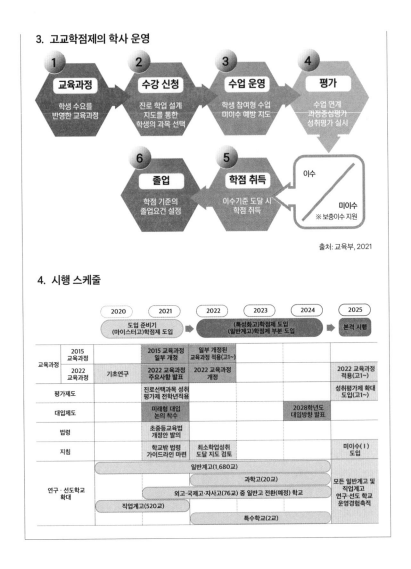

출처: 교육부, 2021

4. 시행 스케줄

		2020	2021	2022	2023	2024	2025
		도입 준비기 (마이스터고)학점제 도입		(특성화고)학점제 도입 (일반계고)학점제 부분 도입			본격 시행
교육과정	2015 교육과정		2015 교육과정 일부 개정	일부 개정된 교육과정 적용(고1~)			
	2022 교육과정	기초연구	2022 교육과정 주요사항 발표	2022 교육과정 개정			2022 교육과정 적용(고1~)
평가제도			진로선택과목 성취 평가제 전학년적용				성취평가제 확대 도입(고1~)
대입제도			미래형 대입 논의 착수			2028학년도 대입방향 발표	
법령			초중등교육법 개정안 발의				
지침			학교밖 법령 가이드라인 마련	최소학업성취 도달 지도 검토			미이수(I) 도입
연구·선도학교 확대		일반계고(1,680교)			과학고(20교)		모든 일반계고 및 직업계고 연구·선도 학교 운영경험축적
			외고·국제고·자사고(76교) 중 일반고 전환(예정) 학교				
		직업계고(520교)					
				특수학교(2교)			

　

고교학점제의 도입 취지에 비춰 봤을 때 자신의 적성을 일찍 발견하고 구체적으로 진로를 정하는 학생이 유리할 것입니다. 더 자세한 내용은 교육부 고교학점제 홈페이지를 참고하시기 바랍니다.

2. 고교학점제의 예상되는 문제점

그동안 고교 졸업은 출석 일수에 따라 결정되었습니다. 성적이 바닥이어도 출석만 제대로 하면 졸업장을 받을 수 있었지요. 그런데 고교학점제가 시행되면 학점을 취득해야만 졸업할 수 있습니다. 학점을 취득하려면 어떻게든 일정 수준 이상의 학업 목표를 달성해야 하는데, 이게 안 되면 고등학교 졸업장 대신 수료증을 받을 수도 있습니다. 지금도 수포자나 영포자, 다포자 다 포기한 사람인 아이들이 많고 특히 코로나로 인해 초등학생 때부터 학력이 급격하게 떨어진 경우도 많은데 이런 아이들이 어떻게 과목을 이수하여 학점을 취득할 수 있을지 걱정입니다.

물론 학교에서는 방과후학교든 보고서 제출이든 간에 어떤 방법을 써서라도 졸업 학점을 취득할 수 있도록 할 것입니다. 하지만 사실 고교학점제의 가장 큰 특징이라고 할 수 있는 아래 두 가지 항목은 자칫 다른 방향으로 문제가 될 수 있습니다.

개인 시간표 도입

지금은 학교에서 개설한 선택과목 중에서 자신의 진로나 진학 방향을 고려하여 과목을 선택합니다. 예를 들어 토목건축학과를 지원하려는 학생은 물리와 지구과학을 심화 과목으로 선택하여 수강하는 것이 유리합니다. 그런데 만약 학교가 그 과목들을 개설하지 않으면 어쩔 수 없이 다른 과목을 선택해야 합니다. 반면 고교학점제가 도입되면 학교에서 본인이 원하는 과목을 개설하지 않더라도 그 과목을 개설한 이웃 학교에 가서 수업을 듣고 학점을 이수하면 됩니다. 얼핏 보기엔 자신에게 유리한 과목을 선택할 수 있는 것이 큰 장점으로 느껴질 것입니다.

하지만 아이가 진학하려는 학과를 미리 결정하고 그것에 맞는 과목을 선택하는 것이 여간 어려운 일이 아닌데, 아예 수백 개의 선택지를 주고 학생이 알아서 수강 과목을 정해 시간표를 짜라고 하면 아이들은 굉장히 혼란스러울 수밖에 없어요. 어쩌면 이런 선택과목 시간표를 짜 주는 학원이 등장해서 부모의 부담만 가중시킬 수도 있습니다.

일부 지역에서는 선생님을 모시기도 어렵습니다. 만약 아이가 한국외국어대학교 페르시아어·이란학과로 진학을 원한다면 어떤 과목을 선택해야 할까요? 페르시아어를 가르쳐 줄 학교 선생님은커녕 학원도 찾아볼 수 없는데 말입니다. 대입에 필요한 수많은 과목을 학교에서 모두 개설하기란 불가능합니다.

절대평가

절대평가는 성취도 평가라고도 하는데 지금은 고등학교 2학년 때부터 하는 '2'과목 진로 선택과목 은 수강생 수가 적어서 내신이 불리해지는 경우를 방지하기 위해 절대평가를 하고 있습니다. 수능에서는 이미 영어와 한국사가 절대평가지요.

절대평가의 가장 큰 문제점은 변별력이 부족하다는 것입니다. 100점이나 90점이나 모두 A로 평가합니다. 그래서 많은 대학교에서는 '영어 A등급 이상 지원 가능'이라는 식으로 어떤 자격을 주는 정도로밖엔 사용하지 않습니다. 고교학점제에서 이런 절대평가가 실시되면 최대한 유능한 인재를 뽑고 싶어 하는 대학교 입장에서는 다른 변별 방법들을 도입할 수밖에 없습니다. 면접을 강화하든지 적성고사를 실시하든지 간에 다양한 전형을 추가할 것입니다.

이것을 교육부에서 못 하게 막는다면 어떻게 될까요? 그러면 기업들이 대학 졸업생을 대상으로 다양한 방법을 통해 기업이 필요로 하는 인재인지 아닌지를 변별하게 될 것입니다. 대학 졸업생들은 대학원에 진학하든지 아니면 취업 관련 스펙을 쌓느라 분주하게 움직여야 할 것입니다. 자원이 한정되어 있는 현실 세계에서 인생의 어느 시점에서는 분명히 경쟁할 수밖에 없는데 이렇게 두루뭉술하게 등급으로 평가하는 절대평가는 결국에는 더 많은 공부, 더 많은 스펙, 나아가 더 많은 시간과 노력을 요구하게 될 것입니다.

고교학점제가 아무리 학생 개개인의 적성에 맞도록 진로를 설정하고 자기 주도적 인재로 성장시키기 위해 필요한 제도라고는 하지만 출발부터 삐걱거리고 있습니다. 바로 자사고와 특목고 때문인데요. 엄마들은 아이가 이런 학교로 진학하길 바라면서도 한편으로는 부담스러워하는데 그 이유는 바로 상대평가 때문입니다. 자사고와 특목고는 일반고에 비해 비교적 학업 성적이 높은 아이들이 많기 때문에 공부를 잘하는 아이들 틈바구니에서 우리 아이가 얼마나 좋은 성적을 받을 수 있을까 하는 우려가 있을 수밖에 없지요. 하지만, 절대평가가 실시되면 이야기는 달라집니다. 학습 분위기도 좋고 상대평가에 따른 스트레스도 없는 데다 대학교에서도 절대평가로 인해 변별력이 부족한 만큼 자사고와 특목고 출신을 더 선호할 것이 분명합니다. 실제로 교육 당국이 2025년부터 고등학교 내신을 절대평가 방식으로 전환할 것이라고 발표하자 그동안 계속 하락하고 있던 특목고와 자사고의 입학 경쟁률이 다시 치솟았습니다.

이제 초등학생 때부터 이런 학교로 진학하기 위해 엄청난 경쟁이 벌어질 것이고 사교육은 그 틈을 노리고 더욱 기승을 부릴 것이 불을 보듯 뻔합니다. 그래서 교육 당국은 자사고와 특목고를 없애려고 했는데 지금은 또 그대로 유지하겠다는 얘기도 솔솔 나오고 있으니 고교학점제가 제대로 정착될 수 있을지는 아직 알 수 없는 상황이 되어 버렸습니다.

3. 엄마는 고교학점제를 어떻게 준비해야 할까?

4차 산업사회의 패러다임 아래서 어떤 형식으로든 간에 교육제도의 변화는 불가피합니다. 변화의 방향은 개인의 적성과 진로 역량을 중시하고 강화하는 쪽으로 흘러갈 것입니다. 특히 고교학점제가 도입되면 지금의 수능은 획기적으로 변하게 되겠지요. 다양한 능력과 적성을 가진 개개인의 역량을 발휘하도록 하는 고교학점제의 취지와 오직 한 가지 답만 정답으로 인정하는 수능은 서로 맞지 않거든요.

아이는 아직 이런 변화의 바람을 인지할 수 없을 테니 엄마가 대신 변화의 여파를 짚어 봐야 합니다. 그렇지 않으면 자녀의 긴 인생을 위해 차곡차곡 준비해야 할 시간을 그냥 허비하게 될 것입니다.

엄마가 가장 먼저 해야 하는 것은 아이의 메타인지입니다. 자신의 장단점을 파악하고 가족을 비롯한 학습 환경에 대해서도 이해하는 시간을 갖는 것이 좋습니다.

아이의 적성은 수십 번, 수백 번 바뀔 수도 있습니다. 야구를 하면 야구선수가 되고 싶다고 하고 외식을 하면 요리사가 되고 싶다고 할 거예요. 그건 당연합니다. 나이가 어릴 때는 자주 바뀌지만 학년이 올라가면서 점점 더 구체적인 진로를 생각하게 될 것입니다. 엄마는 아이가 어떤 성향인지, 어떤 과목을 좋아하는지, 어떤 진로를 계획할 것인지 등을 염두에 두고 아이를 꾸준히 관찰해 보세요. 그리고 아이의 진로와 연관된 선택과목의 점수가 잘 나올 수 있는 고등학교로 진학시키는 것이 유리합니다. 그 과목을 잘 가르치는 선생님이 있다거나 또는 그 과목을 잘 운영하는 학교를 찾아봐야겠지요. 진학을 원하는 고등학교의 홈페이지를 살펴보거나 학부모 커뮤니티 등을 통해서 그 학교가 어떤 지침을 가지고 있는지, 어떻게 운영하고 있는지 등의 정보를 모아 보기 바랍니다.

세 줄 요약

- 고교학점제는 자신의 적성을 일찍 발견하고 구체적으로 진로를 정하는 학생에게 유리하다.
- 개인 시간표 도입과 절대평가는 오히려 문제가 될 수 있다.
- 아이의 적성과 진로를 염두에 두고 객관적인 이해와 평가를 수시로 해 보자.

올레드 TV	자존감	육각형	지하철 8호선
생수	오렌지	스마트워치	미운 사람
해운대	김연아	TMI	청계산
신용카드	옥수수	민주주의	선풍기
달력	기쁨	전기주전자	침대

1. 1분 동안 위의 단어를 외운 후 덮으세요.

2. 확실히 기억하는 단어가 몇 개인지 개수를 써 보세요.

3. 기억하는 단어들을 빈 종이에 써 보세요.

4. 2번과 3번의 개수를 비교해 보세요. 차이가 적을수록 메타인지력이 높고 차이가 많을수록 자신을 객관적으로 파악하는 능력이 낮다고 할 수 있습니다.

(아이는 최대한 많이 외우려 하겠지만 사실 몇 개를 외웠는지는 중요하지 않습니다.)

아이의 적성과 진로를
어떻게 찾을 수 있을까요?

Q.

요즘은 초등학교에서도 진로에 대해 많이 강조하는 것 같은데 진로를
언제까지 결정해야 늦지 않을까요? 체계적으로 적성을 찾고 진로를
결정할 수 있도록 도와주고 싶은데 어떻게 해야 할지 잘 모르겠어요.

[3학년 여자아이]

아이를 객관적으로 관찰해 적성을 파악하고 직업에 대한 이해를 높이세요

1. 진로 결정 시기

아직 성숙하지 않은 아이에게 직업의 세계는 너무나 피상적이고 어려운 주제입니다. 직업의 의미가 무엇인지도 모르는 아이들에게 적성을 찾고 진로를 탐구해서 10년 뒤, 20년 뒤의 모습을 그려 보라는 진로 교육은 쉽지 않습니다. 그렇다고 인생의 이정표를 세우는 일을 함부로 대충 할 수도 없는 노릇이지요.

우선 적성과 직업의 관계에 대해 생각해 봅시다. 적성이란 성격이나 성품 등을 말하는 것이지 구체적인 직업을 의미하는 것은 아닙니다. 남을 도와주는 일이 적성에 맞다면 그에 적합한 직업은 다양합니다. 의사, 변호사, 소방관, 경찰관 등등이 그러한 직업이지요. 초등학생 때는 자신의 적성이 어떠한지를 파악하는 정도에서 진로를 생각하면 될 것 같아요. 앞으로도 원하는 진로가 계속 바뀔 수 있으므로 너무 구체적인 진로를 결정하기보다는 직업의 세계에 대한 이해도를 높이는 데 주안점을 두는 것이 좋습니다.

진로를 언제까지 결정해야 한다고 단언하기 힘듭니다만 빠르면 빠를수록 좋을 것입니다. 특히 예체능계는 특성상 최대한 빨리 결정해서 조금이라도 일찍 준비하는 것이 유리합니다. 일반계라면 늦어도 고 1때까지는 정하는 것이 좋습니다. 왜냐하면 고 2 때부터는 대학 입시를 위한 과목을 선택해야 하기 때문이죠. 그런데 고 3이 되어서도 아직 진로를 결정하지 못한 학생들이 생각보다 많습니다. 무슨 특별한 재주나 관심사를 갖고 있는 것이 아니어서 적성을 파악하기가 참 애매하거든요. 이런 학생들은 그저 학교 공부를 전반적으로 열심히 하는 수밖에 없습니다. 어차피 학교에서 배우는 것은 진로에 필요한 기초적이고 보편적인 지식이기 때문입니다.

2. 적성 찾기

진로를 결정하려면 적성부터 살펴보아야 합니다. 적성을 확인하려면 가장 중요한 것이 메타인지, 즉 자기 객관화입니다. 그런데 아이는 자신에 대해 잘 모릅니다. 어른도 자신에 대해 잘 모르는데 아이들이야 오죽하겠어요? 게다가 아이의 바람이나 엄마의 눈높이가 자주 바뀌기 때문에 자기 객관화 과정을 한 번만 하고 끝내지 말고 수시로 하는 것이 좋습니다. 그리고 그 결과를 기록해 놓으면 변화의 방향을 살펴볼 수 있어서 도움이 됩니다. 물론 100% 객관적으로 바라보기는 힘들겠지만 최대한 주관적인 바람을 배제하고 평가해 보세요.

아이의 메타인지뿐만 아니라 엄마의 자기 객관화도 필요합니다. 이건 어쩌면 불편한 진실일 수도 있는데요, 엄마는 집안의 경제력을 고려해서 아이에게 어느 정도 지원해 줄 수 있는지 확인해 봐야 합니다. 돈이 좀 부족하다면 엄마가 좀 더 머리를 써야 합니다. 이순신 장군에게는 겨우 12척의 배밖에 없었지만 적재적소에 투입하여 승리를 거둔 것처럼, 엄마도 돈을 꼭 써야 할 곳에는 쓰고 굳이 쓰지 않아도 될 곳에는 쓰지 않아야 합니다. 부모의 직업도 고려해보세요. 아이는 어쨌든 부모와 가장 많은 시간을 보내기 때문에 부모의 영향을 많이 받습니다. 부모 역시 자신의 직업 분야를 잘 알기 때문에 아이를 수월하게 이끌어 줄 수 있습니다. 결국 엄마가 아이의 성격, 능력, 환경 등에 대해 객관적으로 관찰하고 아이와 진지한 대화를 통해 진로를 결정해 나가는 것이 가장 최선입니다.

요즘엔 과거와 다르게 외부에서 도움을 받을 기회가 아주 많습니다. 지방자치단체나 도서관 등에서는 적성과 진로에 대한 좋은 강의와 프로그램들을 많이 진행하고 있지요. 엄마가 이런 프로그램을 찾아보는 수고 정도는 해야 합니다. 지자체 홈페이지에서 복지·교육 부문을 중심으로 검색하면 지자체가 마련한 행사 이외에도 여러 기관들의 프로그램을 함께 확인할 수 있습니다. 그리고 지역 교육청이나 공공 도서관 홈페이지에서도 관련 정보를 찾아보길 바랍니다.

3. 전공 적합성

진로를 고려할 때 가장 중요하게 생각하는 것 가운데 하나는 아이가 진학할 학과의 전공 적합성입니다. 많은 아이들이 전공과 관련

되는 활동을 전공 적합성 활동이라 생각하기 때문에 원하는 전공에 맞춰서 여러 가지 활동을 합니다. 정치외교학과로 진학을 결정했다면 모의국회나 모의 유엔 같은 행사에 참여하고 컴퓨터 관련 학과로 진학을 생각한다면 코딩경연대회에 참여하거나 자격증을 취득하기도 하죠.

그런데 이런 활동이 실제 대입에서는 별로 도움이 안 되는 경우가 많습니다. 다음은 성균관대학교의 전공 안내서에 나와 있는 문헌정보학과 입학을 위한 정보입니다.

'문헌정보학과=도서관학과, 사서가 되는 곳'이라는 인식이 강합니다만 성균관대학교의 문헌정보학과는 다른 어느 과보다도 시대의 흐름에 발맞추어 나아가는 곳입니다. 빅데이터 시대를 선도하기 위해 정보를 다루는 기술을 가르치고 있으며 이 정보들을 다루고 수집하는 다양한 컴퓨터, 사회과학 기법을 연구하고 있습니다. 그렇기에 학생들에게는 해외 자료를 이용할 수 있는 어학 실력이 필수적이며 기초적인 코딩, 통계 실력이 있다면 더욱 빠르게 자신의 능력을 드러낼 수 있는 기회가 생길 것입니다.

일반적으로 문헌정보학과를 지원할 학생들은 독서 동아리에 가입하여 도서관 봉사, 책 전시회, 독서 많이 하기 등을 전공 적합성 활동으로 생각합니다. 하지만 위의 안내를 보면 오히려 어학, 코딩, 통계 공부를 하는 것이 입시에 훨씬 유리합니다. 대학교는 전공 적합성과 관련해 어떤 활동을 했느냐보다는 현상을 어떻게 이해하고

평가 영역 및 반영 비율		평가 요소
학업 역량 (50%)	학업 수월성 250점 학업 충실성 250점	우리 대학에 입학할 만한 충분한 학업 능력을 보여주는가? 교과 성취 수준(종합), 학업 태도, 학업 여건 등
개인 역량 (30%)	전공 적합성 150점 활동 다양성 150점	지원 모집 단위에 수학할 만한 재능과 열정을 지니고 있는가? 교과 성취 수준(개별), 지적 호기심, 관심 및 열의, 활동 내용 등
잠재 역량 (20%)	자기 주도성 100점 발전 가능성 100점	글로벌 창의 리더로서의 자질 및 발전 가능성이 있는가? 자기 주도성, 성실성, 리더십, 역경 극복 의지, 봉사, 인성 등

성균관대학교 학생부종합전형 평가 영역 및 반영 비율

문제해결을 위해 어떤 생각을 갖고 있는지를 훨씬 더 중요하게 봅니다. 이 대학교 전공 안내서의 학생부종합전형 평가 영역 및 반영 비율은 위 표와 같습니다.

이 대학교는 지원자의 학교생활기록부와 자기소개서를 통해 총여섯 가지 요소를 평가하는데, 이 가운데 전공 적합성은 불과 15%에 불과합니다. 오히려 학업 수월성과 학업 충실성 등 학업 역량과 관련된 요소가 절반을 차지하지요. 즉 입시에 있어 가장 중요한 것은 전공 적합성이 아니라 학업 성적입니다. 학업 역량에는 내신과 수능 성적뿐만 아니라 출결 상황, 선생님의 추천 등이 굉장히 중요한 평가 요소가 됩니다.

전공 적합성에서 언급하고 있는 '재능'이란 개별 교과 성취 수준, 즉 내신 성적을 뜻하고 '열의'는 고등학교에서 선택한 과목과 성취도를 의미합니다. 예를 들어 경영학과를 지원한 학생이 확률통계나 미적분을 우수한 성적으로 이수했다면 높은 전공 적합성 점수를 받을 수 있습니다. 그런데 이런 과목을 듣지도 않고 모의주식대회에 참가했다는 활동 위주의 재능과 열정을 제시하는 것은 별 의미가 없습니다. 동아리 등의 전공 관련 활동보다는 전공과 관련된 과목의 내신 성적을 잘 받는 것이 훨씬 더 중요합니다.

거의 모든 대학교 입학처 홈페이지에는 전공 안내서가 있는데, 특히 서울대학교와 성균관대학교의 전공 안내서를 추천합니다. 이 학교들의 전공 안내서에는 전공에 대한 설명과 필요한 능력, 졸업 후의 진로 등이 비교적 상세하게 잘 나와 있어서 다른 학교를 지원하더라도 참고할 만합니다. 전공 안내서를 보면 학과에서 무엇을 배우는지, 전공 공부를 하려면 어떤 자질이나 실력을 갖추어야 하는지 등을 확인할 수 있습니다. 진학을 원하는 전공학과가 아이의 적성에 맞을지, 앞으로 100세 인생을 살아갈 아이에게 사회적으로 유용한 진로인지 등을 고민해 보기 바랍니다.

세 줄 요약

- 진로 결정은 빠르면 빠를수록 좋다.
- 전공 적합성은 활동보다는 전공 관련 내신 성적을 잘 받는 것이 더 중요하다.
- 전공 안내서를 통해 해당 전공학과에 진학하기 위한 자질과 실력을 확인할 수 있다.

5

공부머리는 아닌 것 같은데
다른 진로를 찾아야 하나요?

Q.
___

아이가 숙제나 공부하는 걸 옆에서 보고 있으면 속이 부글부글 끓어 오릅니다. 다른 아이들은 다 푸는 간단한 분수 계산도 제대로 못 하고 끙끙거립니다. 아무리 봐도 공부머리는 없는 것 같은데 공부 말고 다른 쪽으로 진로를 찾아봐야 할까요?

[5학년 여자아이]

아이가 안정적으로 꾸준히 공부할 수 있는 환경을 먼저 만드세요

1. 공부를 하면 갖게 되는 능력

공부가 단순히 지식만 얻는 행위라고 생각하면 큰 오해입니다. 물론 지식을 얻기 위해 공부하는 것은 당연합니다만 공부는 성인으로서 살아가는 데 필수적인 능력을 기르는 과정이라고 하는 게 더 맞는 말입니다. 제가 쓴 책『강남 코디의 중고등학생 공부법』의 서문은 이렇게 시작합니다.

아이들은 힘들고 어려운 공부를 통해 머릿속으로는 지식의 체계를 잡고, 해야 하는 것은 반드시 해 내는 책임감을 익히고, 어려운 순간을 견디는 인내력을 키우게 된다.

우리 아이들이 넘사벽 수준의 공부에 좌절하면서도 피하지 않고, 자기주도학습을 통해 어려움을 해결해 나가는 능력을 키우면서 성취감을 느끼게 하는 것이 바로 공부의 목적이다.

매 시대마다 어려움은 항상 존재했다. 공부하면서 어려운 문제에서 도망치지 않는 어른이 되는 길을 발견하게 된다.

아이들은 공부하면서 성인으로서 맞닥뜨리게 될 모든 어려움을 극복할 수 있는 다양한 능력을 갖추게 됩니다. 공부를 안 하면 이런 능력들을 어디에서 배우겠습니까? 지식의 체계_{논리}, 책임감, 인내력 그리고 타인과의 소통 능력이 없는 사람이 가질 수 있는 직업은 세상에 존재하지 않습니다. 아무리 돈벌이가 안 되는 직업이라고 해도 선택의 여지가 별로 없어요. 공부하지 않고도 할 수 있는 진로란 애초에 찾기 어렵습니다. 무슨 일을 하더라도 공부를 통해 기본적인 능력을 키워야 합니다.

예를 들어 의사는 환자 진료 외에도 물품 구매, 직원 관리 등의 일을 별도로 해야 합니다. 요리사는 음식을 만드는 일 외에도 재료 보관, 직원 교육, 위생 관리 등 신경 써야 할 일이 많습니다. 이런 부수적인 일들을 하지 못하면 가장 중요한 본업을 영위할 수가 없어요. 또 일의 순서를 정하거나 타인의 조력을 계획하는 등의 상식적인 생각을 할 수 있어야 하는데 이것은 모두 학교 공부를 하면서 얻게 되는 능력입니다. 특히 중학교까지의 공부는 거의 상식 수준의 내용을 다루고 있으므로 최소한 그때까지는 열심히 공부해야 합니다.

물론 간단한 분수 문제도 제대로 풀지 못해서 쩔쩔매는 아이를 보고 있으면 엄마로서 속이 터질 일이긴 합니다. 5학년 아이가 5학년 과정을 현저히 못 따라간다면 이전 학년 과목으로 후행 학습을 하는 것도 방법입니다. 시간이 걸리고 좀 늦더라도 결국엔 제 학년의 공부를 할 수 있게 됩니다. 어떻게 하느냐에 따라 생각보다 짧은 시간에 끝날 수도 있습니다.

2. 엄마는 이렇게 도와주세요

아이가 게을러서 공부하지 않는다면 야단을 쳐도 그때뿐입니다. 아이가 엄마 말을 귓등으로도 안 듣기 때문에 엄마만 힘들죠. 그럴 때는 스트레스 받으면서 야단을 치지 말고 아이가 게으름을 피울 수 없도록 해야 합니다. 아이가 약속한 대로 공부하지 않으면 핸드폰을 빼앗든가, 용돈을 주지 않는다든가 등등 일상생활에서 불편함을 느끼도록 해야 합니다. 공부하지 않아도 생활에 아무런 지장이 없으면 누가 굳이 열심히 공부하겠습니까?

사람의 본능은 노는 것입니다. 그 본능을 역행해야 하는 공부는 힘들고 어려울 수밖에 없어요. 실제로 공부를 못하는 아이들의 대다수는 공부량이 절대적으로 부족합니다.*

아이가 소심한 성격이라서 주눅이 들어 있는 상황이라면 방법이 달라져야 합니다. 엄마가 "5학년인데 이것도 못 풀어? 으이구, 속 터져" 하면서 아이를 질책하면 결국엔 아이와 사이가 틀어집니다. 또 엄마가 화를 내거나 우울해하는 모습을 보게 되면 아이는 자신에 대한 비하감이 들 것입니다. 이런 상황에서는 아이가 공부에 집중하기가 더 힘듭니다. 안 그래도 공부가 어려운데 자기 때문에 엄마는 화를 내고 자신감은 쪼그라드니 아는 문제도 틀릴 수밖에 없어요.

이런 경우엔 엄마가 연기를 해야 합니다. 한 유명한 드라마의 대

---

* 114쪽, '공부 약속'을 활용하여 적절한 공부량을 정하고 반드시 지킬 수 있도록 지도하세요.

사처럼 "이건 아무것도 아니야. 괜찮아"라고 아이를 위로해 주세요. 아이가 비록 후행 학습을 해야 하는 상황이라고 하더라도 차근차근 꾸준히 학습할 수 있도록 환경을 만들어 주세요. 그래서 어떻게든 제 학년의 학습을 따라갈 수 있는 수준까지 오르도록 도와주는 게 가장 급선무입니다.

쿠퍼와 주벡Cooper & Zubek, 1958의 연구에 따르면 환경은 지능에 영향을 미친다고 합니다. 그들은 영리한 쥐와 우둔한 쥐를 각각 다른 환경에 노출했는데, 풍요로운 환경에서는 우둔한 쥐도 영리한 쥐들만큼 과제를 잘 수행하였습니다. 경제적인 환경이 좀 부족하더라도 아이가 안정적으로 꾸준히 공부할 수 있도록 성과가 나올 때까지 인내하고 기다려 주고 믿어 주는 것이 풍요로운 환경을 만들어 주는 것입니다.

물론 그 과정은 쉽지 않습니다. 다른 아이들은 열 문제를 풀 시간에 내 아이는 두 문제밖에 못 풀었다 해도 잘했다고 박수 치고 칭찬해 주세요. 어쨌든 그 시간 동안은 아이가 집중해서 열심히 했잖아요. 지금 못한다고 해도 매일매일 꾸준히 공부하면 계속 못하진 않습니다.

그런데 공부를 제대로 하더라도 성적은 단기간에 오르지 않고 어느 정도 실력이 쌓여야 비로소 향상될 것입니다. 성적이 쉽게 오르지 않더라도 아이가 공부를 포기하지 않게 도와주세요. 엄마는 공부하는 동안 얻게 된 지식 체계논리, 객관성, 집중력, 인내심, 타인과의 관계성 등은 어떤 직업을 택하더라도 반드시 필요한 핵심 능력임을 아이에게 인지시켜 주세요.

세 줄 요약

- 공부는 성인으로 살아갈 수 있는 능력을 키우는 과정이다.

- 공부를 하지 않고 영위할 수 있는 직업은 없다.

- 아이가 안정적으로 꾸준히 공부할 수 있는 환경을 만들자.

6

중학생이 되기 전에
무엇을 준비해야 할까요?

Q.

저는 아이에게 학습지로 공부를 시키고 있는데요. 아이가 공부하기 싫어하고 딴짓을 하니까 자꾸 혼내게 됩니다. 또, 공부량도 적어서 걱정이에요. 이런 식으로 엄마가 시키는 것만 공부해서는 안 될 것 같은데, 물론 그것도 제대로 안 하고 있지만요. 중학교에 가서 공부를 잘하려면 초등학생 때 무엇을 어떻게 준비해야 하나요?

[2학년 남자아이]

A.

공부하는 자세를 바로잡고 공부 습관을 길러 주세요

1. 초등 공부의 심화 확장판 중등 공부

초등학교와 중학교 공부는 크게 다르지 않습니다. 국어 교과의 읽기 과정을 예로 들어 보겠습니다. 다음 표를 보면 초등학교부터 중학교까지 배우는 내용이 점점 심화되는 것을 알 수 있습니다. 고등학교에서는 선택과목으로 분화되어 내용이 좀 더 깊어집니다. 국어뿐만 아니라 모든 과목이 그렇습니다. 결국 초등학교에서 배우는 내용이 고등학교까지 이어지지요. 그래서 모든 공부의 시작인 초등학교 공부가 굉장히 중요합니다.

그런데 중학교에 가면 내용만 심화되는 것이 아니라 양도 엄청나게 늘어나서 아이들이 깜짝 놀랍니다. 공부량이 늘어나면 무엇이 문제가 될까요?

라면 조리법을 예로 들어 보겠습니다. 라면 한두 개를 끓일 때는 물의 양이나 순서를 그다지 신경 쓰지 않아도 됩니다. 치즈나 어묵을 적당히 마음대로 넣어도 나름 맛있게 조리할 수 있어요. 그런데 학교나 군대처럼 단체 급식으로 100인분의 라면을 끓여야 한다면 어떨까요? 이때는 물도 계량해서 정확한 양을 넣어야 하고 100인분의 레시피 순서대로 만들어야 해요. 그렇지 않으면 어떤 면은 푹 퍼

범주	초등학교			중학교
	1~2학년	3~4학년	5~6학년	1~3학년
읽기 맥락		•상황 맥락	•상황 맥락 •사회문화적 맥락	
글의 유형	•친숙한 화제의 글 •설명 대상과 주제가 명시적인 글 •생각이나 감정이 명시적으로 제시된 글	•친숙한 화제의 글 •설명 대상과 주제가 명시적인 글 •주장, 이유, 근거가 명시적인 글 •생각이나 감정이 명시적으로 제시된 글	•일상적 화제나 사회문화적 화제의 글 •다양한 설명 방법을 활용하여 주제를 제시한 글 •주장이 명시적이고 다양한 이유와 근거가 제시된 글 •생각, 감정이 함축적으로 제시된 글	•인문, 예술, 사회, 문화, 과학, 기술 등 다양한 분야의 글 •다양한 설명 방법을 활용하여 주제를 제시한 글 •다양한 논증 방법을 활용하여 주장을 제시한 글 •생각, 감정이 함축적이고 복합적으로 제시된 글

2022 개정 교육과정 국어과 내용 체계(국가교육과정정보센터)

지고 어떤 면은 덜 익는 등 엉망이 될 것입니다.

공부량이 적은 초등학교 공부는 한두 개의 라면을 끓이는 것과 같습니다. 이때는 어떻게 하든 공부만 하면 됩니다. 학원에 다니든 인강을 듣든 과외를 받든, 심지어 주입식으로 마구마구 쑤셔 넣어도 성과가 나올 수 있어요. 하지만 중학교의 공부는 100개의 라면을 끓이는 것과 같습니다. 초등학교 때처럼 눈대중으로 보고 과정을 건너뛰면 결과는 엉망진창이 됩니다. 이건 보통 문제가 아니죠. 중학교 때부터는 정확한 방식에 따라 공부를 해야 시험에서 실수하지 않습니다. 반복되는 실수는 실수가 아니라 실력입니다.

그러면 지금 초등학생들은 무엇을 준비해야 할까요?

초등학생 때부터 차례차례 단계를 밟아 가는 공부 습관을 길러야 합니다. 수학은 풀이 과정을 꼼꼼하게 쓰면서 공부해야 하고, 비문학은 저자의 의도를 파악하기 위해 지문이 주장문인지 설명문인지를 구분해야 합니다. 사회와 과학은 인과적이고 순차적인 논리를 키우도록 공부해야 합니다. 되도록 누가 먹여 주는 것을 날름 받아먹기만 하는 식의 공부를 피하고 최대한 자기 스스로 학습 내용을 이해하도록 해야 합니다.

사교육을 받을 때도 마찬가지입니다. 사교육 선생님 입장에서는 그냥 자기가 알고 있는 지식을 그대로 설명해 주는 것이 제일 쉽습니다. 반면 수강생이 학습 내용을 충분히 이해하고 자기 것으로 만들도록 수업하려면 진도를 나가기도 어렵고 수업 준비도 많이 해야 합니다. 그래서 그렇게 하지 않아요. 엄마는 아이가 최대한 개념을 이해하도록 가르쳐 달라고 선생님께 요구하는 것을 잊지 마세요.

궁극적으로는 교과서 등 교재를 보면서 스스로 이해할 수 있는 독해력을 기르는 것이 중학교 공부 준비의 전부라고 해도 과언이 아닙니다.

2. 독해력을 기르는 방법

독해력을 강화하는 데 가장 효과적인 방법은 독서입니다. 독서는 책을 읽는 동안 머릿속에서 이미지를 그리고 생각할 수 있게 해 줍니다. 생각은 인간만이 할 수 있는 고도의 특성입니다. 만약 원숭이가 "네가 들고 있는 바나나를 배고픈 원숭이에게 준다면 착한 일을 했으니 죽어서 천국에 갈 것이다"라는 구절을 읽었다면 원숭이는 바나나를 다른 원숭이에게 건네줄까요? 절대 그럴 리 없습니다. 하지만 인간은 달라요. 바나나를 건네주는 사람이 많을 것입니다. 왜냐하면 천국의 이미지를 상상하고 선한 도덕적 행위에 따른 보상을 추론할 수 있기 때문입니다.

때로는 많은 독서가 오히려 독이 되기도 합니다. 사고의 방향이 잘못 잡혀 있으면 엉뚱하게 추론합니다. 예를 들어 모든 일에 의심이 많은 아이가 독서를 많이 하면 모든 내용을 음모론적 관점에서 생각하기 때문에 잘못된 사고방식을 강화하는 결과를 낳기도 합니다. 그래서 엄마는 아이의 사고 방향이 객관적이고 보편적으로 흘러갈 수 있도록 지도해야 합니다. 그러기 위해서는 아이가 독서를 하고 난 후에 반드시 책의 내용과 감상, 생각을 말하도록 하고 잘못 이해하고 있는 것은 바로잡아 주세요.

독해력의 기본은 어휘력입니다. 어휘력은 문장을 이해하는 힘이라고 할 수 있습니다. 그런데 단순히 책을 많이 읽는다고 해서 어휘력이 쑥쑥 느는 것은 아닙니다. 어휘가 문장 속에서, 상황 속에서 어떤 의미로 사용되는지를 체득해야 합니다. 영어 단어 외우듯이 단어의 뜻만 외우면 금방 잊어버립니다. 어휘력을 늘리기 위해서는 문장 가운데서 그 어휘의 뜻이 어떻게 사용되었는지 맥락을 이해하고 이미지를 그려 볼 수 있어야 합니다.

독해력을 키우는 가장 좋은 방법은 교과서를 소리 내어 읽는 것입니다. 교과서는 학습 목표를 달성하기 위해 미리 읽기, 본문 읽기, 확인하기, 단원 마무리, 창의 융합 프로젝트 등 다양한 콘텐츠를 포함하고 있습니다. 쉼표에서 쉬고, 마침표에서 마치는 것만 지키면서 또박또박 천천히 소리 내어 읽기만 해도 독해력은 쑥쑥 자랄 것입니다. 아이가 제 학년의 교과서를 이해할 수 없는 상황이라면 좀 더 저학년의 교과서를 읽는 것도 괜찮고, 교과서를 거부하는 아이라면 아이가 좋아하는 책을 골라서 천천히 또박또박 읽게 하세요. 처음 읽을 때는 무슨 말인지 이해가 안 되는 부분도 두 번째 읽을 때는 거의 이해가 될 것입니다.*

세 줄 요약

- 초등학생 때부터 학습 내용을 이해하는 공부 습관을 갖도록 한다.
- 독해력은 상급 과정으로 갈수록 더 중요해진다.
- 어휘가 문장 속에서 어떤 의미로 사용되는지 체득하는 과정이 필요하다.

* 148쪽, '엄마가 쉽게 할 수 있는 글쓰기와 독서 지도법을 알고 싶어요' 참조.

5장

아이별 맞춤 학습 지도 사례

의욕이 없는 5학년 현수

현수는 첫 만남 때부터 아무런 표정도 없는 무기력한 모습이었습니다. 현수가 얼마나 심각한 상황이었는지 엄마는 아이가 고등학교까지만 무사히 졸업할 수 있게 도와달라고 간청하였습니다. 저는 현수 엄마를 따로 만나 대화를 나누면서 현수가 의욕을 잃어버린 이유를 찾아보았습니다.

현수 엄마는 다소 완벽함을 추구하는 성격이었습니다. 현수가 완벽하게 개념을 이해할 때까지 계속 공부하게 했고, 오답 노트도 철두철미하게 쓰도록 지도했죠. 현수는 어렸을 때, 엄마의 지도에 따르기 위해 많이 노력했습니다. 어린아이가 학습지를 한 시간 동안 열심히 공부하는 것은 힘든 일이었지만 현수는 군말 없이 해냈습니다. 하지만 3학년이 되어 학습이 조금씩 어려워지자 문제가 생기기 시작했고 2학기쯤부터는 공부에 집중하는 데 어려움을 보였습니다. 너무 급하게 문제를 풀고 끝낸다든지 단순 실수를 하는 경우가 나타나기 시작했어요. 그래도 엄마가 다시 문제를 풀게 하면 다 맞기도 했고 컨디션이 좋은 날은 그동안 해 왔던 대로 열심히 공부하니까 별 이상함을 느끼지 못했습니다.

처음엔 한 달에 한두 번 영혼 없이 공부를 하더니, 시간이 지나며 일주일에 두세 번씩 그런 모습을 보였습니다. 때로는 떼를 쓰면서 공부하기를 거부하기도 했지요. 학원 숙제도 두 번에 한 번꼴로 안 하던 것이 나중엔 매번 학원에 남아서 혼자 공부를 하는 시간이 길어졌어요. 급기야는 학원을 조금씩 빠지다가 나중엔 아예 학원에 가지 않게 되었습니다. 심지어 학교도 한 번씩 결석하게 되었죠.

저는 현수와 속 깊은 대화를 나누어 보았습니다. 처음에는 아무 반응을 보이지 않던 현수는 몇 차례 만남 후 점차 본인의 감정을 드러냈습니다. 아직 자기 생각을 조리 있게 말하지는 못했지만 내용을 종합해 보면 공부가 점점 힘들어지는 와중에 엄마가 너무 꼼꼼하게 공부시키고 확인하고 시간 관리하는 것에 진절머리가 난다는 것이었습니다. 공부에서 어떤 즐거움이나 보람도 느끼지 못했고 하나의 힘든 과업으로 인식하게 된 것이죠. 엄격한 엄마의 요구대로 공부하면서 심리적인 부담을 느끼게 되었고 과도한 스트레스로 인해 너무 일찍 번아웃소진되었다고나 할까요. 점점 힘들어지는 공부를 하면서 자신의 무능함을 느끼게 된 현수는 아무 의욕을 가지지 못하고 때로는 엄마에게 공격적인 태도를 보이는 방어기제를 갖게 되었습니다.

문제 원인 찾기　공부 트라우마와 방어기제

아이가 잘못하면 엄마는 야단치는 것을 당연하게 생각하지만 아이는 자기 잘못보다는 엄마가 야단치는 방식에 문제가 있다고 생각합니다. 엄마의 쓸데없는 참견이나 집요한 성격 때문에 오히려 자기가 피해를 보고 공부도 못 하게 되었는데 왜 자기를 야단치느냐고 생각하는 경향이 훨씬 더 강합니다. 이런 생각을 하는 아이는 사사건건 엄마에게 대들고, 엄마는 적반하장이라는 생각에 점점 목소리가 커집니다. 서로의 감정이 부딪히게 되면 결국 조그마한 일이 전쟁으로 비화하는 경우가 허다하지요. 엄마나 아이나 똑같이 서로에게 지지 않으려고 하다 보니 상대방에게 엄청난 상처를 줍니다. 엄마도 그렇지만 특히 아이는 엄마에게 상처가 될 말만 골라서 합니다. 물론 부모 자식 사이니까 달래든 협박하든 어떤 식으로든 갈등을 봉합하긴 하지만 이런 상황이 자주 반복되면 서로 피로감이 쌓일 수밖에 없습니다.

아이들이 매일매일 쌓이는 공부 트라우마로부터 자신을 지키기 위해 사용하는 방어기제는 다양한 모습으로 나타납니다. 늦잠을 자거나, 숙제를 안 하거나, 문제를 싹 다 틀리는 경우도 있고, 아예 엄마와 상대를 안 하려 합니다. 아이가 어릴 때는 엄마 말을 무작정 따라 하지만 공부 근력이 약한 아이들은 갈수록 힘에 부칩니다. 이런 아이들이 중·고등학생이 되어 엄마의 도움 없이 스스로 생활해야 하는 상황이 되면 더 이상 손을 쓰기가 어렵습니다. 나중엔 엄마가 직장이고 뭐고 다 그만두고 아이에게만 매달려도 아이의 방어기제를 쉽게 고칠 수 없게 됩니다.

이런 아이들은 엄마가 기지를 발휘해 조삼모사 식의 공부를 시킬 필요가 있습니다. 예를 들어 원래 엄마가 원하는 공부량이 두 장이라고 하면 세 장을 공부하라고 시키는 거예요. 아이는 당연히 힘들어하겠죠. 그때 엄마가 공부량을 두 장으로 줄여 주면 아이의 심적 부담은 훨씬 가벼워집니다. 그런데 두 장의 공부량을 다 한 아이에게 공부한 시간이 짧다고 해서 반 장만 더 하라고 하면 최악의 결과가 나오게 되므로 주의해야 합니다.

문제해결 1 아이의 주도성 기르기

저는 현수 엄마에게 중학교까지는 성적을 어느 정도 포기해야 할 수도 있다고 미리 이야기했습니다. 아무 의욕이 없는 아이가 단기간에 상위권이 될 수 있는 극적인 방법은 없습니다. 아이에 따라 성적 자체를 기대하지 말아야 할 상황도 있고 중간 정도 성적을 유지하다가 대학교에 가서 제대로 공부를 하는 경우도 있다고 말씀드렸어요. 그렇다고 공부를 아예 안 하는 것이 아니라 학교 수업을 따라가는 정도로 최소한의 공부라도 놓지 않게 하는 것이 1차 목표라고 설명했습니다. 그래야 언제라도 공부를 해야겠다고 마음먹을 때 다시 시작할 수 있는 바탕 정도는 만들어 놓을 수 있기 때문입니다. 아이가 중학생, 고등학생이라면 너무나 수습하기가 힘들겠지만 현수는 아직 어려서 충분히 나아질 수 있으니 부모가 아이의 생각과 심리 상태를 최대한 이해해야 한다고 했습니다.

또 현수 아버지의 협력도 요청했습니다. 아버지가 엄마의 든든한 조력자가 되면 좋겠지만 최소한 방해는 하지 말아야 했으니까요.

엄마가 내는 목소리에 동조하든지 아니면 침묵하도록 부탁했습니다. 특히 현수 앞에서 아버지가 엄마를 공격하면 엄마의 목소리가 아이에게 절대 먹혀들지 않을 것이라고 강조했습니다.

의욕이 없는 아이에게 동기를 부여하고 공부에 손을 대도록 하기 위해서는 아이에게 선택권을 주는 것도 좋은 방법입니다. 솔루션의 첫 단계로 공부량과 난이도를 현수와 의논하여 합의점을 찾도록 하였습니다. 그리고 '공부 약속'을 작성해 반드시 지키게 했습니다. 물론 처음 1~2주 정도는 약속한 내용을 얼마든지 수정해서 공부량과 난이도를 조절하도록 했습니다. 그래야 아이가 부담을 갖지 않을 테니까요. 이것은 현수가 자기 공부를 자기가 결정한다고 착각하게 만드는 결정적인 기술입니다. 사실 초등 5학년이 무슨 판단력이 있어서 자기 공부를 선택하고 실천할 수가 있겠어요. 그래서 실제로는 엄마가 판단하고 결정하지만 현수가 자기가 판단하고 선택한 것으로 생각하게 만들었습니다. 가장 힘든 과목이 무엇인지, 그 과목은 학원, 인강, 과외 가운데 어떤 방법으로 공부할지를 현수가 선택하도록 했습니다. 엄마는 아들이 다시 공부를 시작할 수만 있다면 어떤 방법이든 간에 상관없었죠. 선택권을 활용해서 자신에게 유리한 것을 고른 현수는 조금이나마 공부에 의욕을 가질 수 있었습니다.

입시에 성공한 사람들의 인터뷰를 보면 자신은 부모로부터 공부하라는 소리를 한 번도 들어 본 적이 없다고 말하곤 합니다. 엄마의 손길 없이도 훌륭하게 공부한 그들을 보면서 많은 부모들이 환상을 가집니다. 우리 애는 왜 저렇게 공부하지 못할까 하고 한숨을 내쉬었을 것입니다. 하지만 결단코 부모의 입김 없이 성공하는 일은 없습니다. 부모가 공부하라는 말만 안 했을 뿐이지, 아이가 스스로 공부할 수 있도록 미리 멍석을 깔아 놓은 것입니다. 아이가 직접 선택하지만 실제로는 엄마가 원하는 방향으로 가도록 만들어 놓는 것이죠. 이야말로 엄마표 공부의 최고 경지입니다.

엄마에게는 현수에게 절대로 소리 지르지 말고 최대한 차분하게 대응하도록 요청했습니다. 아무리 현수가 공부하기 싫다고 울고불고 아우성을 치더라도 아이를 꼭 끌어안고 "엄마도 눈물이 날 정도로 속상해. 하지만 어떡하겠니. 우리가 약속했기 때문에 들어줄 수가 없구나" 하고 다독거리도록 했습니다. 현수가 어렸기 때문에 이렇게 할 수 있었지 만약 조금만 더 나이를 먹었더라면 엄마의 이런 대응에 거부감을 나타냈을 겁니다. 엄마는 어떠한 상황이 오더라도 원칙을 지키고 흔들리지 않아야 합니다. 저는 엄마와 수시로 연락하면서 상황마다 대응 방법을 알려 주고 정보를 공유했습니다. 2~3주 정도의 전쟁이 지나가자 현수는 점점 안정을 찾았습니다. 까탈도 덜 부리고 엄마에게 요구하는 것도 줄어들게 되었습니다. 그렇다고 해서 현수의 무기력과 짜증이 완전히 없어진 것은 아니었어요. 공부하다가 어려운 벽에 부딪히면 그런 증상이 다시 나타났습니다. 기질은 쉽게 바뀌지 않거든요. 다만 매일이 전쟁이었던 상황이 한 달에 한두 번 정도로 줄었습니다.

저는 엄마에게 현수가 좋아하거나 하고 싶어 하는 것이 있을 때는 그것을 조건으로 해서 평소에 미뤄 두고 하기 싫어하던 것을 하게 하라고 요청했습니다. 예를 들어 친구의 생일 파티에 가고 싶어 하는 현수에게 수학 문제 오답을 전부 정리하도록 했습니다. 처음에는 아이가 울고불고 난리를 쳤지만 저의 코칭에 따라 엄마는 "약속을 했기 때문에 어쩔 수 없다"고 눈물을 흘리며 버텼습니다. 엄마의 눈물에서 짠함을 느꼈는지 아이는 더 이상 난리를 치지 않았습니다. 그렇다고 해서 오답을 정리하지도 않았죠. 결국 현수는 친구 생일 파티에 가지 못했습니다. 그렇지만 엄마가 보여 준 단호함에서 자신의 잘못된 행동이 더 이상 먹히지 않는다는 것을 느낄 수 있었을 것입니다.

문제해결 2 공부량 조절과 후행 학습으로 공부 자신감 되찾기

저는 현수를 면밀히 관찰하여 그나마 쉬워하는 부분과 어려워하는 부분을 구분하였습니다. 그리고 쉬워하는 부분은 30분 정도 쭉 공부하도록 했지만 어려워하는 부분은 5~10분 동안 한두 문제 정도만 풀도록 하였습니다. 또 어떤 부분은 어렵고 점수가 나오지 않을 것이라고 미리 알려 주었습니다. 사람은 미래를 알면 미리 대비할 수 있기 때문에 불안하지 않거든요.

저는 현수의 공부량을 적절히 조절하였고 후행 학습을 하도록 해서 그동안 못했던 공부를 다시 한번 차근차근 다져 나갔습니다. 현수는 4학년 때는 수업 내용이 어려웠는데, 5학년이 되어 다시 공부해 보니 그리 어렵지 않게 느껴졌다고 말했습니다. 특히 방학 동안에는 이전 학기의 공부를 전체적으로 복습하고 제게 설명하도록 했습니다. 1년 반 정도 현행과 후행 학습을 동시에 꾸준히 공부한 현수는 공부가 그리 힘든 것은 아니라는 생각을 하게 되면서 자신감과 의욕을 어느 정도 회복할 수 있었습니다. 이런 상태에서 중학교에 진학한 현수는 실력이 크게 나아졌습니다. 중학교 1학년은 자율 학년제를 진행하기 때문에 시험이 없고, 따라서 많은 아이들이 학습에 관심을 기울이지 않는 시기입니다. 그러나 기초적인 개념이 많이 등장하는 때여서 제대로 익히지 못한 채 2학년이 되면 공부를 제대로 이어 나갈 수가 없습니다. 현수는 초등 시절에 개념을 이해하는 자신만의 공부 방식을 충분히 훈련했기 때문에 중학교 3학년이 된 현재 최상위권은 아니지만 그래도 상위권에서 꾸준히 자신만의 공부를 해 나가고 있습니다.

2

주의 집중력이 부족한 4학년 서아

서아는 굉장히 산만한 아이였습니다. 수업 시간에도 가만히 앉아 있는 것을 힘들어했고 조그마한 소리에도 주의가 흩어졌습니다. 엄마가 지적해도 그때뿐이었죠. 3학년 때부터 학습지를 두 쪽 이상 하기 힘들었고, 두세 문제 풀고 나면 그 뒤로는 다 틀리고 더 이상 하지 않으려고 해 엄마는 매번 큰소리를 칠 수밖에 없었습니다.

엄마는 학교 선생님의 조언에 따라 서아를 데리고 병원을 방문했고, 결국 주의력결핍 과잉행동장애ADHD라는 진단을 받았습니다.

주의력결핍 과잉행동장애(ADHD) 유형

과잉행동형 : 상황을 살피지 않고 여기저기 뛰어다니거나 안절부절못하거나 과
　도하게 수다를 떠는 유형.
- 가만히 앉아 있지 못하고 쉬지 않고 움직인다.
- 수업 시간과 같이 차분히 앉아 있어야 하는 상황에서 교실 여기저기를 돌아다
　닌다.
- 말을 너무 많이 한다.

충동형 : 생각보다 행동이 앞서는 유형.
- 너무 급하게 행동한다.
- 차례를 기다리는 것이 어렵다.
- 다른 사람의 행동을 방해하고 참견한다.

주의력결핍형 : 끈기가 부족하고 체계적이지 못한 유형.
- 지시를 잘 잊어버리고 물건도 잘 잃어버린다.
- 주의 집중을 못 하고 실수를 반복한다.
- 상대방의 질문에 대답을 잘 못 하고 귀를 기울이는 것처럼 보이지 않는다.

문제 원인 찾기　집중력이 부족한 이유, 주의력결핍 과잉행동장애

　주의력이란 어떤 대상에 대해 관심을 쏟는 힘을 말하고 집중력은 주의력을 유지하는 힘을 의미합니다. 그래서 공부할 때는 주의력과 집중력이 둘 다 필요합니다.

　일반적으로 잘 아는 내용은 신경을 쓰지 않아도 잘 들리고 집중이 잘 됩니다. 재미있게 보는 주말 드라마는 설거지를 하면서 들어도 스토리 라인이 다 이해가 될 정도지요. 하지만 경제 다큐멘터리나 외국어 영화는 주의를 기울이고 초집중하지 않으면 이해하기 어렵습니다. 또, 여행을 많이 다닌 아이가 지리 과목에 주의 집중하는

것이 수월한 것처럼 주의 집중력이란 익숙한가, 익숙하지 않은가에 따라 선택적으로 발휘될 수 있습니다. 결국 익숙해야 주의 집중력이 생기고 주의 집중력이 있어야 익숙해지는 것은 동전의 양면과 같다고 할 수 있습니다.

선생님은 학생의 이상 행동을 그냥 어리기 때문에 하는 짓으로 치부할 수도 있고, 선생님이 조언을 했다 하더라고 자녀의 이상 행동을 병이라 믿고 싶지 않은 엄마의 마음 때문에 검사를 거부하는 경우도 많습니다. 서아의 경우는 아이의 평소 행동에서 이상함을 발견한 학교 선생님과 또, 선생님의 조언에 따라 병원에서 검사를 받게 한 엄마의 호흡이 무척 잘 맞은 사례입니다. 진단이 빠르면 그에 따른 솔루션도 빨리 시작할 수 있으니 엄마는 평소에도 아이를 꼼꼼하게 관찰해야 합니다.

문제해결 1 욕심을 내려놓고 아이의 상황을 받아들이기

저는 서아 엄마에게 욕심을 좀 내려놓으라고 주문했습니다. 아이는 4학년인데 엄마의 눈높이가 5~6학년 과목을 선행 학습하는 다른 아이들의 수준에 맞춰져 있다 보니 서아가 놀고 있는 모습만 봐도 한숨이 나왔던 것입니다. 엄마의 이런 마음이 은연중에 나타나서 서아는 은근히 부담을 느끼고 있었죠. 그래서 해야 할 공부를 하지도 않으면서 엄마에 대한 반항만 늘었습니다. 압박감을 느끼면 더 주의 집중력이 떨어지고 자꾸 딴짓하고 싶어지는 건 인지상정이죠. 원래도 주의 집중력이 높지 않았던 서아는 엄마의 욕심 때문에 주의 집중력이 흩어졌고 심리적으로 불안해지면서 공부가 더 하기 싫어졌던 것입니다.

저는 면담을 통해 서아가 글 읽기에는 집중을 못 하지만 게임은 무척 좋아한다는 것을 알게 되었습니다. 그래서 책으로 된 교재보다는 컴퓨터, 태블릿, 스마트폰 등 스마트 기기를 이용하여 학습을 게임처럼 할 수 있도록 유도했습니다. 서아는 문제를 맞히면 레벨이 올라가고 영어 단어를 맞히면 팡파르가 터지면서 박수 소리가울려 퍼지는 화면을 보며 공부에 재미를 느꼈습니다. 이것은 어른이 보기엔 좀 유치할 수도 있겠지만 아이들에게는 흥미를 끌 수 있는 꽤 좋은 방법입니다. 다만 스마트 기기는 어떤 앱을 설치하느냐에 딴짓을 할 수도 있기 때문에 서아가 스마트 기기로 공부할 때는엄마가 옆에 있어야 한다고 당부했습니다. 그동안 학습지를 할 때도 엄마가 옆에서 지켜보고 있었기 때문에 서아는 그다지 불편해하지 않았습니다. 이런 방식으로 서아는 조금씩 수월하게 학습할 수있게 되었습니다.

저는 엄마에게 공부량도 적고 난이도도 낮은 초등학교 공부의 특징에 대해 상세하게 설명해 주었습니다. 뭔가를 배우고 아는 것도중요하지만 더 중요한 것은 공부에 대한 긍정적인 마음가짐과 태도를 만드는 것임을 강조했습니다. 공부가 쉽고 재미있는 활동이라는생각까지는 못 하더라도 최소한 공부가 만만하고 할 만한 것이라는긍정적인 생각을 하게 만드는 것이 초등 공부의 목표입니다. 부스러기 같은 몇몇 단편적인 지식을 외우기 위해 공부를 힘들게 하게되면 공부란 싫은 것, 귀찮은 것, 짜증 나는 것이라는 부정적인 생각을 하게 됩니다. 이렇게 되면 본격적인 공부가 시작되는 중학교부터는 제대로 공부할 수가 없습니다. 그래서 공부량을 줄이더라도 즐겁게 공부한 좋은 기억을 갖게 하는 것이 훨씬 더 중요하다는 것을 알려 주었습니다.

30분 공부할 때 10문제를 풀 수 있다고 해서 1시간 공부하면 20문제를 풀 수 있는 것은 아닙니다. 왜냐하면 1시간을 꼬박 공부해야 한다고 생각하면 처음부터 공부하기가 싫어지거든요. 아예 밀어내는 거죠. 그래서 아이의 심리 상태를 잘 살펴야 하는 것도 엄마의 몫입니다. 아이가 어느 정도 학습에 즐거움을 느끼게 되면 양은 얼마든지 늘릴 수 있습니다.

문제해결 2 스마트 기기로 학습 효율 높이기

미래에는 스마트 기기를 잘 활용하는 학생이 더 효율적인 공부를 할 수 있게 될 것입니다. 엄마는 경험상 스마트 기기로 공부를 한다는 것이 낯설기만 합니다. 게다가 아이들이 스마트 기기로 공부를 하다가 옆길로 새는 모습을 봤기 때문에 스마트 기기로 공부하는 데 부정적인 생각이 있었습니다. 하지만 스마트 기기를 활용하면 학습 이해도를 높이는 데 도움이 되기 때문에 이제 스마트 기기 활용은 선택이 아닌 필수가 되고 있습니다. 예를 들어 조수간만의 차이가 지구의 자전과 해와 달의 인력 때문이라는 것을 단순히 문장으로 배우는 것과 해, 달, 지구의 움직임을 동영상으로 제작한 화면을 보며 배우는 것은 현실 체감에서 큰 차이가 납니다. 그래서 교육 당국은 스마트 기기의 보급에 힘을 쏟고 있지요. 국가교육회의의 보고서에 따르면 2021년 11월 기준으로 전국 17개 시도교육청의 스마트 기기 보급률은 5.2~37.1%라고 합니다. 특히 서울시교육청은 '디벗(디지털＋벗〈친구〉)'이라는 태블릿을 중학교 신입생에게 모두 나눠 주었고, 경남 등 몇몇 시도교육청은 전체 학생 또는 초등 고학년 이상 학생에게 100% 보급을 목표로 하고 있습니다. 이제 스마트 기기의 활용은 학습과 떼려야 뗄 수 없는 필수적인 상황이 되어 가고 있습니다.

제가 제안한 솔루션을 6개월 정도 진행한 후부터 서아는 거의 정상적인 학습을 진행할 수 있었습니다. 그동안 엄마가 많이 힘들어했지만 저는 엄마와 계속 소통하면서 그 기간을 잘 견딜 수 있도록 조력하였습니다. 서아가 게임을 통해 학습을 잘 해내면 박수 쳐 주고 뽀뽀도 해 주고 요란을 떨라고 했습니다. 이제 겨우 열 살인데 이 정도 요란 좀 떨어 주면 어떻습니까?

아이들은 이벤트를 좋아합니다. 눈에 잘 띄는 벽에 스티커 판을 만들어 놓고 약속한 공부량을 채우면 스티커를 붙여 주고 스티커가 10개, 20개, 30개씩 모이면 작은 선물을 주도록 하였습니다. 겨우 이 정도의 공부를 하는데 이렇게 난리를 처야 하느냐고 생각하면 안 됩니다. 이런 야단법석을 부려서라도 아이가 공부에 대한 긍정적인 생각을 갖게 하는 것이 훨씬 더 중요합니다.

현재 서아는 강남의 한 자사고에 입학하여 공부에 대한 두려움 없이 자신의 길을 잘 개척해 나가고 있습니다. 아이들의 능력 차이는 그리 크지 않습니다. 가장 중요한 것은 아이를 돌보는 엄마의 인식입니다. 엄마가 큰 그림을 바라보고 용기 있게 꾸준히 보살펴 나가면 아이는 분명 변화합니다.

학습 속도가 느린 6학년 우주

우주는 3학년 때부터 학습 속도가 느려지기 시작했습니다. 워낙 순종적인 성격이라서 엄마가 시키는 대로 따르지만 무엇 하나를 공부를 하려면 시간이 참 많이 걸렸습니다. 3, 4학년 때는 단원 평가나 학습지를 잘 풀지는 못해도 그나마 다른 아이들과 비슷한 수준으로 근근이 쫓아갔습니다. 엄마는 걱정을 많이 했지만 아빠는 아직 초등학생인 우주에게 공부로 스트레스를 주지 말라고 했습니다. 주변 어른들도 아직 어린데 벌써 많은 것을 시킬 필요가 없다며 크면 다 알아서 잘할 것이라고 한마디씩 거들었습니다. 그래도 엄마는 지금부터 뭔가 아이를 관리하지 않으면 나중엔 큰 문제가 될 것 같다는 막연한 불안감이 들었다고 합니다.

5학년이 되자 우주는 학원 수업 후에도 매번 혼자 남아 늦게까지

자율학습을 해야만 했어요. 집에 돌아오면 피곤해서 더 이상 공부할 수 없었고, 공부를 안 하니 학원 수업을 따라가지 못하는 악순환이 되풀이되었습니다. 그러다가 6학년이 되자 수학 학원 등록을 거부했습니다.

문제 원인 찾기 어휘력과 이해력 부족에서 오는 학습 부진

제가 처음 우주를 만났을 때 제 학년인 6학년 수준의 비문학 지문을 보여 주었는데 읽기 속도가 현저하게 떨어져 있더군요. 내용을 이해하는 속도도 학습 장애의 경계선에 있는 것이 아닌가 하는 생각이 들 정도였습니다. 그래서 전문 검사기관에 가서 인지력 검사를 받아 보길 권했습니다. 검사 결과 인지력은 또래 평균치보다 조금 떨어졌지만 다행히 그다지 문제가 될 만한 수준은 아니었죠. 대신 너무 꼼꼼한 성격이라 하나가 막히면 그다음으로 넘어가지 못하고 다른 일로 빠르게 전환할 수 있는 순발력이 부족했습니다.

우주는 공부를 하다가도 한 군데에서 막히면 그다음으로 넘어가질 못했습니다. 앞에서 이해가 안 되면 뒷부분을 유추한다든지 집중하는 일에 어려움을 느꼈습니다. 사실 우주뿐만 아니라 많은 아이들의 학습 속도가 나지 않는 이유 중 하나가 이미지를 떠올리지 못하고 문구 그대로 단편적으로 생각한다는 것입니다. 예를 들어 관악기管樂器의 개념과 특성에 관한 지문을 읽으면 관악기가 어떻게 생겼는지, 어떻게 소리를 내는지, 특징이 무엇인지 등을 이미지로 떠올릴 수 있어야 하는데 생각 없이 눈으로 글자만 읽는 경우가 무척 많습니다. 이렇게 이미지를 떠올리지 않거나 수박 겉핥기식의 공부를 하다가 고등학생이 되면 '객관적 심상' '회상적 선율' '서정적 사랑'과 같은 어려운 개념의 이미지를 전혀 떠올릴 수가 없습니다. 그 결과 별로 어렵지도 않은 어휘가 구체적으로 무엇을 뜻하는지 가늠하지 못하는 경우가 자주 발생합니다. 그래서 아무리 공부해도 실력으로 쌓이지 않고 돌아서면 잊어버리기 일쑤입니다. 공부를 아주 열심히 한 느낌은 남아 있는데 기억은 항상 초기화되어 버리죠. 그래서 다시 공부해야 하고, 생각 없이 공부하니까 머리에 남는 것은 없고, 그래서 다시 공부하니까 지루하고, 지루하니까 학습 속도는 점점 느려지는 악순환이 반복됩니다.

문제해결　교과서 소리 내어 읽기, 외국어 유튜브 동영상 활용하기

저는 개인 학습을 시작하기에 앞서 우주의 이야기를 들으면서 지친 마음을 위로하고 초반의 낯가림과 어색함을 지웠습니다. 그리고 아직 초등학생이기 때문에 개선해 나갈 시간은 충분하다고 용기도 북돋아 주었지요. 우주는 영어나 수학을 비롯한 모든 과목에 문제가 많았지만 일단 독해력을 끌어올리는 것이 급선무라고 판단했습니다. 학교에서 배우는 내용이 쉬운데도 지문을 잘 이해하지 못해서 수업을 제대로 따라갈 수 없다고 판단하였기 때문입니다. 그래서 독해력을 키워서 수업을 편안하게 따라갈 수 있도록 만드는 것을 첫 목표로 삼았습니다.

저는 우주에게 교과서를 읽으면서 모르는 단어를 전부 표시하도록 하였습니다. 아예 무슨 뜻인지 모르는 단어는 동그라미로 표시하고, 알 듯 말 듯한데 설명하기 힘든 단어는 세모를 그리게 했습니

다. 그러면서 지금은 얼마든지 개선해 나갈 수 있으며 자신의 부족함을 표시하는 용기 그 자체만으로도 충분히 칭찬받을 수 있다고 다독였습니다. 그런데 우주는 교과서에 선뜻 표시하지 못했습니다. 혹시나 엄마가 자신의 부족함을 알게 될까 봐 걱정이 되었기 때문입니다. 저는 엄마에게는 절대로 알리지 않겠다고 약속한 뒤, 기화펜을 사용해 표시하도록 했습니다. 기화펜은 30분 정도 지나면 표시가 사라지기 때문에 흔적이 남지 않습니다.

그렇게 우주가 모르는 단어에 표시한 것을 보니 거의 절반 이상의 단어에 동그라미와 세모가 표시되어 있었습니다. 이렇게 어휘 이해력이 떨어지니 학습 속도가 느린 것은 당연한 결과였습니다. 그동안 엄마가 계속 옆에서 지켜보고 있어서 자신의 부끄러운 부분을 감추다 보니 이런 문제가 누적되었던 것입니다.

저는 우주의 어휘 이해력을 끌어올리기 위해 3~4학년 수준의 어휘를 모아둔 교재와 독해력 공부를 할 수 있는 교재를 함께 사용하였습니다. 특히 독해력 교재는 지문을 읽고 나서 그 내용을 말로 설명한 후에 문제를 풀도록 하였습니다. 그런데 우주는 지문을 한 번 읽고는 자기가 무엇을 읽었는지조차 기억하지 못했습니다. 그리고 문제를 풀 때도 문제에 나온 똑같은 내용을 지문에서 찾는 데 한참 걸렸습니다.

사실 초등학교 수준에서는 지문의 내용을 이해하지 못하더라도 마치 숨은그림찾기처럼 풀 수 있습니다. 문제와 선지에 나온 내용이나 단어가 지문에 있는지 없는지 찾아보거나 상식적인 수준에서 생각하면 맞힐 수 있는 문제가 절반 이상은 됩니다. 그래서 아이가 문제를 꽤 맞히면 엄마는 아이의 독해력에 별문제가 없다고 생각하지만 실제로는 아닌 거죠. 이런 문제 풀이 방식은 중학교 때까지도 어느 정도 통하지만, 고등학교에 가면 전혀 통하지 않습니다. 고등학교에서는 지문의 내용을 다른 말로 표현하거나 고차원의 추론을 해야 하는 지문이 많이 나오기 때문에 어림도 없습니다. 그래서 중학교까지는 좋은 성적을 받던 아이가 고등학교에서는 갑자기 추락하는 경우가 비일비재합니다.

저는 우주에게 지문을 소리 내어 또박또박 읽게 하였습니다. 그런데 초반에는 난독증이 아닌가 의심이 들 정도로 중간중간 건너뛰고 읽었습니다. 그래서 모든 내용을 빠짐없이 읽도록 하였더니 일반적으로 2~3분이면 읽을 수 있는 지문 하나를 10분이 넘어도 다 읽지 못했습니다. 모르는 단어가 너무 많았기 때문이죠. 그래서 저는 지문을 손으로 짚어 가며 읽게 했습니다. 순종적인 성격의 우주는 제 지시를 충실히 수행했고, 일주일 정도 이 방법으로 글을 읽은 결과 더 이상 손으로 짚지 않아도 지문을 읽을 수 있게 되었습니다.

저는 6개월 정도 매일매일 꾸준히 공부하도록 중점적으로 지도하였고 마침내 우주는 제 학년의 교과서를 읽고 이해하는 수준까지 회복할 수 있었습니다. 결국 국어 단원 평가를 잘 치른 우주는 영어와 수학으로 공부의 범위를 넓혀 갔습니다.

영어는 외국어여서 어휘 이해를 매우 힘들어 했습니다. 외국어에 대한 감도 없고 학원에 다니면서 공포증까지 생겼던 우주에게는 단어를 외우는 것이 큰 고역이었습니다. 저는 우주에게 특정한 영어 교재를 사용하지 않는 대신 유튜브에서 영어로 된 콘텐츠를 보게 하였습니다. 만화영화나 여행 브이로그도 자막을 켜고 보도록 했습니다. 수학은 교과서에 나와 있는 문제 풀이 과정을 하나도 생략하지 않고 다 따라 쓰는 방식으로 공부하게 했습니다. 이렇게 6개월 정도 지나자 영어와 수학에 대한 이해도가 높아지기 시작했습니다. 확실하게 아는 것이 많아졌고 실수도 줄어들자 우주는 공부가 그리 어렵고 힘든 것이 아니라고 생각하게 되었습니다.

우주는 중학교 2학년 즈음부터는 전 과목의 현행 학습을 따라갈 수 있게 되었고 수학 학원도 다시 다니게 되었습니다. 학원은 너무 힘들게 공부해야 하는 과정, 이를테면 선행을 아주 과하게 하는 곳을 피하고 현행 학습을 중심으로 꼼꼼하게 가르치는 학원을 골라 보냈습니다. 학원 선생님에게는 특히 문장제 문제를 많이 접할 수 있게 도와줄 것을 요청하였습니다. 영어는 따로 학원을 보내지 않고 집에서 어휘와 어법을 동시에 배울 수 있는 교재로 공부하였는데, 우주는 특히 컴퓨터로 원어민의 발음을 따라 하면서 비교해 볼 수 있는 프로그램을 굉장히 재미있어 했어요. 원어민의 발음을 그대로 따라 하다 보니 어디에서 끊어야 하는지, 어디에 강약을 줘야 하는지 등을 알 수 있었거든요. 이런 비교를 하면서 점차 더 꼼꼼하게 어휘나 문법을 공부하게 하였습니다. 과학은 실험을 위주로 하는 학원을 골라 놀러 간다는 느낌으로 편하게 다니게 했습니다.

이렇게 자신에게 맞는 방법을 찾아 꾸준하게 공부하자 꽤 만족스러운 결과를 얻을 수 있었습니다. 초등학생 때 우주의 모습을 기억하던 사람들은 모두 놀라움을 금치 못했죠. 물론 아직까지 고등학교 선행을 할 수 있는 수준은 아니지만 중학교를 졸업할 때까지 1년 정도만 이렇게 독해력 위주의 공부를 해서 꾸준히 가속도를 붙일 수 있다면 영어는 수능 수준까지 갈 수 있을 것이고 수학 역시 굉장한 성과를 거둘 것이라고 기대하고 있습니다.

4

게임 때문에 공부를 못 하는
6학년 건우

(본 사례에서 말하는 '컴퓨터'는 다른 언급이 없으면 '컴퓨터, 태블릿, 스마트폰 등의 스마트 기기'를 의미합니다.)

건우는 게임 때문에 엄마와 매일 전쟁을 벌였습니다. 건우는 엄마의 감시를 피해 어떻게든 컴퓨터 게임을 하려 했고 엄마는 그런 건우를 감시하느라 시간을 허비해야만 했습니다. 그런데 건우는 사실 게임만 하는 것은 아니었고 게임 유튜브를 본다든지 또는 게임 카페 같은 곳에서 게임 관련 자료를 검색하는 시간도 많았습니다. 20분이면 끝날 학원 과제를 한다고 컴퓨터를 켜면 이런 짓을 하느라 몇 시간을 그냥 흘려보내기 일쑤였습니다. 엄마는 컴퓨터로 해야 하는 과제를 내주는 학원을 끊고 대학생 과외를 받게 했습니다.

그러자 건우는 공부에 점점 흥미를 잃게 되었습니다.

문제 원인 찾기   게임에 대한 엄마의 부정적인 생각

저는 먼저 건우와 진지하게 얘기해 보았습니다. 건우는 공부를 버거워하기는 했지만 수학적인 감각이 그리 나쁘지는 않았어요. 게다가 공부를 하기는 해야 한다고 나름 충분히 인지하고 있었습니다. 반면 엄마는 건우가 컴퓨터 게임을 하는 것에 대해 아주 부정적인 생각을 갖고 있었습니다. 아무래도 공부를 해야 할 시간에 게임을 하고 있으니 어느 엄마라도 좋게 볼 수는 없었겠죠. 그러나 건우는 생각이 좀 달랐어요. 학교에서도 컴퓨터와 태블릿 등 다양한 기기를 사용하는데 왜 엄마는 그걸 나쁘게만 보는지 이해하지 못했습니다. 이런 스마트 기기를 만지지도 못하게 하는 엄마에 대한 반항심도 생겼어요. 그래서 건우는 엄마의 눈을 피해 게임을 하고 게임 자료를 찾았습니다. 특히 밤이 되면 엄마가 자는지를 확인한 후 몰래 챙겨 온 공기계 스마트폰을 꺼내 밤새도록 하고 싶은 대로 했습니다. 당연히 학교에서는 졸음 때문에 수업에 집중할 수가 없었지요.

이런 현상만 보면 게임 중독이라고 쉽게 판정할 수도 있습니다만 저는 건우의 상황을 면밀히 확인하면서 조금 다른 관점에서 바라보았습니다. 같은 현상이라도 숨은 이유를 찾아보면 문제해결의 솔루션이 달라질 수 있기 때문입니다. 건우는 아무 생각 없이 게임만 좋아한다기보다는 게임이라는 분야를 좋아하는 것이었어요. 게임에서 승리하기 위한 전략을 연구하거나 게임들을 정리하여 비교하면서 게임 동호회의 회원들과 의견을 나눌 정도로 게임에 대한 지식이 풍부했습니다. 무엇보다 제가 놀랐던 것은 다른 아이들이 왜 특정 게임을 좋아하며 왜 중독되는지 등에 대한 나름대로 의견을 가지고 있었다는 것입니다. 저는 이런 생각을 할 수 있는 건우를 엄마가 걱정하는 것처럼 게임에 빠져서 의미 없는 시간만 보내고 있는 것은 아니라고 판단했습니다. 다만 엄마와의 마찰로 인해 숨어서 몰래 게임을 연구하다 보니 공부에 소홀할 수밖에 없었던 것이죠. 이런 아이에게는 게임은 나쁜 것이라며 무조건 못 하게 할 것이 아니라 오히려 장려해야 합니다.

문제해결 1 공부를 차근차근 철저하게, 게임도 열심히

저는 건우에게 게임을 열심히 하라고 응원했습니다. 다만 해야 할 공부는 제대로 하여 과제와 결과물을 빠짐없이 제출하게 하였고 그 후의 나머지 시간에 게임을 자유롭게 하도록 했습니다. 처음에는 학습 수준이 많이 낮은 상태였으므로 과정을 건너뛰지 않는 원칙적인 공부를 하도록 했습니다. 수학 공부는 풀이 과정을 전부 다 쓰게 했고 영어 공부는 교재의 지문을 또박또박 읽고 녹음을 해 저에게 보내라고 했습니다. 다른 과목들도 이런 식으로 철저하게 공부하게 하였습니다. 대신 이렇게 제대로 공부하기만 하면 엄마가 절대로 컴퓨터 사용을 통제하지 말도록 했습니다.

건우와 엄마가 공부량에 대해 합의하는 것은 사실 쉬운 일이 아니었어요. 엄마는 건우가 공부를 최대한 많이 하기 바랐고 건우는 공부보다는 컴퓨터를 많이 하기 바랐으니까요. 결국 제가 중재를 했습니다. 공부할 때 컴퓨터를 사용하게 하는 대신 매일 빠짐없이 공부의 결과물을 제출하도록 했고, 이것이 지켜지지 않으면 컴퓨터 사용을 제한하도록 했습니다. 그리고 한창 신체적으로 성장해야 할 시기의 체력적인 요소를 감안해서 충분한 운동과 수면도 컴퓨터 사용 조건에 넣었습니다. 다소 힘든 조건이었지만 건우는 자유롭게 컴퓨터를 사용하기 위해 이 조건들을 받아들였습니다.

이렇게 약 4개월 정도가 지나자 건우의 학습 성과는 서서히 제자리를 찾아갔고 엄마와의 갈등도 어느 정도 진정 국면을 맞게 되었습니다. 과제도 정확하게 잘했고 밤이 되면 잠도 충분히 잤으므로 학교 수업도 잘 따라갈 수 있었어요. 그런데 건우가 착실하게 공부하게 되자 엄마에게 욕심이 생겼습니다. 이렇게 공부할 수 있는 아이인데 왜 컴퓨터에 그리 많은 시간을 쏟아 부어야 하느냐며 약속한 공부량 이상을 하도록 요구한 것이죠. 이러한 엄마의 요구는 당연히 건우의 반발을 불러일으켰고 다시 마찰이 일어났습니다.

그래서 저는 엄마에게 상황을 이해할 수 있도록 다시 안내했습니다. 건우가 컴퓨터를 하는 시간은 노는 시간이 아니며 컴퓨터 사용을 조건으로 했기 때문에 공부를 이렇게라도 하는 것이라고 설명했습니다. 또 모든 과목은 인문학, 논리, 비문학의 영역으로 연계되어 있어서 국어 공부를 해야만 국어 성적이 오르고 수학 공부를 해야만 수학 성적이 오르는 것이 아님을 충분히 이해시켰습니다. 건우는 게임에 나오는 캐릭터 분석을 하면서 역사와 인과관계를 이해했고 코딩을 공부하면서 영어 단어를 익히고 수학의 논리 개념을 정확하게 파악하는 등의 성과를 내고 있다고 말씀드렸어요.

그래도 엄마는 욕심을 쉽게 내려놓지 못했습니다. 그래서 저는 건우가 컴퓨터 사용을 종료하면 그 날 자신이 했던 활동을 엄마에게 설명하도록 했습니다. 엄마에게 설명하는 과정은 발표력 향상에도 도움이 될 것이므로 나쁠 것이 없었습니다. 건우의 설명을 며칠 들어본 엄마는 비록 게임이나 코딩에 대해 알아듣지 못했지만 건우가 얼마나 진지하게 활동하고 있는지를 충분히 이해할 수 있었습니다.

문제해결 2 게임이 진로가 되다

건우는 자신의 적성이 컴퓨터 쪽에 있음을 확신하였고 구글이나 네카라쿠배당토네이버, 카카오, 라인, 쿠팡, 배달의 민족, 당근마켓, 토스와 같은 IT 기업의 개발자가 되겠다는 목표를 가지게 되었습니다. 저는 건우에게 개발자가 되기 위해서는 코딩 실력이 기본적으로 우수해야 하지만 그 외에도 개발 업무에 필요한 방대한 해외 자료를 수월하게 읽을 수 있도록 영어 공부를 열심히 해야 한다고 일러 주었습니다. 또 논리적인 포트폴리오를 구축하기 위해서는 국어의 언어 논리와 함께 역사의 인과관계에 익숙해져야 한다는 것도 알려 주었습니다. 결국 학교 공부가 이런 준비를 하는 과정임을 이해하게 해, 학교 수업에 소홀하지 않도록 관리하였습니다.

건우는 자칫 게임 폐인이 될 수도 있었지만 엄마와 잘 협업하여 컴퓨터를 통해 공부할 수 있는 방향을 잘 잡았습니다. 지금은 서울의 한 대학교 컴퓨터공학과에 입학하여 열심히 공부하고 있습니다.

4차 산업사회는 확실히 부모 세대의 3차 산업사회와는 다릅니다. 이제 컴퓨터는 신체의 일부라고 해도 과언이 아니고 휴대전화는 분신이나 마찬가지입니다. 무슨 일을 하더라도 스마트 기기를 배제하면 좋은 성과를 거두기 힘든 것이 현실입니다. 그러므로 엄마는 어떤 이유에서든 아이가 스마트 기기를 무조건 멀리하게 하지 말고 어떻게 하면 공부에 긍정적인 방향으로 활용할 수 있을지를 생각해 보기 바랍니다.

자본주의사회에서
잘 먹고 잘살기

우리는 자본주의사회에서 살고 있습니다. 자본주의사회는 내가 아니라 돈이 내 인생의 주인인 세상입니다. 돈이 많으면 아무래도 할 수 있는 것이 많고 삶의 선택지도 더 넓어질 것입니다. 물론 그렇다고 해서 불법이나 또는 타인에게 불편을 주는 등의 행위를 하면 안 되겠지요. 어디까지나 사회의 법과 질서가 인정하는 범위에서 열심히 돈을 벌어야 합니다.

돈을 버는 일반적인 방법은 크게 두 가지가 있습니다. 하나는 취업을 하는 것이고 또 다른 하나는 창업을 하는 것입니다. 취업은 먼 바다를 항해하는 커다란 배에 올라타는 것과 비슷합니다. 배에 계속 타고 있기만 하면 비록 1등석이 아니라도 바다를 건너 목적지에 다다를 수 있습니다. 이처럼 취업을 하면 간혹 승진에 누락되거나 야근에 지칠지언정 어느 정도의 돈을 벌며 살아갈 수 있습니다.

창업은 마치 통통배로 시작하는 것과 비슷합니다. 먼바다를 향해 갈 수도 없고 태풍이라도 불면 아예 바다에 나가지도 못합니다. 하지만 내 뜻대로 방향을 잡아 나아갈 수 있고 노력과 운이 합쳐진다면 많은 돈을 벌어 큰 배로 교체할 수도 있지요. 물론 부모가 돈이 많아서 처음부터 큰 배의 선장이 되는 아이도 간혹 있습니다. 내 아이는 통통배도 겨우 올라탔는데 돈 많은 집 아이는 처음부터 큰 배의 선장이 되는 모습을 보면 속이 상할 수밖에 없지요. 그렇지만 그건 어쩔 수 없습니다. 절대 세상은 공평하지 않다는 것을 엄마는 여러 번 겪어 봐서 잘 알고 있잖아요.

대부분의 부모들은 신문 기사 속 재벌들처럼 수백, 수천억 원을 물려줄 재산은 없으므로 먼바다를 항해할 수 있는 큰 배를 아이에게 선물하지는 못합니다. 하지만 다행히 교육만큼은 꽤 공평하고 체계적으로 되어 있습니다. 재벌집 막내아들이나 내 아이나 학교에서 동일한 과정의 교육을 받습니다. 재벌집 막내아들도 학생부와 수능을 통해야만 대학에 진학할 수 있습니다. 물론 엄청난 사교육이나 해외 유학과 같은 부분에서 그들과 같지 않겠지만, 지금 같은 4차 산업사회에서는 그런 조건들이 예전만큼 큰 영향력을 발휘한다고 할 수는 없습니다.

대기업에 취업하거나 많은 투자를 받는 스타트업을 창업하지 못한다 해도 어느 순간에 각성하고 열심히 노력한다면 큰 배로 갈아타거나 또는 큰 배의 주인이 될 수도 있을 텐데 실제로 그런 일은 거의 일어나지 않습니다. 왜냐하면 어떻게 해야 진짜 열심히 하는 것인지 체험해 보지 못한 채 학창 시절을 보냈기 때문입니다. 비록 많은 책을 읽었다고 하더라도 그 책의 내용을 내 것으로 소화하지 못하면 아무 의미가 없습니다. 우리 속담에 "구슬이 서 말이라도 꿰어야 보배"라는 말처럼 지식을 아무리 많이 알고 있다고 해도 그것을 활용할 줄 아는 지혜가 없으면 헛수고입니다. 이런 아이의 엄마는 좋은 책을 읽고 좋은 강연을 들어도 자기 것으로 만들 줄 모릅니다. 그래서 들을 때는 재미있는데 듣고 나면 기억에 남지 않는 강의를 자꾸 들으면서 아이의 미래를 위해 엄마가 노력하고 있다는 자기최면을 겁니다. 하지만 이건 정말 시간 낭비입니다.

초·중·고 12년에 인생이 거의 결론 난다고 생각해야 합니다. 솔직히 100% 그렇다고 하고 싶지만 그렇지 않은 아이도 분명히 있을 것입니다. 그런데 초·중·고 12년을 좀 더 세분화해 보면 초등학교 6년이 중·고등학교 6년의 시간을 지배합니다. 교과목은 전부 연계가 되어 있기 때문에 앞 학년에서 배운 내용을 제대로 이해하지 못하면 뒤 학년은 공부를 이어 갈 수가 없기 때문입니다. 그래서 때로는, 특히 방학처럼 수업을 듣지 않는 여유로운 시간에 후행 학습이나 복습을 하는 것이 오히려 다음 학기의 예습이 되기도 합니다. 아이들은 신체와 뇌의 발달이 워낙 빠르기 때문에 학기 중에는 이해하지 못했던 내용이라도 방학 때 시간적 여유를 갖고 복습하면 충분히 이해할 수 있습니다. 제가 지도한 아이 중에는 방학 때 그전 학기의 복습을 중점적으로 진행한 아이가 있었습니다. 이 아이는 전학기의 충분한 복습을 통해 다음 학기의 공부에도 자신 있게 도전하여 좋은 성과를 거둘 수 있었습니다.

과거에 알던 바를 정리한 것을 '지식'이라고 하고, 지식을 활용하여 미래가 어떻게 흘러갈 것인지를 유추하는 것을 '지혜'라고 합니다. 아이의 인생을 준비하는 전체 과정을 이끌어 가야 하는 엄마에게는 지혜가 필요합니다. 우리 아이의 성격, 가치관, 능력, 환경 등이 어떠한지를 살펴보고 아이가 살아갈 세상이 어떠한지도 파악해서 어떻게 해야 인생의 기나긴 항로를 거침없이 돌파하고 살아갈 수 있을지를 계획하는 것은 엄마의 몫입니다. 제가 학습 컨설팅을 해 보면 엄마가 아이의 상태를 가장 잘 파악하고 있는 경우가 많습니다. 다만, 엄마는 전문가가 아니라서 본인이 제대로 파악하고 있는지를 잘 모를 뿐입니다. 저 같은 학습 전문가들은 아이의 상태에 대해 객관적으로 평가하고 엄마의 판단에 더불어 어떻게 하는 것이 아이에게 도움이 되는지 다양한 방법을 알려 주는 역할을 할 뿐입니다.

그래서 많은 엄마들이 선택하는 방법이 독서입니다. 우리 주변에는 공공 도서관도 많이 있고, 심지어 복지관이나 지하철 역사에서도 무료로 쉽게 책을 접할 수 있습니다. 하지만 무조건적인 독서를 통해 지혜를 쌓기엔 시간이 너무 많이 걸립니다. 책 읽기가 익숙하지 않은 엄마에게 이것은 너무나 어려운 과정입니다. 하지만 세상이 바뀌었고 돈이 주인인 지금의 자본주의사회에는 유튜브라는 좋은 매체가 있습니다. 유튜브를 보면 수많은 채널에서 다양한 책을 간략하게 요약하고 그 책에 담긴 지혜를 이해하기 쉽게 설명해 줍니다. 얼마나 좋은 내용이 담겼는지는 조회 수나 구독자 수를 보면 알 수 있습니다. 이런 것들을 우리는 전부 공짜로 배울 수 있습니다.

이제 아이에게 공부해야 할 동기를 부여해 봅시다. "네가 나중에 어른이 되어서 돈도 많이 벌고 행복하게 살려면 지금 공부를 열심히 해야 한다"고 아무리 말해 봤자 아이에게 별다른 동기부여가 되지 않습니다. 아이에게 현실적으로 가슴에 와닿는 것은 딱 한 가지, 바로 시험입니다. 물론 시험을 못 친다고 해서 당장 학교를 그만두어야 하는 것은 아니지만 엄마의 잔소리, 친구들의 불친절한 시선, 자존감의 추락 등을 생각하면 아이에겐 시험이야말로 인생의 최대 고비입니다.

시험을 대하는 아이들의 생각은 '되면 한다'인 반면, 엄마들의 생각은 '하면 된다'입니다. 엄마가 학창 시절에 수없이 들었던 말이 바로 '하면 된다'였기에 지금도 아이가 열심히 공부하기만 하면 시험에서 높은 성적을 받을 수 있을 것으로 철석같이 믿고 있습니다. 물론 하면 됩니다. 열심히 공부하면 높은 성적을 받을 수 있다는 것은 두말할 필요도 없는 당연한 이치입니다. 그런데 아이는 하지 않습니다. 아니, 할 수가 없습니다. 안 하는 것이 아니라 못 하는 것입니다. 왜냐하면 이해가 안 되니까요. 소인수, 약수, 배수가 뭔지도 모르는 아이가 어떻게 소인수분해를 할 수 있겠어요? 아이가 지금의 공부를 어려워하면 그전에 배웠던 개념을 후행 학습하도록 해야 합니다. 다행히 후행 학습은 쉽고 시간도 별로 걸리지 않습니다.

하면 됩니다. 그러니 공부를 하게 해야 합니다. 그런데 힘들고 어려우면 하기 싫고 안 하게 됩니다. 이건 사실 공부가 아니라 어떤 일도 마찬가지지요. 놀고 싶은 것은 인간의 본능입니다. 공부는 본능을 역행하는 행위이기에 힘들 수밖에 없습니다. 본능을 이겨 내야 하는 힘든 공부를 억지로 참으면서 한다면 언제까지 참으면서 할 수 있겠어요? 그러니 아이가 공부를 재미있게 느끼게 하는 것이 최선이고, 이것이 안 된다면 최소한 공부 약속을 꼭 지키는 습관이라도 만들어 놓아야 합니다. 아이가 알아서 다 하면 엄마가 해 줄 일은 없겠지만 아이가 그렇게 못 하니까 엄마가 그렇게 만들어 주어야 합니다. 이것이 엄마에게 맡겨진 책임의 전부입니다.

공부는 미분이 아니라 적분입니다. 오늘 성공적으로 공부했다고 해서 내일도 그렇게 성공적인 공부가 이어지리라 기대할 수 없고 성과가 조금씩이라도 쌓여야 합니다. 그저 어제보다 나은 오늘이기만 하면 됩니다. 성적이 하위권인 아이에게 100점은 너무 먼 곳에 있는 목표입니다. 10점을 받던 아이가 당장은 15점만 받아도 성공입니다. 이걸 엄마가 인정해 주면 아이는 안심하고 공부를 계속할 수 있습니다. 지금 하위권이라도 어제보다 나은 오늘이 계속 이어지면 성장하고 있는 것입니다. 부모는 그 과정을 견뎌야 합니다. 과정을 뛰어넘어 좋은 결과를 만들어 내는 것은 불가능합니다. 이 책이 여러분 자녀들이 학습 과정을 제대로 해 내도록 돕는 길잡이가 될 것입니다.

초·중·고 12년의 방대한 과정을 흔들림 없이 이어 나가는 대한민국의 모든 엄마들에게 힘찬 격려의 박수를 보냅니다.

평생 공부의 기초, 초등 공부력

평생 공부의 기초, 초등 공부력
메타인지로 완성하는 자기주도학습
ⓒ 김상섭 김지영 2023

초판 발행   2023년 9월 15일

지은이   김상섭 김지영
펴낸이   고진
편집   김정은
디자인   김민영
마케팅   이보민 양혜림

펴낸곳   (주)북루덴스
출판등록   2021년 3월 19일 제2021-000084호
주소   04043 서울시 마포구 양화로 12길 16-9(서교동 북앤빌딩)
전자우편   bookludens@naver.com
전화번호   02-3144-2706
팩스   02-3144-3121

ISBN 979-11-981256-6-8 13370